Öffentliche Liturgien

gemeinsam gottesdienst gestalten (ggg) | 30

Jochen Arnold | Eckhard Gorka |
Michael Meyer-Blanck | Frank Peters (Hrsg.)

Öffentliche Liturgien

*Gottesdienste und Rituale im
gesellschaftlichen Kontext*

EVANGELISCHE VERLAGSANSTALT
Leipzig

Bibliographische Information der Deutschen Nationalbibliothek
Die Deutsche Nationalbibliothek verzeichnet diese Publikation in der
Deutschen Nationalbibliographie; detaillierte bibliographische Daten
sind im Internet über http://dnb.dnb.de abrufbar.

© 2018 by Evangelische Verlagsanstalt GmbH · Leipzig
Printed in Germany

Das Werk einschließlich aller seiner Teile ist urheberrechtlich geschützt.
Jede Verwertung außerhalb der Grenzen des Urheberrechtsgesetzes ist
ohne Zustimmung des Verlags unzulässig und strafbar. Das gilt insbesondere für Vervielfältigungen, Übersetzungen, Mikroverfilmungen und die
Einspeicherung und Verarbeitung in elektronischen Systemen.

Das Buch wurde auf alterungsbeständigem Papier gedruckt.

Gesamtgestaltung: makena plangrafik, Leipzig
Druck und Binden: CPI books GmbH

ISBN 978-3-374-05624-8
www.eva-leipzig.de

Vorwort des Herausgebers

Mit Band 30 der Reihe *gemeinsam gottesdienst gestalten* wenden wir uns einer gottesdienstlichen Gattung und Fragestellung zu, die prinzipiell schon alt und zugleich sehr modern ist. Es geht um Liturgie und Predigt in der gesellschaftlichen Öffentlichkeit, ein Feld, das in den letzten Jahren oft mit dem englischen Begriff der *civil religion* bzw. mit der Bezeichnung »neue Kasualien« in Verbindung gebracht worden ist.

Das Motiv der politischen Öffentlichkeit und die dadurch in aller Regel gegebene Aufmerksamkeit, verbindet die Beispiele, die wir in den letzten vier Jahren zusammengetragen und redigiert haben.

Die verschiedenen Gottesdienstentwürfe, Berichte und Reflexionen wurden danach ausgewählt, ob sie über ihre seinerzeit aktuelle Bedeutung hinaus anregend für die Gestaltung vergleichbarer Herausforderungen sein können. Die Verfasserinnen und Verfasser wurden darum gebeten, neben dem Situationsbericht auch theologische bzw. praktische Überlegungen zur Einordnung ihrer Entwürfe beizusteuern. Dazu wurden ihnen auch die grundlegenden Überlegungen der Herausgeber, wie sie in der folgenden Einleitung formuliert sind, zugänglich gemacht.

Die vorliegenden Entwürfe sollen damit Erfahrungen weitergeben, die in andere Situationen transferiert werden können. Neben der Ausleuchtung der Situation und der Gründe für die jeweils gewählte Gestaltung werden die Bedingungen und Möglichkeiten von besonderen Kasualgottesdiensten thematisiert.

Wichtig war uns unter anderem, nicht nur auf eine Region Deutschlands zu schauen, sondern verschiedene, auch ländliche Situationen in den Blick zu nehmen.

Liturgien zu erfreulichen Anlässen eröffnen den Reigen. Dazu gehören u. a. das klassische Schützenfest oder die Einweihung eines Bahnhofs, aber auch die in den letzten Jahren wiederentdeckten Formate wie der Karnevalsgottesdienst oder der Ratswechselgottesdienst. Eine Pferdesegnung oder die Entwidmung einer Kirche gehören sicher nicht zum geläufigen Repertoire einer Gemeindepastorin; gleichwohl sind auch hier immer wieder übertragbare Kernrituale enthalten, die mit biblischer Lesung bzw. Verkündigung und Musik, Gebet und Segen verbunden sind.

Auf eine jeweils spezifische Dramatik reagieren die Gottesdienste anlässlich von Naturkatastrophen (z. B. Tsunami), Unglücken (Flugzeugabsturz) und Gewalttaten (wie Amoklauf oder Terroranschlag). Nicht immer sind Menschen dabei (wie im Falle eines Mordes) schuldhaft verstrickt, manchmal sind sie einfach nur Opfer. Das alles vor Gott in der Klage auszuhalten, und bisweilen auch in Verbundenheit mit Menschen anderer Religionsgemeinschaften Fürbitte zu tun und den Trost von Gott zu vernehmen, das verbindet diese Feiern.

Der letzte Teil des Buches enthält Vergegenwärtigungen historischer Ereignisse. In unserer schnelllebigen Zeit kommt der Erinnerungskultur eine besondere Bedeutung zu. Erinnern ist gegen das (stupide) Vergessen der Höhen und vor allem der Tiefen unserer Geschichte gerichtet. In diesem Teil sind frohe Anlässe wie die deutsche Wiedervereinigung (25 Jahre danach) ebenso präsent wie die ambivalente Erinnerung an das »Wunder von Lengede« (50 Jahre danach) oder die Schrecken des 11. September. Die Veranstaltung aus Hannover (10 Jahre danach) ist ein gutes Beispiel für eine multireligiöse Feier in gegenseitigem Respekt. Ebenfalls multireligiös angelegt – zugleich aber auch stärker gottesdienstlich geprägt – ist der christlich-jüdische Stationenweg zum Gedenken der Opfer aus Ravensbrück.

Mit der Erinnerung an den 100 Jahre zurückliegenden Ausbruch des Ersten Weltkriegs, mit einem zweisprachigen Gottesdienst aus Gunsbach und dem öffentlichen Gedenken des 70. Jahrestags der Zerstörung Hildesheims schließt das Buch. Die Mahnung zum Frieden und die Dankbarkeit dafür sind damit in gleicher Weise prägend.

Wir danken allen für die geleistete Arbeit und für das Vertrauen, uns ihre Werkstücke zur Veröffentlichung zu überlassen. Den Kolleginnen und Kollegen, die dieses Buch lesen und benutzen, wünschen wir gutes Gelingen und bitten um kritische Rückmeldungen.

Den Mitherausgebern danke ich für die unermüdliche Arbeit und das vielfache Nachhaken, der Evangelischen Verlagsanstalt, namentlich Frau Dr. Annette Weidhas sowie Frau Anne Grabmann, für die freundliche Aufnahme in die Reihe und die sorgfältige Bearbeitung unserer Daten.

Inhalt

Teil I: Praktisch-theologische Einleitung

1. »Öffentliche Liturgien« und die Öffentlichkeit der Liturgie.. 15
2. Öffentliche Gottesdienste als »riskante« Liturgien 17
3. Die Kraft der Darstellung in Wort, Zeichen und Ritual 20
4. Musik in öffentlichen Liturgien 22

Teil II: Öffentliche Liturgien

A Lebensfreude – Anfänge – Übergänge

Voll ins Schwarze 31
Ökumenischer Gottesdienst zur Eröffnung
des Schützenfestes, Hildesheim

Geschaffen und gesegnet 35
Pferdesegnung, Königswinter

Und dann die Hände zum Himmel 40
Karnevalsgottesdienst, Bonn-Bad Godesberg

Was Himmel und Erde verbindet 50
Multireligiöse Feier zum Thema Liebe, Hildesheim

Friede sei diesem Haus 58
Ökumenische Einweihung des Berliner Hauptbahnhofs

Mehr als du glaubst 61
Ökumenischer Gottesdienst »Christen bei Volkswagen«,
Wolfsburg

Ein bunter, blühender Garten 66
Ökumenische Eröffnung der Landesgartenschau,
Deggendorf

Wie zahlreich sind deine Werke 68
Ansprache zur Einweihung eines Tierheims, Regensburg

Brannte nicht unser Herz? 71
Gottesdienst zur Entwidmung einer Kirche, Hannover

Aus der Stille wirken 78
Ratswechselgottesdienst, Lüneburg

B Unfassbares Leid

Ein Schrei geht durch die Schöpfung 85
Klagegottesdienst nach der Flutkatastrophe in Südostasien,
Frankfurt am Main

Er wird alle Tränen von den Augen abwischen 95
Ökumenische Trauerfeier zum Gedenken an die Opfer
des Amoklaufs von Winnenden

You'll never walk alone 101
Ökumenische Trauerandacht nach dem Suizid des
Torwarts Robert Enke, Hannover

**Jetzt durch einen Spiegel – dann aber von
Angesicht zu Angesicht** 105
Trauergottesdienst nach der Ermordung eines
Landrats, Hameln

Hamburg, deine Perle 110
Trauerfeier für den Sportphysiotherapeuten
Hermann Rieger, Hamburg

Ein Engel – für dich. Halten und gehalten werden 114
Ökumenischer Gottesdienst und Trauerfeier mit
multireligiöser Beteiligung nach dem Absturz des
Germanwings-Fluges 9525, Köln

Verbunden in der Trauer... 129
Ökumenischer Gottesdienst mit muslimischer
Beteiligung nach dem Attentat von Nizza, Berlin

In Trauer und Schmerz zusammenstehen 135
Ökumenischer Gottesdienst mit muslimischer
Beteiligung nach dem Anschlag auf den Weihnachtsmarkt
am Breitscheidplatz, Berlin

Weint mit den Weinenden... 141
Multireligiöse Trauerfeier für im Auslandseinsatz ums
Leben gekommene Soldatinnen und Soldaten

C Vergegenwärtigungen

Dem Fremden zum Nächsten werden 149
Ökumenischer Gottesdienst mit multireligiöser
Beteiligung zum 25. Jahrestag der Deutschen Einheit,
Hannover

Klopfzeichen... 160
Elemente aus Gedenkgottesdienst und Gelübdemesse
zum 50. Jahrestag des Grubenunglücks von Lengede

Selig sind, die Frieden stiften 168
Ansprache im Gedenkgottesdienst zum ersten Jahrestag
der Anschläge auf das World Trade Center, Berlin

Gebete und Gedanken zum Frieden 172
Multireligiöse Gedenkfeier zum 10. Jahrestag
der Anschläge auf das World Trade Center, Hannover

Eine Welt außerhalb der Welt 179
Christlich-jüdischer Stationenweg in der Mahn- und
Gedenkstätte Ravensbrück 70 Jahre nach deren Befreiung

Richte unsere Füße auf den Weg des Friedens 195
Deutsch-französischer Gottesdienst der GEKE zum
Gedenken an den Beginn des Ersten Weltkriegs,
Gunsbach (Elsass)

Nicht als Götter, sondern als Menschen 212
Ökumenischer Gottesdienst anlässlich des 70. Jahrestags
der Zerstörung Hildesheims

Verzeichnis der Beiträgerinnen und Beiträger 217

Teil I: Praktisch-theologische Einleitung

1. »Öffentliche Liturgien« und die Öffentlichkeit der Liturgie

Was man vor knapp 50 Jahren als die Frage nach dem politischen Gottesdienst[1] bzw. der politischen Predigt aufwarf, wird heute eher unter dem Thema der »öffentlichen Kasualien«[2] bzw. der »öffentlichen Liturgien« thematisiert. In allen diesen Fällen geht es um den Beitrag der Kirche zur öffentlichen Mitteilung und Darstellung von Empfindungen sowie zur Klärung von drängenden Fragen, über die man in der lokalen und landesweiten Öffentlichkeit spricht. Öffentliche Liturgien in Situationen besonderer Angespanntheit sind eine Art von gesellschaftlicher Diakonie der Kirche durch öffentliches Nachdenken und zeichenhaftes Gestalten.

Die Bezeichnung »Öffentliche Liturgien« ist dabei eigentlich ein Pleonasmus, weil *jede* Liturgie als der öffentliche Gebetsdienst der Kirche zu definieren ist. Der griechische Begriff »leitourgia« lässt sich am besten als »öffentlicher Dienst« wiedergeben, denn als »leitourgia« wurde in der griechischen Polis ein Dienst für die Allgemeinheit bezeichnet. Das konnte eine Armenspeisung sein, eine Geldsammlung oder auch das Ausrüsten eines Kriegsschiffes.

Unter »Liturgie« versteht man in der christlichen Kirche inzwischen die Feier des in Wort und Sakrament gegenwärtigen Christus, zu dem alle Menschen Zugang haben sollen (Mt 11,28). In der Augsburgischen Konfession ist die hohe Hürde für den Zugang zum pfarramtlichen Beruf eigens mit der öffentlichen Wirksamkeit des Pfarrers begründet: Wer in der evangelischen Kirche predigt, soll und darf seine Aufgabe in der Öffentlichkeit erfüllen – es geht um das *publice* docere (CA XIV).

---

[1] Dazu s. MICHAEL MEYER-BLANCK, Kann das Mysterium der öffentlichen Klärung dienen? Liturgie und Politik, in: KIM DE WILDT/BENEDIKT KRANEMANN/ANDREAS ODENTHAL (Hrsg.), Zwischen-Raum Gottesdienst. Beiträge zu einer multiperspektivischen Liturgiewissenschaft, Stuttgart 2016 (PTHe144), 92–102.
[2] Bei den »Kasualien« – der Ausdruck bürgerte sich aufgrund von Schleiermachers Begriff »Casualreden« in der »Praktischen Theologie« (Druckfassung von 1850) ein – kann man lebensgeschichtliche bzw. individuelle Anlässe (= Kasualien im engeren Sinne) von den anderen öffentlichen Fällen, die zu einer besonderen gottesdienstlichen Gestaltung herausfordern, unterscheiden (= Kasualien im weiteren Sinne).

Über diese professionelle Perspektive hinaus gilt der öffentliche Charakter für die ganze Versammlung. Die Gemeinde versammelt sich ohne Zugangsbeschränkungen. Liturgie ist nicht nur für die Frommen bzw. für die Kirchenmitglieder da. Sie hat eine jedem zugängliche, eine im besten Sinne »ökumenische«, weltweite und missionarische Ausrichtung. Das Evangelium und die glaubende Lebensdeutung richten sich an alle Welt, aber mindestens an alle Welt am Ort (bzw. an demselben medialen Ort).

Warum spricht man trotzdem von »öffentlichen Liturgien«? Die in diesem Band dokumentierten Gottesdienste wurden nicht nur in der Öffentlichkeit und angesichts der Öffentlichkeit geplant und durchgeführt, sondern sie entstanden im Zusammenhang eines besonderen öffentlichen Interesses. Normalerweise richtet sich die Verkündigung des Evangeliums der Kirche *an die Öffentlichkeit* – und bisweilen bleibt das von einem großen Teil der Öffentlichkeit nahezu unbemerkt. Es gibt aber Situationen, in denen die politische, zivilgesellschaftliche und mediale Öffentlichkeit auf die Kirche und das Evangelium zum Zweck der öffentlichen Klärung und Deutung zurückgreift. Auf einmal ist die Kirche *von der Öffentlichkeit* mit ihrer Deutungstradition gefragt.

Der Unterschied besteht im Hinblick auf das Gewicht, das der Öffentlichkeit als inhaltlichem Fokus zukommt. Bei den in diesem Band besprochenen Liturgien ist die Öffentlichkeit nicht nur (wie immer) Ort und Adressat der Liturgie, sondern sie wird selbst zum Thema, das nach emotionaler Aufnahme – und in diesem Zusammenhang (!) – nach religiöser Deutung verlangt. Wie kann man noch Weihnachten feiern nach dem Anschlag vom Berliner Breitscheidplatz am 21. Dezember 2016? Wie kann man nach Messerattacken im Nahverkehr weiter der Menschlichkeit und der Vernunft vertrauen, ohne die man den gesellschaftlichen Alltag nicht einen Tag lang bewältigen kann? Wie kann man mit Wut und Hass umgehen, ohne diese zu beschönigen oder zu verdrängen, obwohl jeder weiß, dass man mit negativen Emotionen kein Gemeinwesen befrieden kann? Wie lässt sich umgekehrt mit positiven Emotionen umgehen, im Karneval und bei Eröffnungen, Einweihungen, Jubiläen? Wie behält der Jubel ein menschliches Maß, das nicht in Lobhudelei ausartet und das auch die Verlierer und die eigenen Fehler nicht vergisst?

Für den Umgang mit diesen Fragen wird der Kirche Jesu Christi besondere Kompetenz zugeschrieben. Das ist deswegen so, weil die Kirche mit dem Bergprediger zwischen der menschlichen Leistung und Fehlleistung einerseits und dem Menschsein andererseits zu unterscheiden weiß (Mt 7,1). Das Evangelium hilft bei der öffentlichen Urteilsbildung, indem es Verurteilungen in die Schranken weist.

Einweihungen, Feste und Gottesdienste angesichts von Katastrophen und Trauer produzieren eine andere Form von Öffentlichkeit, eben eine für kurze Zeit intensivierte Öffentlichkeit. Bestimmte Ereignisse interessieren auf einmal viele Menschen. Sie verlangen nach öffentlicher Darstellung und Klärung – auch unabhängig davon, ob die Teilnehmenden religiös geprägt oder kirchlich gebunden sind. Menschen aus der Öffentlichkeit von Ort, Verein, Schule, Kultur u. a. gehen auf die Pfarrerinnen und Pfarrer zu, um in einer besonderen Situation und in einer bestimmten Zeit etwas liturgisch zu gestalten.

2. Öffentliche Gottesdienste als »riskante« Liturgien

Die außergewöhnliche Situation ist für beide Seiten mit Unsicherheiten verbunden. Feuerwehrvereine und Museen kennen sich nicht aus mit liturgischen Feiern, während Pfarrerinnen und Pfarrer am anderen Ort weniger selbstverständlich agieren. Unter anderem aus diesem Grund hat man von »riskanten Liturgien« gesprochen.[3] Liturgien mit speziellem Öffentlichkeitsbezug sind

---

[3] Vgl. dazu KRISTIAN FECHTNER/THOMAS KLIE (Hrsg.), Riskante Liturgien. Gottesdienste in der gesellschaftlichen Öffentlichkeit, Stuttgart 2011. Hier werden in erster Linie Trauergottesdienste (vom Tsunami 2004 über die Amokläufe in Erfurt 2002 und Winnenden 2005 bis hin zum Staatsakt für Johannes Rau und der Trauerfeier für Nationaltorwart Robert Enke 2009) analysiert. – Ein Materialband mit verschiedenen Gottesdiensten bei kulturellen Gelegenheiten ist dagegen: STEPHAN BITTER/MICHAEL MEYER-BLANCK (Hrsg.), Gottesdienst – eine kulturelle Gelegenheit. Zehn besondere Gottesdienste für die Gemeindepraxis, Rheinbach 2005.

zunächst deswegen »riskant«, weil sie nicht eingespielten Routinen folgen und zugleich ein viel weiteres Besucherspektrum zeigen als die meisten Sonntags- und Kasualgottesdienste. Das verbindet sie mit Anlässen wie der Konfirmation und dem Heiligen Abend.

Darüber hinaus aber sind öffentliche Liturgien in einem zweiten Sinne »riskant«. Eine spezifische öffentliche Brisanz ist bei solchen Katastrophen gegeben, bei denen man Täter und Opfer vor Augen hat. Die Kerze für den Täter und damit die Integration des Mörders in die Liturgie beim Gottesdienst nach dem Amoklauf in Erfurt wurde von Angehörigen als Problem, ja von einigen sogar als Verhöhnung der Opfer empfunden.[4] Beim moralisch Bösen (dem von Leibniz klassisch »malum morale« Genannten) kann es riskant sein, den Täter als Mensch unter Menschen zu thematisieren. Anders verhält es sich dagegen bei Naturkatastrophen, für die kein Mensch haftbar zu machen ist (»malum physicum«). Hier ist die Erfahrung gemeinsamer Ohnmacht und Verzweiflung so groß, dass die Liturgie nur dann »riskant« würde, wenn sie vorschnelle Antworten präsentieren würde, anstatt Hilfestellungen zum Aushalten der radikalen Fraglichkeit des Menschseins zu geben. Diesem – durchaus vermeidbaren – Risiko entgehen die bisher publizierten Gottesdienste durchweg. Sie bieten nachahmenswerte Modelle verbaler und zeichenhafter Sprache für das Unaussprechliche und das schlechthin Unverstehbare.[5] Hier zeigt sich die theologisch-liturgische Kompetenz der Kirche in beeindruckender Weise.

Darum lässt sich auch die These vertreten, dass Liturgien mit besonderem Öffentlichkeitsbezug *weniger riskant* sind als normale Gottesdienste und Kasualien. Kann man die individuelle und öffentliche *Irrelevanz*, die »institutionalisierte Belanglosigkeit«, als das größte Risiko aller liturgischen Darstellung ansehen, dann ist diese Gefahr bei den besonderen Gottesdiensten weniger gegeben. Beim Sonntagsgottesdienst muss das Versprechen der Rele-

---
[4] Vgl. FECHTNER/KLIE (Anm. 3), 14.
[5] Vgl. dazu etwa FECHTNER/KLIE (Anm. 3), 21–31 zum Gottesdienst im Januar 2005 nach der Tsunami-Katastrophe.

vanz des Evangeliums immer erst eingelöst werden und sich angesichts der bloßen Gewohnheit bewähren. Das ist bei den öffentlich bewegenden Anlässen anders. Das Bedrängende der Situation verhindert die Flucht in traditionelle Formelbestände und allgemeine Handlungsanweisungen. Die Ausflucht auf dem Wege von Metaphysik und Moral ist versperrt. Die besondere Herausforderung solcher Kasus führt offensichtlich dazu, dass auf die Vorbereitung noch größere Sorgfalt verwendet wird, als das beim »Normalfall« möglich ist.[6]

Oft haben kirchliche Mitarbeitende die Erfahrung machen können, dass gerade die »riskanten« Gottesdienste in Trauer- und Katastrophensituationen gut glücken. Es entsteht in Schule, Stadtteil oder Belegschaft plötzlich und auf Zeit eine intensivierte Gemeinschaftserfahrung. Der Ernst des Todes lässt die Menschen zusammenrücken und öffnet sie für die Erfahrung des Schutzes und des Nicht-verloren-Gehens, wie sie uns im Evangelium des Gestorbenen und Auferstandenen gegeben ist. Das ist ähnlich bei allen Trauerfeiern. Die meisten Menschen sind aufgewühlt und sehnen sich nach ehrlichen Worten, die das Schlimme nicht überspielen. Und wenn alles Reden nichts mehr nützt, entdecken viele neu die Notwendigkeit ritueller Gestaltung und Mitteilung von Empfindungen. Die Grenzen von sachlichen Informationen sowie von soziologischen und psychologischen Erklärungen werden schmerzlich empfunden. Oftmals wird das Ausleben der Trauer durch den Ruf nach Konsequenzen überdeckt. So wächst die Sehnsucht nach der Unterbrechung des allgemeinen Aktionismus, welcher nach Katastrophen schnell den Ruf nach politischen und praktischen Konsequenzen ertönen lässt.

---

[6] Dazu vgl. Kristian Fechtner/Lutz Friedrichs (Hrsg.), Normalfall Sonntagsgottesdienst? Gottesdienst und Sonntagskultur im Umbruch, Stuttgart 2008 (PTHe 87).

3. Die Kraft der Darstellung in Wort, Zeichen und Ritual

Friedrich Schleiermacher hat in seiner »Christlichen Sittenlehre« das »wirksame Handeln« in der Kirche (z. B. in Seelsorge und Unterricht) vom »darstellenden Handeln« im Gottesdienst deutlich unterschieden.[7] Beim »wirksamen Handeln« soll das Bewusstsein der Menschen beeinflusst, gefördert, gebildet, kurz: verändert werden. Beim »darstellenden Handeln« aber wird das Bewusstsein als das genommen, was es ist, und es wird in seinem aktuellen Zustand lediglich dargestellt. In heutiger Ausdrucksweise: Die Gedanken der Menschen werden zum Ausdruck gebracht und damit akzeptiert, wie sie sind. Dieses bewusste Nichtstun im Hinblick auf das Bewusstsein macht die heilsame Wirkung der Liturgie aus. Der Gottesdienst ist keine Lehr- und Bildungsveranstaltung (und er soll auch nicht das »Bewusstsein verändern«, wie man das um 1970 gern formulierte). Das gilt im normalen Lebensrhythmus, aber erst recht in Trauersituationen (und das wohltuende Nichtstun umschreibt auch die Grunderfahrung beim Überwältigtwerden vom Glück). Das Handeln des Menschen kommt an seine Grenzen und die Liturgie bringt diese Realität zum Ausdruck. Der Mensch ist nicht, was er tut, sondern er ist, was er in seinem bloßen Menschsein ist – auch wenn das, was gerade erlebt wird, etwas ist, was besser nicht so wäre: Schmerz und Traurigkeit.

In diesen Situationen zeigt es sich, dass Gebet und Gottesdienst anderes leisten können als eine »Bewältigung« der Trauer, oder paradox formuliert: Die Liturgie hilft zur Trauerbewältigung, indem sie die Trauer nicht bewältigt, sondern aushält. Darum können Gottesdienste im Trauerfall sogar die am wenigsten riskanten Liturgien sein. Sie glücken oft, weil alle Beteiligten für Ruhe, Ehrlichkeit und Trost empfänglich und dadurch – in einem besonderen Einverständnis auf Zeit – miteinander verbunden sind.

---

[7] Dazu s. MICHAEL MEYER-BLANCK, Gottesdienstlehre, Tübingen 2011, § 3.2 (26–34).

In diesen Zusammenhang gehört auch die Neuentdeckung der Kraft des Rituals und derer, die es handhaben. Wo Worte nur begrenzt helfen, da können Klang, Bild und Zeichenhandlung stärker zur Wirkung kommen. Das Entzünden von Kerzen, verschiedene Segensgesten und das Sprechen von Texten (Vaterunser, Segen, bekannte Lieder) entfalten ihre Kraft. Notfallseelsorger haben die Erfahrung weitergegeben, dass das Ritual in einer Art von Selbstwirksamkeit funktioniert. Bei einer Fortbildung formulierte es ein Notfallseelsorger so: »Das Ritual wirkte automatisch, von diesem ging die eigentliche Kraft aus, nicht von mir.« Diese Erfahrung steht für die besondere Situation und die Kraft des darstellenden Handelns.

Das damit Umschriebene muss aber auch so interpretiert werden, dass die Wirksamkeit des Rituals aufgrund der Sicherheit der es vollziehenden Personen als plausibel und helfend erlebt wurde. In kaum einer anderen Situation passen für den Pfarrer und die Beteiligten (bis hin zu den Unbeteiligten) die Rollenzuschreibungen so gut zusammen wie in diesen Situationen: Pfarrer sein heißt, die rituelle Sprache sprechen sowie glaubend überzeugt und überzeugend damit umgehen. Die Sprache des Rituals und die persönliche Professionalität situativ routinierten[8], menschlich überzeugenden Umgangs damit müssen zusammenkommen. In vielen Situationen ist das tatsächlich der Fall, so dass es immer wieder zu der Aussage kommt, dass die Worte, Zeichen und Rituale einen getragen haben.

In diesem Buch ist aber nicht allein von Trauerfeiern die Rede, sondern auch von fröhlichen Anlässen mit erhöhter öffentlicher Aufmerksamkeit. Auch hier erweist das Ritual in Wort, Gebet und Zeichen seine Kraft. Das gilt in besonders fröhlichen Situationen, beim Einweihungs- oder Jubiläumsfest mit ihrer Freude am menschlichen Schaffen und Zusammenhalt, am sichtbaren Erfolg und nicht zuletzt auch mit dem Stolz und der Freude an der Bewunderung anderer an allem Erlebten und Erreichten. Alledem

---

[8] Näher dazu MICHAEL MEYER-BLANCK, Gebildete Routine und gelerntes Ritual. Liturgische Ausbildung in der evangelischen Kirche, in: DERS., Agenda. Zur Theorie liturgischen Handelns, Tübingen 2013, 284–295.

tut die Verdichtung des eigenen Erlebens gut. Das Innehalten in der eigenen Emotionalität hebt diese in spezieller Weise ins Bewusstsein, macht sie darstellbar und erschließt sie für die individuelle und kollektive Erinnerung. Öffentliche Liturgien sind von daher auch eine Art von Spurensicherung. Auf dem Höhepunkt wird das Fest noch einmal intensiviert, indem es für einen Moment angehalten wird. Die Liturgie entfaltet dabei ihre anamnetische Funktion nicht nur im geistlichen, sondern auch im kulturellen Sinne (»Wisst Ihr noch, wie wir damals das neue Gerätehaus eingeweiht haben und Pastorin X vom Feuer des Geistes gesprochen hat?«).

4. Musik in öffentlichen Liturgien

Selbst Atheisten könnte die Tatsache, dass Musik in vielen Religionen eine Rolle spielt bzw. dass religiöse Fragen beim Musikhören und Musizieren auftreten, zumindest nachdenklich stimmen. Festzuhalten wäre dann immerhin: Musik erweist sich in unterschiedlichen Kontexten als *religiös produktive Kunstform*. Sie hält die Sehnsucht nach dem ganz anderen wach. Christen reklamieren in diesem Zusammenhang, dass die zentralen Merkmale *Leiblichkeit, Affektivität und Zeitgebundenheit* nicht nur für die Praxis von Musik, sondern auch für ihren Glauben konstitutiv sind[9]. Kirchen sind Räume, in denen nicht nur die Verkündigung des Wortes und die Feier der Sakramente, nicht nur Gebet und Bekenntnisse, sondern auch Musik ihren Ort hat.

4.1 Vielfältige Wirkung und Deutung
Der Musik können viele psychologische und soziale Funktionen zugeschrieben werden:
– Musik führt auf gemeinsame Stille bzw. auf Formen der Meditation hin. Instrumentalmusik ist zunächst fast ganz deutungs-

---

[9] Vgl. CHRISTOPH SCHWÖBEL, Glaube und Musik, Gedanken zur Idee einer Theologie der Musik, in: Der eine Gott und die Vielfalt der Klänge. Sakrale Musik der drei monotheistischen Religionen, hrsg. v. MICHAEL GASSMANN, Stuttgart 2013, 195.

offen. Allerdings ist zu bedenken, dass biographische Anknüpfungen an bekannte Literaturstücke möglich sind.
- Der Einsatz der *Orgel* stellt den Effekt einer kirchlichen Assoziation her. Orgelmusik kann Abstoßungseffekte haben, aber auch Vertrautheit und Begeisterung auslösen. Demgegenüber sind Klavier oder andere Instrumente bedeutungsoffener.
- Musik kann als atmosphärisches Medium an eine *aktuelle Situation* anknüpfen, die durch Fragen nach dem Sinn des Lebens, nach Leid und Glück usw. gerahmt oder unterlegt wird, und in einem gemeinsam gesungenen *Lied* können Gefühle artikuliert, aber auch eine Klage an Gott gerichtet werden. Im gemeinsamen Singen wird Solidarität, vielleicht sogar Geborgenheit erfahren.
- Ein wesentliches Motiv für das Lebensgefühl vieler Menschen ist das Gefühl der *Dankbarkeit*. M. G. Schneiders Danke-Lied (EG 334) hat das religiöse Lebensgefühl einer Epoche getroffen und wird bis heute von vielen Menschen gerne gesungen. Dankbarkeit kann auch ohne expliziten Gottesbezug artikuliert werden.

Lieder können politische oder religiöse *Bekenntnisse* sein, die das Verbindende einer Gruppe oder Gemeinschaft zur Sprache bringen: Mit Atheisten könnte es ein Bekenntnis zur Menschenwürde oder zur Bewahrung der Natur oder zum Einsatz für den Frieden sein.
- Lieder können *Geschichten erzählen*: von Menschen, vom Leben, von Gott bzw. von einer Welt ohne Gott. Zahlreiche Spirituals sind schlicht Nacherzählungen von Bibelgeschichten, z. B. *Didn't my Lord deliver Daniel; Joshua fit the battle of Jericho* u. a. Für kirchenfremde Menschen oder Atheisten sind solche Geschichten sicher zunächst wenig vertraut, müssen aber auch nicht fremder wirken als die Story eines Films oder eines Märchens.
- Konkrete *Bitten*, z. B. als Segensbitten (EG 170; 171), sind bei einem Schulanfang ebenso denkbar wie bei einem Friedensgebet (vgl. auch EG 416). Hier stellt sich die Frage nach dem Gegenüber. Wer wird angeredet? Ein offenes Du? Der/die Ewige? Der Dreieinige?

- Auch ein musikalischer *Segenszuspruch* kann (z. B. durch einen Chor vorgetragen) musikalisch daherkommen (z. B. Irischer Segen). Manchmal singen Menschen auch ganz unbefangen mit, weil es sich ja um »gute Wünsche handelt«.
- Vorgetragene *Fürbitten* für Menschen oder Lebewesen in Not könnten mit gesungenen Rufen unterstrichen werden (vgl. EG 178.9.11.12).

4.2 Multireligiöse Achtsamkeit

Besondere Aufmerksamkeit verlangt die Musik bei rituellen Feiern mit Angehörigen anderer Religionen.[10]

»In der Vorbereitung ist zu klären, was religiöse Musik in der christlichen und der jeweils anderen Religion leisten kann, was jeweils als Musik gilt und was nicht.[11] Sämtliche musikalischen Anteile der Feier sollten vorher kommuniziert werden. Dabei werden Gemeinsamkeiten entdeckt wie z. B. die Kantillation in Judentum, Christentum, Islam oder Gesänge in mystischen Traditionen wie Lieder von Gerhard Tersteegen oder Ilaih-Gesänge, d. h. religiöse Lieder mit Lobpreis auf Allah und den Propheten Mohammed, [...] etwa vergleichbar unseren geistlichen Volksliedern, jedoch ohne gottesdienstlichen Rang und Charakter. Aber auch in der Musik gibt es Trennendes. In Moscheen werden weder Instrumente verwendet, noch gibt es ein Singen der Gemeinde.«

Vielleicht genügt ja die anthropologische Einsicht: »Da, wo gefeiert wird, stellt sich Musik ein. Darum ist sie auch ein wichtiges Gestaltungselement einer religiösen Feier. Einzelheiten wie gemeinsames Singen oder (liturgischer) Tanz können verabredet

---

[10] Mit Anderen feiern, Gütersloh 2006, hrsg. von der Liturgischen Konferenz. Die Publikation dokumentiert die Ergebnisse eines Ausschusses der Liturgischen Konferenz, die religiöse Feiern mit verschiedenen Religionsgemeinschaften unter diversen Vorzeichen (z. B. Liturgische Gastfreundschaft, multireligiöse Feier u. a.) in den Blick nimmt, aber auch Optionen für Agnostiker oder Atheisten bedenkt.

[11] Erstaunlicherweise gelten im Islam die Rufe des Muezzins ebenso wenig als Musik wie Pilgergesänge auf dem Weg nach Mekka oder die Koranrezitation in der Moschee, vgl. ECKHARD NEUBAUER/VERONICA DOUBLEDAY, Art. Islamic religious music, in: New Grove Dictionary of Music and Musicians, 599–610. Vgl. Auch LORENZ WELKER, Gesang und Liturgie – Musik und Religion. Historische und kulturwissenschaftliche Überlegungen, in: WOLFGANG W. MÜLLER (Hrsg.), Musikalische und theologische Etüden, Zürich 2012, 11–46.

werden. Die Ausdrucksformen der Musik sind jeweils kulturell bedingt und müssen darum vorher geklärt werden.«[12] Es ist deutlich, dass Musik wie Essen und Trinken, Lieben und Gedenken zum menschlichen Leben auch insofern elementar dazugehört, als sie die Unterbrechungen des Alltags im Fest gestaltet und feiert.

---

[12] Vgl. Anm. 10, a. a. O., 75.

Teil II: Öffentliche Liturgien

A Lebensfreude – Anfänge – Übergänge

Voll ins Schwarze

Ökumenischer Gottesdienst zur Eröffnung des Schützenfestes
Hildesheim, Johanni 2016

*Liturgie und Predigt:
Pastor Peter Noß-Kolbe und
Dechant Wolfgang Voges*

Peter Noß-Kolbe

Wir leben in Zeiten, in denen der Krieg bei uns nicht stattfindet, uns aber täglich medial vermittelt wird. Von daher ist die Anfrage, zur Eröffnung oder im Rahmen eines Schützenfestes auch einen Gottesdienst zu feiern, ambivalent, und der Kasus ist es ebenfalls. Die Kirche steht auf der Seite der Friedfertigen und freut sich zugleich über die Anfrage bezüglich einer kritisch-wohlwollenden Begleitung dieses volkstümlichen Ereignisses. Dazwischen spannt sich ein komplexes Feld auf. Uniformen in der Kirche, Fahnen vor dem Altar, Bläser mit weltlichen Liedern. Hier wird vieles angefragt, was der Kirchenvorstand und der Gottesdienstausschuss bewusst zu reflektieren haben.

Bei der Durchführung kommt es auf eine gute Verbindung von Beteiligung und kirchlichem Selbst an. Ein Chor oder ein Bläserensemble sind sicher leicht zu motivieren oder werden schon in die Anfrage integriert. Ich habe hier eine beachtliche Qualität erlebt. An Lesungen, Gebeten, Hinführungen und dem Gedenken können Vorsitzende der Vereine oder auch Repräsentanten des Ortes und natürlich Gemeindeglieder beteiligt werden. Aufstellungen sowie Ein- und Auszüge spielen ebenso eine Rolle wie das, was in den Gottesdienstraum gebracht werden soll, Fahnen und Schilde. In Hildesheim wurde mit der Hildesia – einer jungen Frau – eine latinisierte Kunstfigur geschaffen, die, in den Farben der Stadt gekleidet und mit einem Wappen auf den freien Oberarm tätowiert, eine Mischung aus Tradition und Moderne darstellt. Sie erhält einen prominenten Platz und spricht die Fürbitten mit.

Asfa-Wossen Asserate sagt zum Schützenfest: »*Hier erleben Sie die Deutschen in Reinkultur: ihren Hang zur Vereinsmeierei, ihre Vorliebe für das musikalische Tschingderassabumm. Auch der Hang zur Kumpanei kommt dort voll auf seine Kosten, das Schwofen, die Lebensfreude.*« *All das wird nun eingeleitet und ein Stück legitimiert mit einem öffentlichen Gottesdienst. Die Chance des Kasus liegt in der kritischen Halbdistanz. Christen gehen auf das Fest, sie bleiben aber auch am Rand. In der Kirche kann gesagt werden, was im Rausch keiner mehr hört.*

Ablauf

Aufstellung der Bläser und Sammeln der Schützen zum Einzug mit Pfarrern und Hildesia.
Einzug mit Fahnen, die in den Altarraum gebracht werden.

Musik (Bläser)

Begrüßung

Gemeinsames Lied *Danket dem Herrn!* (EG 333,1–4)

(alle Lieder mit Orgel und/oder Bläsern)

Psalmlesung aus Psalm 111 (EG NB 744)

Gebet

Gedenken der Verstorbenen

Namensverlesung
Gedenkminute
Bläsersignal

Gemeinsames Lied *Geh aus, mein Herz* (EG 503,1.13–15)

Schriftlesung zum Johannistag Lukas 1,57–80 (ggf. in Auszügen)

Ansprache

Musik

Abkündigungen

Gemeinsames Lied *Nun danket all und bringet Ehr* (EG 322,1–6)

Fürbitten

Vaterunser

Gemeinsames Lied *Komm, Herr, segne uns* (EG 170,1–4)

Segen

Auszug

Ansprache | *Peter Noß-Kolbe*

Gnade sei mit euch und Friede von Gott, unserem Vater, und dem Herrn Jesus Christus. Amen.

Liebe Gemeinde,
er hat ins Blaue geschossen und ins Schwarze getroffen. Das vermeintliche Sprichwort ist gar nicht so alt wie es klingt. Es ist zuerst in dem Stück »Der Richter und sein Henker« von Friedrich Dürrenmatt belegt, das zwischen Weihnachten 1950 und Ostern 1951 in acht Folgen in einer Schweizer Wochenzeitung erschien. Der unwissende Kommissar schießt darin seine Vermutung ins Ungewisse ab, quasi ins Blaue, den unendlich weiten Himmel, ohne sein Ziel zu kennen und trifft doch ins Schwarze, also in die Mitte der Scheibe und stellt dem Verbrecher eine Falle, in die der schließlich tappt. Ins Blaue geschossen, ins Schwarze getroffen.

Normal ist es andersherum, man muss genau zielen, um ins Schwarze zu treffen. Es soll höchstens mal Zeiten gegeben haben, ich erinnere mich dunkel, etwa vor 30 Jahren, in denen die Schützen absichtlich ins Blaue geschossen haben, um bloß nicht ins Schwarze zu treffen. Es soll ja sogar Zeiten gegeben haben, in denen einer mit einer 3 oder einer 5 schon König geworden ist, weil er zuerst geschossen hat und alle anderen dann, Sie werden es erraten, ins Blaue geschossen haben, absichtlich. Die Königswürde ist eben nicht nur leicht zu tragen. Möge in diesem Jahr der Beste gewinnen!

Wer ins Blaue schießt, will doch eher sein Ziel verfehlen, nicht ins Schwarze treffen und zumindest keinen anderen treffen und verletzen. Das Wort »ver-fehlen« hat eine doppelte Bedeutung und seine ursprüngliche liegt beim Schießen, später ist eine zweite, moralische dazugekommen. Wer sein Ziel verfehlt, hat danebengeschossen. Wer sich verfehlt, wird ausgeschlossen. Damit sind wir mitten in der Kirchengeschichte, und zwar im Zeitalter der konfessionellen Spannungen, die es auch bei uns in Hildesheim gegeben hat.

Nachdem die Reformation im 16. Jahrhundert in einigen Städten eingeführt war und in anderen die Bischöfe ihre weltliche Macht behielten, kam es immer wieder zu Spannungen in ganz Europa bis erst gut 100 Jahre später, 1648, der Westfälische Friede in Osnabrück und Münster geschlossen und damit der elende Dreißigjährige Krieg beendet und das Nebeneinander der Konfessionen besiegelt wurde. In diesen einhundert Jahren taucht in Grimms etymologischem Wörterbuch das Wörtchen verfehlen zum ersten Mal in seinem zweiten Sinn und Gebrauch auf als sich verfehlen. In den Augen der anderen Seite hat sich jemand verfehlt, wenn er von der katholischen zur evangelischen Seite übergewechselt war. Oder andersherum, wenn jemand vom neuen Glauben wieder zum alten zurückging, hat er oder sie sich verfehlt. Solche Verfehlungen wurden moralisch aufgeladen mit Schuld und zum Teil drakonisch bestraft mit dem Ausschluss aus der Gemeinde.

Diese Zeiten sind Gott sei Dank vorbei. Wir blicken heute gemeinsam mehr auf das, was uns verbindet. In Hildesheim trifft die Ökumene voll ins Schwarze.

Und das am Johannistag. Wir haben eben den Text in der Lesung gehört, doch was bedeutet das genau? Vermutlich wurde der Täufer historisch genauso unwahrscheinlich am 24.6. geboren wie Jesus in der Heiligen Nacht. Mit diesen beiden Daten werden die längste Nacht und der längste Tag des Jahres christlich markiert. Bis hierher, Johanni, nimmt das Jahr zu, es wächst, die Sonne scheint immer länger, die Nacht wird kürzer, beinah ohne Ende dehnt sich der Tag. Und doch kommt genau an diesem Höhepunkt schon das Ende in Sicht. Es wird nicht mehr noch länger hell, auch wenn es noch lange schön bleiben soll in diesem Sommer. Jetzt beginnt die Zeit der Reife. Zu Ende ist die Zeit der Anspannung und Anstrengung, der Kraft und des Wachsens. Jetzt muss es reifen und wir können nur warten, ob die Saat unseres Jahres gut aufgehen und gute Früchte tragen wird.

Biblisch gefasst heißt es in einem anderen Wort von Johannes: »Er – Jesus – wird zunehmen, ich aber – Johannes – werde abnehmen.« Auch das ist ja nicht wörtlich zu nehmen, wir können ja nicht ein halbes Jahr Siesta machen und nach einem kleinen Dornröschenschlaf Silvester beim Feuerwerk vom neuen Jahr wachgeküsst werden. Aber der Gedanke, dass ich meinen Teil getan habe und dass jetzt der Himmel seinen Teil dazulegt, damit es gut wird hier auf Erden, das ist für mich wie ein Schuss ins Blaue, der genau ins Schwarze trifft. Und der Friede Gottes, welcher höher ist als alle Vernunft, bewahre eure Herzen und Sinne in Ewigkeit. Amen.

Fürbitten

Lasst uns zu Gott beten, der uns stets seinen Beistand schenkt:

Sieh auf unsere Stadt NN und all ihre Einwohnerinnen und Einwohner. Hilf, dass Frieden und Eintracht bei uns und in der ganzen Welt weiter wachsen.
Lass die Regierenden ihre Verantwortung für Freiheit, Gerechtigkeit und Bewahrung der Schöpfung immer tiefer erkennen und danach handeln.
Gib allen, die in Streit und Feindschaft leben, die Bereitschaft zur Versöhnung und ermutige alle Menschen, Vorurteile vor kultureller Andersartigkeit abzubauen.
Nimm dich all der Menschen an, die von schweren Schicksalsschlägen getroffen wurden, damit sie neue Zuversicht gewinnen.
Schenke uns und allen, die das Schützenfest mitfeiern, fröhliche und entspannte Stunden, die uns ausruhen lassen von den Mühen des Alltags.
Gott, du möchtest, dass wir das Leben in seiner ganzen Fülle genießen können. Dafür danken wir dir von Herzen durch Christus, unseren Herrn. Amen.

Geschaffen und gesegnet

Pferdesegnung[1] | Gut Heiderhof in Königswinter, 2016

Pfarrer Dr. Frank Peters, Wuppertal

Bläsersignal

Begrüßung

Pfarrer
Pferde zu segnen – das wird Ihnen als Pferdeliebhabern und Tierfreundinnen selbstverständlich vorkommen. Was für viele Katholiken selbstverständlich klingt, mag manche Protestanten irritiert fragen lassen: »Segnen kann man nur Menschen – aber doch keine Dinge und auch keine Tiere!« Dennoch feiere ich heute gerne mit Ihnen, denn Segnen ist für Christen wie für Juden nur die eine Seite einer Medaille, deren andere Seite Danken heißt. Wer segnet, der dankt Gott für das, um was er den Segen erbittet. Und wer dankt, der segnet dasjenige und diejenigen, für die er dankt; der hält sie gewissermaßen in Gottes Segenszelt hinein und wünscht ihnen Gottes Frieden. Dazu sind wir in dieser Stunde zusammen.

Votum

Im Namen des Vaters und des Sohnes und des Heiligen Geistes. Amen.
Unsere Hilfe steht im Namen des Herrn,
der Himmel und Erde geschaffen hat,
der Bund und Treue hält auf ewig
und der nicht preisgibt das Werk seiner Hände.

Lasst uns gemeinsam singen:
Ehre sei Gott in der Höhe und Friede den Menschen
und all seinen Geschöpfen auf Erden!

---

[1] Literatur und Materialien: Mitgeschöpf Tier (Bewahrung der Schöpfung praktisch), hrsg. von der Arbeitsgemeinschaft der Umweltbeauftragten der Gliedkirchen in der EKD (agu), Düsseldorf 2001, online: bit.ly/agu_mitgeschoepf; Gottesdienst zum Tag der Mitgeschöpflichkeit. Ordnung für eine Franziskusmesse und eine Franziskusvesper, hrsg. vom Nordelbischen Kirchenamt, Kiel 2004, online: bit.ly/ubn_fm; Ulrike Wagner-Rau, Segensraum. Kasualpraxis in der modernen Gesellschaft, Stuttgart ²2008.

Gemeinsames Lied *Ich lobe meinen Gott, der aus der Tiefe mich holt* (EG West 673; EG NB 585) oder: *Lobet den Herren, denn er ist sehr freundlich* (EG 304,1.3–5)

Psalm 104

Kehrvers: Lobe den Herrn, meine Seele (GL 58,1)

¹ Lobe den Herrn, meine Seele!
Herr, mein Gott, wie groß bist du!
Du bist mit Hoheit und Pracht bekleidet.

² Du hüllst dich in Licht wie in ein Kleid,
du spannst den Himmel aus wie ein Zelt. ...

> ¹⁰ Du lässt die Quellen hervorsprudeln in den Tälern,
> sie eilen zwischen den Bergen dahin.

> ¹¹ Allen Tieren des Feldes spenden sie Trank,
> die Wildesel stillen ihren Durst daraus.

¹² An den Ufern wohnen die Vögel des Himmels,
aus den Zweigen erklingt ihr Gesang.

¹³ Du tränkst die Berge aus deinen Kammern,
aus deinen Wolken wird die Erde satt.

> ¹⁴ Du lässt Gras wachsen für das Vieh,
> auch Pflanzen für den Menschen, die er anbaut,
> damit er Brot gewinnt von der Erde

> ¹⁵ und Wein, der das Herz des Menschen erfreut,
> damit sein Gesicht von Öl erglänzt
> und Brot das Menschenherz stärkt.

²⁴ Herr, wie zahlreich sind deine Werke!
Mit Weisheit hast du sie alle gemacht,
die Erde ist voll von deinen Geschöpfen.

²⁷ Sie alle warten auf dich,
dass du ihnen Speise gibst zur rechten Zeit.

> ²⁸ Gibst du deinen Geschöpfen, dann sammeln sie ein;
> öffnest du deine Hand, werden sie satt an Gutem.

> ²⁹ Verbirgst du dein Gesicht, sind sie verstört;
> nimmst du ihnen den Atem, so schwinden sie hin
> und kehren zurück zum Staub der Erde.

³⁰ Sendest du deinen Geist aus, so werden sie alle erschaffen
und du erneuerst das Antlitz der Erde.

³¹ Ewig währe die Herrlichkeit des Herrn;
der Herr freue sich seiner Werke.

Ehre sei dem Vater und dem Sohn
und dem Heiligen Geist,

wie im Anfang, so auch jetzt und allezeit
und in Ewigkeit. Amen.

Bläsersignal

Hinführung | *Frank Peters*

Wohlgemerkt: Kein vernünftiger Christ wird heute noch ernsthaft annehmen, die Welt sei in sieben, genauer: in sechs Tagen, entstanden. Der Schöpfungspsalm 104, aus dem wir eben gebetet haben, ist kein Forschungsbericht, sondern reine Poesie – ein Hymnus oder schöner: ein Liebesgedicht an den Schöpfer.
Gleiches gilt für die Schöpfungsberichte: Sie sind Geschichten, so phantasievoll wie Märchen, so bunt wie ein Bilderbuch – und gerade deshalb genauso wahr! Die Schöpfungsberichte sind durchaus kein Kinderkram, sondern Sinn-Geschichten für Erwachsene.

Lesung 1. Mose 1,24–31 | *Frank Peters*

Ansprache | *Frank Peters*

Der Schöpfungsbericht will nicht erzählen, *wie* die Welt entstand, sondern *warum!* Die Welt ist, weil da ein Gott war und immer noch ein Gott ist, der das Leben liebt, der aus purer Lebenslust die Welt mit allem, was in ihr ist, ins Leben gerufen hat. »Ins Leben rufen«: diese Redewendung hat es in sich. Sie sagt, dass Leben mit Beziehung zu tun hat. Wenn jemand mich ruft, dann will er mit mir in Beziehung treten. Genau darum geht es: Der Schöpfer-Gott knüpft ein Beziehungsnetz: zwischen sich und uns Menschen, zwischen sich und seinen anderen Geschöpfen – und zwischen uns und Gottes Schöpfung!
Was so niedlich, so possierlich daherkommt, steckt voller Ernsthaftigkeit: Als Menschen sind wir nicht zu Egomanen bestimmt, sondern wir sind Teil einer großen Ordnung, eines weit verzweigten Beziehungsnetzes. Nur so ist das Wort zu verstehen, Gott habe den Menschen als Herrscher über die Schöpfung eingesetzt. Über andere zu herrschen, heißt: Verantwortung für andere zu übernehmen, heißt: ihnen zu dienen. Wenn Gott Mensch und Tier geschaffen hat, haben wir kein Recht, ihnen dieses Leben zu nehmen. Übrigens, wenn es nach den Schöpfungsberichten ginge, sollten wir Tiere nicht einmal essen: Denn dort heißt es, uns seien allein

die Pflanzen mit Samen und die Baumfrüchte mit Kernen zur Nahrung bestimmt! Als Herrscherinnen und Herrscher über die Schöpfung ist es unsere heilige Pflicht, das Leben zu schützen und zu hegen.

Damit bin ich wieder hier bei Ihnen auf dem Gut Heiderhof: hier, wo Sie das Beziehungsnetz leben zwischen sich und Ihren Pferden. Hier, wo Sie Verantwortung tragen für Ihre Pferde. Manche von Ihnen werden mehr Zeit bei ihren Pferden verbringen als viele Eltern mit ihren Kindern; sicher aber mehr Zeit, als die meisten von uns mit unseren sonstigen Verwandten. Ist Ihr Pferd krank oder angeschlagen, leiden Sie mit ihm, so wie ein Ehepartner mit dem anderen leidet und Eltern mit ihren Kindern. Ein Pferdehof ist buchstäblich ein Biotop: ein »Lebens-Ort«, ein »Lebens-Raum«. Ihre Pferde sind Ihnen treue Begleiter durchs Leben, vielleicht würden einige sie sogar als »Lebensgefährten« bezeichnen.

Wie also sollten wir hier keine Segensfeier halten? Segnen heißt doch nicht mehr und nicht weniger als das: den Segen beim Namen zu nennen, den Gott über seine Schöpfung gelegt hat; den Segen Gottes, der Mensch und Tier gleichermaßen ins Leben rief; den Segen, der überall dort sichtbar und greifbar wird, wo Menschen für andere zum Segen werden. Segnen heißt darum auch: sich in die Pflicht nehmen zu lassen! Seien Sie daher ein Segen für Ihre Pferde, so wie Ihre Pferde ein Segen sind für Sie!

Gemeinsames Lied *Wir strecken uns nach dir* (EG West 664)

Bekenntnis

Nach James Thompson, Schottland (Mitgeschöpf Tier)

Alle Tiere sind von Gott geschaffen,	*1. Mose 1,24f*
und sie sind sein Eigentum.	*1. Mose 9,10; Psalm 50,10f*
Der Schöpfer sorgt für sie und erhält sie.	*Psalm 104,27f*
Er kennt jedes Tier und sorgt sich um ein jedes.	*Lukas 12,6*

Wir Menschen, als Gottes Ebenbilder,	
sind für die Tiere verantwortlich.	*1. Mose 1,26*
Wir sollen sie in Ehrfurcht	
und mit Barmherzigkeit behandeln.	*2. Mose 20,10; 5. Mose 22,6f; 25,4*
Respekt für Tiere ist Teil der Gerechtigkeit,	
die Gott schenkt und von uns erwartet.	*Sprüche 12,10*

Tiere haben einen Platz in Gottes Friedensreich.	*Jesaja 11,6–9*
Darauf wartet sehnsüchtig die ganze Schöpfung	
und dafür treten wir als Christen voller Hoffnung ein.	*Römer 8,19–23*
Amen.	

Bläsersignal

Fürbitten

L: Lasst uns beten!
Lebendiger Gott, du hast die Erde allen Geschöpfen zur Heimat gegeben. Du hast sie durch dein Wort geschaffen. Du heiligst sie durch deine Gegenwart. Wir rufen zu dir:
A: Herr, erbarme dich.
L: Du hast uns Menschen die Sorge über die Erde anvertraut. Lehre uns, allen deinen Geschöpfen Raum zum Leben zu geben. Wir rufen zu dir:
A: Herr, erbarme dich.
L: Wir erfreuen uns an den Pferden hier auf dem Hof und in unseren Ställen. Du hast sie uns zu treuen Begleitern gemacht. Schütze ihr Leben und bewahre sie vor Unfällen und Krankheiten. Wir rufen zu dir:
A: Herr, erbarme dich!
L: Menschen nutzen die Gaben der Tiere in vielfältiger Weise. Lass sie sorgfältig und respektvoll mit ihnen umgehen. Wir rufen zu dir:
A: Herr, erbarme dich.
L: Höchster, allmächtiger und guter Herr, dein sind Ehre, Lob und Ruhm und aller Segen, heute und in Ewigkeit.
Amen.

Vaterunser

Gemeinsames Lied *Bewahre uns Gott, behüte uns Gott* (EG 171)

Segen

Hinweis auf die Möglichkeit zum abschließenden Einzelsegen, dann:
Der Herr segne dich und behüte dich ...

Bläsersignal

Einzelsegen

Der Pfarrer geht von Pferd zu Pferd und berührt jedes in Gegenwart der jeweiligen Reiterin bzw. des Reiters mit der Hand.
Gott, der dich geschaffen hat, schütze dich und bewahre dich.
Er schenke dir Gesundheit und ein langes Leben!

Und dann die Hände zum Himmel
Karnevalsgottesdienst | Bonn-Bad Godesberg im Februar 2010

Pfarrer Oliver Ploch

Estomihi ist der letzte Sonntag der drei Sonntage vor der Passionszeit und steht durch das Evangelium ganz im Zeichen der Leidensankündigung Jesu. In vielen Gebieten der Evangelischen Kirche im Rheinland lässt sich diese Thematik am Sonntag vor Aschermittwoch aber nur schwer durchhalten. Denn dieser Tag ist auch im Bewusstsein vieler evangelischer Gemeinden der Karnevalssonntag. Es wäre weltfremd und abgehoben, wenn der Prediger das närrische Treiben rund um die Kirche komplett ausblendete. Vielmehr bietet der Karneval eine Vielzahl von Themen, die spielerisch mit der Verkündigung des Wortes Gottes zu verbinden sind.

Die Sehnsucht der Menschen, sich zu verkleiden, zu feiern und gesellschaftliche Konventionen zu durchbrechen, gehört mit zur christlichen Existenz. Das Pauluswort vom »Narr sein, um Christi willen...« (1. Korinther 4,10) stellt sogar einen Bezug zwischen Kreuz und Karneval her. Wer das Kreuz nicht fürchtet, der kann dem Tod ins Gesicht lachen und hört auf, die Welt allzu ernst zu nehmen.

Riskant ist deshalb nicht die theologische oder inhaltliche Verknüpfung zwischen Karneval und Glaube an diesem Sonntag. Das Risiko für Prediger oder Liturgin besteht im Gottesdienst eher darin, sich mit den professionellen Humoristen und Rednern messen zu wollen und auf viele Lacher zu schielen.

Das kann schnell anbiedernd wirken und peinlich werden. Selbst das Gemeindeglied, das am Nachmittag des gleichen Tages zu einem Karnevalsumzug geht, möchte in dieser Stunde berührt und gestärkt, aber weniger unterhalten werden. Wenn es trotzdem gelingt – umso schöner.

Der Liturg und Prediger des vorgestellten Gottesdienstes ist evangelischer Pfarrer in der Thomas-Kirchengemeinde Bonn–Bad Godesberg und in seiner Freizeit Präsident des Karnevalsvereins in seinem Heimatort Bacharach am Rhein. Die beiden Lektoren kommen aus Bonn und haben die Lesungen im Bönnschen Dialekt vorgetragen, was aber für den Gottesdienst nicht zwingend war. Darin ist er von den in katholischen Gebieten verbreiteten sog. Mundartmessen unterschieden. Hier sind Lieder, Gebete, Lesungen und Predigt im entsprechenden Dialekt zentral. Ein thematisch inhaltlicher Bezug zum Karneval ist weniger entscheidend.

Die Musik spielt in einem evangelischen Karnevalsgottesdienst, wie er hier vorgestellt wird, eine besondere Rolle. In unserer Gemeinde haben die Kirchenmusiker diese Gottesdienstform mit verschiedenen Musikstilen immer unterstützt und sogar mit dem Pfarrer das Singen von Karnevalsliedern geübt. Karnevals-

lieder, die einen leicht herzustellenden Bezug zu Glaube, Kirche und Religion haben, sind z. B.:

- *Echte Fründe (Höhner) – Thema Freundschaft,*
- *Mir schenke der Ahl e paar Blömcher (Lotti Krekel) – Thema Armut,*
- *Unsere Stammbaum (Bläck Föös) – Thema Fremdenhass,*
- *Heile, heile Gänsche (Ernst Neger) – Thema Trost,*
- *Es ist alles nur geliehen (Heinz Schenk) – Thema Endlichkeit.*

Im vorliegenden Gottesdienst nimmt die Predigt ein Lied von den Bläck Föös zum Thema Gemeinschaft auf.

Ablauf in der Übersicht

Orgelvorspiel und Einzug der Mitwirkenden

Gemeinsames Lied *Und dann die Hände zum Himmel* (Melodie von den Kolibris – Text selbst geschrieben)

Liturgische Eröffnung und Begrüßung

Psalmgedicht von Hanns Dieter Hüsch »Ich bin vergnügt, erlöst, befreit ...« mit leiser Psalmodie durch die Orgel im Hintergrund

Kyriegebet mit Refrain *Nimm mich so, wie ich bin ...* (Melodie und Text von den Höhnern)

Gloria *Ehr und Preis sei in der Höhe ...* (Melodie: *Glory, glory, halleluja*)

Gebet des Tages

Lesung 1 Korinther 13,1–13 (Das Hohelied der Liebe)

Gemeinsames Lied *Hört, wen Jesus glücklich preist ...* (EG West 670)

Evangelium Matthäus 5,1–10 (Die Seligpreisungen)

Credo

Einladung zum Kindergottesdienst mit Lied *Unser Leben sei ein Fest* (EG West 571)

Auszug der Kinder

Predigt

Gemeinsames Lied *Lobe den Herrn, meine Seele* (freiTÖNE 80)

Fürbitten und Vaterunser

Abkündigungen und Einladung zum Empfang

Gemeinsames Lied *Vergiss nicht zu danken* (EG West 644)

Segen

Orgelnachspiel und Auszug

Der Gottesdienst in seiner Ausführung

Der Gottesdienst beginnt mit dem Orgelvorspiel zur Melodie des ersten Liedes, das ein im Rheinland bekanntes Karnevalslied ist, und dem Einzug der Mitwirkenden. Die Einzugsordnung: Vortragekreuz, Kinder des Kindergottesdienstes, Lektoren und Vorbeter, zum Schluss der Pfarrer. Die Gemeinde erhebt sich. Wenn alle im Altarraum versammelt sind, beginnt das Lied, das mit Bewegungen der Arme (winken und klatschen) unterstützt wird.

Gemeinsames Lied

Refrain
Und dann die Hände zum Himmel,
kommt lasst uns fröhlich sein,
wir klatschen zusammen
und keiner ist allein.
Und dann die Hände zum Himmel,
komm lasst uns fröhlich sein,
wir klatschen zusammen
und keiner ist allein.

Strophe
Wenn du mal nicht in der Stimmung bist,
weil du denkst, dass dich jeder vergisst,
komm in die Kirche,
und feier' mit uns,
denn hier wirst du sehr vermisst.

Solltest du mal ganz traurig sein,
weil du denkst, du bist ganz allein,
komm in die Kirche,
weil Gott dich lieb hat,

er mach dich froh,
ob Groß, ob Klein.

Refrain

Die Kinder setzen sich.

Liturgische Eröffnung

Begrüßung

Der Pfarrer nimmt das Thema des Sonntages auf und erläutert am Beispiel des ersten Liedes, dass der Karneval immer auch ein Wagnis bedeutet. Man muss sich »darauf einlassen«, den eigenen Schatten überspringen, darf keine Angst haben, sich lächerlich zu machen.
Insofern ist der Karneval immer auch eine Anfrage, wie ernst wir uns selbst nehmen, und die Hoffnung des Glaubens ist es, zur Fröhlichkeit befreit zu werden.
Die Gemeinde nimmt Platz. Es folgt ein Psalmgedicht von Hanns Dieter Hüsch, vorgetragen von einem Gemeindeglied als Clown verkleidet, im Hintergrund leise psalmodierende Orgelmusik.

Ich bin vergnügt, erlöst, befreit,
Gott nahm in seine Hände meine Zeit,
mein Fühlen, Denken, Hören, Sagen,
mein Triumphieren und Verzagen,
das Elend und die Zärtlichkeit.

Was macht, dass ich so fröhlich bin
in meinem kleinen Reich?
Ich sing und tanze her und hin,
vom Kindbett bis zur Leich.

Was macht, dass ich so furchtlos bin
an vielen dunklen Tagen?
Es kommt ein Geist in meinen Sinn,
will mich durchs Leben tragen.

Was macht, dass ich so unbeschwert
und mich kein Trübsinn hält?
Weil mich mein Gott das Lachen lehrt
wohl über alle Welt.

Ich bin vergnügt, erlöst, befreit,
Gott nahm in seine Hände meine Zeit,
mein Fühlen, Denken, Hören, Sagen,
im Triumphieren und Verzagen,
das Elend und die Zärtlichkeit.

Stille

Kyriegebet mit Refrain

Gott,
ich stehe vor dir mit all meiner Bedürftigkeit. Du weißt, dass ich mich zu wichtig nehme. Wie sehnsüchtig ich bin nach Bedeutung und Anerkennung.
Herr, ich rufe dich an: Nimm mich so, wie ich bin ...

Refrain
Nemm mich su, wie isch ben,
einfach su, wie isch ben!
Isch weiß jenau, dat isch Fähler han,
doch anners kann isch nit sin.
(Refrain wird nach jeder Kyriebitte wiederholt.)

Herr, Jesus Christus,
ich stehe vor dir mit all meiner Sehnsucht und Unerfülltheit.
Ich will mehr sein, als ich bin und folge dir oft nicht.
Du kennst alle meine Abwege und liebst mich doch.
Herr, ich rufe dich an: Nimm mich so, wie ich bin ...

Gott, Heiliger Geist,
hier stehe ich mit aller Angst und Feigheit.
Mir ist oft nicht nach Lachen zumute.
Befreie mich mit Deiner Kraft und erfülle mich mit Deiner Nähe.
Herr, ich rufe dich an: Nimm mich so, wie ich bin ...

Gnadenzuspruch und Glorialied

Unser Herr Jesus Christus spricht: Kommt her zu mir alle Mühseligen und Beladenen, ich will euch erquicken.
Als so Befreite lasst uns Gott fröhlich ehren und preisen!

Gloria *Ehr und Preis sei in der Höhe ...*

Gebet des Tages

Gott, du schenkst uns das Lachen und die Freude.
Wir danken dir für diesen Gottesdienst und bitten dich:
Halte und tröste uns auch dann, wenn wir traurig sind. Schließe uns Herz und Sinne auf, um dein Wort zu verstehen und zu hören. Das bitten wir dich, durch Jesus Christus, deinen Sohn, unseren Herrn, der mit dir und dem Heiligen Geist lebt und regiert von Ewigkeit zu Ewigkeit. Amen.

Epistel 1 Korinther 13,1–13 (Das Hohelied der Liebe)

Gemeinsames Lied (Halleluja) *Hört, wen Jesus glücklich preist* (EG West 670)

Evangelium Matthäus 5,1–10 (Die Seligpreisungen)

Credo

Apostolisches Glaubensbekenntnis
(*oder wenn viele Kinder anwesend sind* EG West 814:

Einer/Eine: Ich glaube an Gott, den Vater.
Alle: Er hat Himmel und Erde und uns alle erschaffen.
Einer/Eine: Ich glaube an seinen Sohn Jesus Christus.
Alle: Er ist für mich geboren. Er ist für mich gestorben. Er ist für mich von den Toten auferstanden.
Einer/Eine: Ich glaube an den Heiligen Geist.
Alle: Gott lässt uns nicht allein. Er begleitet uns mit seinem Heiligen Geist. Durch ihn gehören wir alle zusammen.
Amen.)

Einladung zum Kindergottesdienst

Eine Handpuppe lädt die Kinder mit fröhlichen Worten und einigen Scherzen zum Kindergottesdienst.

Gemeinsames Lied *Unser Leben sei ein Fest* (EG West 571)

Die Kinder ziehen aus bei dem Lied. Viele Kinder kommen verkleidet. Andere werden geschminkt und feiern in den Räumen des Kindergottesdienstes an diesem Sonntag eine kindgerechte Karnevalsparty mit Spielen, Polonaise usw.

Predigt

Liebe Gemeinde,
das evangelische Magazin Chrismon hat vor einiger Zeit eine Umfrage veröffentlicht. Es ging um die Frage, von welchem Vorhaben man einem Freund oder einer Freundin unbedingt abraten würde – z.B. einfach den Job kündigen, wenn man mit ihm unglücklich ist, vor allem dann, wenn man keinen neuen hat.
Davon würden zwei Drittel aller Befragten unbedingt abraten.
Kann ich gut verstehen.
Aber wie ist das, wenn man frisch verliebt ist?
Darf oder soll man dann sofort heiraten?
58 % reden es dem besten Kumpel aus.
Über 40 % raten, nie einen Obdachlosen zum Essen nach Hause einzuladen.
Ein Haus auf Kredit zu kaufen? Dazu sagen 36 % auf keinen Fall.

Und jetzt kommt die Frage mit dem vergleichsweise geringsten Risiko:
Sich allein in einer Kneipe an die Theke setzen.
Würden Sie das machen?
Klingt doch harmlos, oder?
Aber dazu sagen 29 %: Mach das bloß nicht!
Und Achtung, jetzt kommt der Hammer:
Bei den Jüngeren, den unter 30-Jährigen raten davon noch mehr ab.
35 % würden das nie machen.

Meine Güte, muss ich da denken: Wie viel Sicherheitsbedürfnis bestimmt unser Leben? Würde da mehr Selbstbewusstsein guttun?

Da, wo ich aufgewachsen bin, da kennt fast jeder jeden. Da ist es leicht, sich alleine aufzumachen. Die Lokale und Weinstuben in meinem Heimatort gehören zur Identität der Menschen. Nach Feierabend durch den Ort zu spazieren, um einen halben Schoppen zu trinken: Das ist bis heute fast ein selbstverständliches Kulturgut. Dafür muss sich keiner rechtfertigen. Aber auch Wasser oder Apfelsaft sind völlig ok. Denn es ist nicht der Alkohol, den die Menschen suchen, sondern die Gemeinschaft, die Gespräche, den Austausch über das, was einem den ganzen Tag über durch den Kopf gegangen ist. Und weil es viele machen, trifft man auch viele.
Ohne sich zu verabreden.
Einfach so.
Und die Touristen mischen sich dazu und staunen über so viel Geborgenheit und Rheinromantik.

Viele haben das so nie erlebt. Kennen nur Pinten und Spelunken, wo sich die immer Gleichen treffen. Die, die ihre Sorgen im Alkohol ertränken.
Viele leben auch in einer größeren Stadt, wo man in einer Kneipe kein bekanntes Gesicht trifft.

Wie ist das mit Ihnen, liebe Schwestern und Brüder? Gehen Sie ab und zu in eine Kneipe? Und würden Sie auch einfach mal so gehen – ohne verabredet zu sein? Womöglich allein?
Ja, könnten Sie sich vorstellen, auch mit einem wildfremden Menschen ein Bier oder ein Glas Wein zu trinken? Heute zum Beispiel an Karneval? Wer weiß, was da passiert?

Stellen Sie sich vor, nachher lernen sie tatsächlich jemand kennen. Und womöglich passieren alle die Dinge, vor denen die Menschen in der Umfrage warnten:
Am Ende verlieben Sie sich, heiraten sofort und kaufen ein Haus auf Kredit, Sie kündigen Ihren Job, um mit diesem Menschen auf Spiekeroog oder in Castrop-Rauxel ein neues Leben anzufangen.

Vielleicht ist das Karneval.
Das närrische Risikounternehmen der Offenheit und Unbeschwertheit – manche haben es erlebt.

Ich habe schon ein Paar getraut, bei denen war das so ähnlich.
Andere ersehnen es sich bis heute, obwohl sie vielleicht schon oft allein an einer Theke saßen.
Aber wie gesagt, 35 % kämen nie auf die Idee, sich in so eine Gefahr überhaupt zu begeben.

Wenn man wirklich fremd ist, dann kann es sein, dass man mit 100 Menschen in einem Lokal zusammensteht und sich noch niemals einsamer gefühlt hat als genau in diesem Augenblick.
Oder man steht draußen und kann den Eintritt nicht bezahlen.
Denn auch in einer Kneipe gibt es einen Eintrittspreis. Nichts ist umsonst – jedes Kölsch kostet.

Ein bekanntes Kölner Karnevalslied hat diese Alltagssituation auf unnachahmliche Art und Weise besungen. Das berühmte Lied *Drink doch ene met* hat schon viele gerührt und zum Nachdenken gebracht.

Hier kann das Lied mit der Gemeinde gesungen werden. Oder es wird von einem Pianisten vorgespielt. Auch eine CD-Einspielung wäre denkbar.
Die Predigt ist aber auch ohne das Lied verständlich.

Das bekannte Lied der Bläck Föös beschreibt ein wunderbar unscheinbares Erlebnis. Draußen steht der alte Mann, angezogen von der Atmosphäre der Kneipe, und würde auch gern mittrinken. Aber er hat viel zu wenig Geld.
Und da passiert das unscheinbare Wunder.
Unbemerkt und beiläufig bestellt einer ein Kölsch mehr.
Drink doch ene met ...
Inklusion live – aber schon vor 40 Jahren besungen.
Die Kneipe wurde oft verspottet als der Ort der kleinbürgerlichen Gemütlichkeit. Aber sie kann auch ein Reservat des sozialen Ausgleichs sein.

Oft ist das Illusion.
Aber das Lied drückt den Wunsch aus, dass es gelingen könnte, und ich habe es auch schon so erlebt. Oft sogar.
Das sind sehr schöne und menschliche Momente. Dann, wenn man das Glück des Feierns so genießt, dass man den Wunsch hat, jetzt soll es keinen geben, der das nicht miterlebt.

So soll übrigens auch eine Kirchengemeinde leben.
So sollen wir uns untereinander guttun: Zeit, Leben und Geld teilen.
So können wir aber ab und an auch mit ganz fremden Menschen Gemeinschaft erleben und wir werden staunen, wie uns unsere Menschlichkeit verbindet.
Die Menschlichkeit, die wir von Jesus Christus gelernt haben.

Manche finden das verrückt – ich meine das ist es, was Paulus meint: ein Narr werden, um Christi willen. Nicht auf den eigenen Vorteil bedacht sein, sondern wollen, dass es allen gut geht.

Selig sind, die da Leid tragen, denn sie sollen getröstet werden, das ist der Auftrag jeder Jüngerin und eines jeden Jüngers Jesu Christi.

Es ist die Selbstvergessenheit der Nächstenliebe, die uns berührt.
Liebe rechnet nicht, sie ist nicht auf den eigenen Vorteil bedacht.
Deshalb kann sie auch einem Fremden zuteilwerden. Einem, bei dem ich nicht weiß, ob die nächste Runde auf ihn geht.
Ob meine Investition sich lohnt.
Das erst heißt, verstanden zu haben: Der Mensch ist mehr, als er leistet oder darstellt. Er ist immer schon wertvoll und liebenswert und hat meine Freundschaft verdient – ob ich ihn kenne oder nicht.

Liebe Gemeinde,
niemand muss sich alleine an eine Theke setzen. Für heute war es nur mein Symbol.
Ein Zeichen für den Mut, auf Fremde zuzugehen.
Offen zu werden.
Die Bedürftigkeit auszuhalten, dass mich erst mal keiner kennt.
Wer es erlebt hat, weiß, wie man sich da fühlt. Und geht später schneller auf die zu, die alleine sitzen.

Und noch etwas:
Als Christ weiß ich: Ich bin nie wirklich allein.
Ich kann mich selbstbewusst auch einer Situation aussetzen, wo mich keiner kennt.
Wer im Leben umziehen musste, kennt das Gefühl aus vielen Situationen:
Einer begleitet mich.
Ihn lobt meine Seele in guten, wie in schwierigen Tagen.
Er hält und trägt mich durch Ängste und Nöte hindurch.
Ihn lasst uns loben und singen.
Amen.

Gemeinsames Lied *Lobe den Herrn, meine Seele* (freiTÖNE 80)

Die Gemeinde singt und wird animiert dazu zu schunkeln ...

Fürbitten

Die Fürbitten werden von zwei verkleideten Konfirmanden vorgetragen.

Lasst uns beten für alle, die in diesen Tagen anderen viel Freude schenken. Für die Verantwortlichen in den Karnevalsvereinen, für Prinzenpaare, Tänzer und Garden, Musikgruppen und Künstler.
Lasst uns zum Herrn rufen: Wir bitten dich, erhöre uns!

Lasst uns beten für alle Umzüge und Veranstaltungen, dass keiner verletzt wird und jeder gut nach Hause kommt. Lasst uns beten für alle, die feiern, obwohl sie es eigentlich nicht möchten. Für alle die, die sich nicht nur an Karneval verkleiden und verstecken.
Lasst uns zum Herrn rufen: Wir bitten dich, erhöre uns!

Lasst uns beten für die, die in diesen Tagen besonders auf der Suche nach Freundschaft sind, dass sie nicht enttäuscht werden. Für alle, die sich nach der großen Liebe sehnen.
Lasst uns beten für die, die ihre Probleme im Alkohol ertränken wollen, dass sie echte Hilfe finden.
Lasst uns zum Herrn rufen: Wir bitten dich, erhöre uns!

Lasst uns beten für alle, die in diesen Tagen traurig sind.
Für alle, die nicht feiern können oder wollen, weil sie einen lieben Menschen vermissen, krank oder einsam sind.
Lasst uns zum Herrn rufen: Wir bitten dich, erhöre uns!

Lasst uns beten für alle Menschen weltweit, denen das Nötigste zum Leben fehlt. Für Menschen auf der Flucht, in Krisen- oder Kriegsgebieten. Schenke Versöhnung Gott, so dass auch Feinde einst wieder miteinander lachen und feiern können.
Lasst uns zum Herrn rufen: Wir bitten dich, erhöre uns!

Vaterunser

Abkündigungen und Einladung zum Empfang

Gemeinsames Lied *Vergiss nicht zu danken* (EG West 644)

Segen

Orgelnachspiel und Auszug der Mitwirkenden

Was Himmel und Erde verbindet

Multireligiöse Feier zum Thema Liebe | St. Michael, Hildesheim im Juni 2016

Redaktion: Jochen Arnold und Peter-Noß-Kolbe

Ausgangspunkt für die interkulturelle bzw. multireligiöse Feier war ein interkulturelles Musikprojekt an der Universität Hildesheim, angeregt durch das Ensemble Megaphon Hannover unter der Leitung von Lena Zupkova. Dabei wurde die Liebesgeschichte eines türkischen Muslim und einer Christin aus Armenien zum Thema gemacht. Sie findet sich im Orient vielfach besungen in einem Gedicht bzw. Lied mit dem Titel Sari Gelin (Braut der Berge) und ist in verschiedenen Sprachen überliefert. Um dieses Lied herum gab es zahlreiche andere Vertonungen (z. B. Es waren zwei Königskinder) sowie Beiträge eines iranischen Ensembles auf historischen Instrumenten und eines Streichquartetts. Vorgetragen wurde das zentrale Lied im Konzert vom Chor und dem Sänger Ibrahim Keivo. Er singt auf Arabisch in verschiedenen Dialekten, aber auch kurdisch, aramäisch und armenisch und begleitet sich selbst auf traditionellen Instrumenten wie Tar, Bouzouk, Saz, Baglama, Oud und Kamangah.

Die Geschichte seiner Familie ist eine Leidensgeschichte, die sich durch das vergangene Jahrhundert zieht. Die Urgroßeltern wurden 1915 mit ihren Kindern aus Armenien vertrieben. Er selbst flüchtete 2015 aus dem Nordosten Syriens.

Aus dem Konzertprojekt entwickelte sich die Idee, auch eine religiöse Feier im engeren Sinne über das Konzert hinaus zu entwickeln. Abrahams runder Tisch Hildesheim wurde eingeladen, die Feier vorzubereiten. Zunächst war an einen »neutralen« Ort wie den Marktplatz als Ort der Austragung gedacht. Aus verschiedenen Gründen war dies aber nicht möglich. Leider verließ der dem Dialog aufgeschlossene türkische Vertreter auch die Runde, da zeitgleich die Armenien-Resolution im Bundestag verabschiedet worden war, die in seiner Gemeinde viel Widerstand auslöste. Vor der gleichzeitig in Hannover stattfindenden Konzertveranstaltung gab es sogar Droh-Anrufe an die Veranstalter. Das Liebeslied aus dem späten 19. Jh wurde zum Politikum.

Dabei waren bis zum Ende Vertreter der beiden großen Kirchen und Vertreter der Bahai sowie eine Musikerin der liberalen jüdischen Gemeinde in Berlin, die Kantorin Aviv Weinberg, beteiligt.

Es handelt sich bei diesem Beispiel um eine multireligiöse Feier unter der liturgischen Gastgeberschaft der christlichen Kirchen. Die jüdischen und Bahai-Beiträge haben aber sowohl musikalisch als auch inhaltlich gleiches Gewicht und (annähernd) gleichen Umfang.

Die musikalisch-liturgische Leitung hatte Jochen Arnold.
Das Projekt stand unter der Schirmherrschaft von OB Dr. Ingo Meyer aus Hildesheim.

Ausführende

Dr. Jochen Arnold, Helmut Aßmann, Peter Noß-Kolbe (alle ev.-luth.); Stefanie Kurbl-Nickl, Dechant Wolfgang Voges (röm.-kath.); Ute Zaplinsky, Stefan Bayer (Bahai), alle Hildesheim; Aviv Weinberg (jüdische Kantorin), Berlin; Ibrahim Keivo (arabisch und kurdisch sprechender Sänger) aus Syrien; Chor Unicanto der Universität und der Volkshochschule Hildesheim

Der Gottesdienst in seiner Ausführung

I. Eröffnung

Klänge

Begrüßung mit dem Thema: Menschen sind versammelt, die von sich sagen, dass sie an einen Gott glauben. | *Peter Noß-Kolbe, Wolfgang Voges*

Gemeinsames Lied *Wo Menschen sich vergessen*

2. Wo Menschen sich verschenken,
   die Liebe bedenken und neu beginnen, ganz neu,
   da berühren sich Himmel und Erde, ...

3. Wo Menschen sich verbünden,
den Hass überwinden und neu beginnen, ganz neu,
da berühren sich Himmel und Erde, …

Vier Stimmen (Testimonials) Abraham ist für mich

Ibrahim Keivo – Ute Zaplinsky – Stefanie Kurbel-Nickl – Jochen Arnold

Klagegesang Lament, aramäisch | *Ibrahim Keivo*

Psalm 23 Gerald Cohen, *Adonai Roi (Der Herr ist mein Hirte)*

gesungen von Aviv Weinberg / Jochen Arnold, Klavier

II. Das Lied der Liebe: Rezitation

Jüdischer Musikbeitrag nach Hoheslied 2,1–3 Meir Finkelstein, *Ani Chavatselet (Aviv Weinberg / Jochen Arnold)*

Ich bin eine Blume in Saron und eine Lilie im Tal.
Wie eine Lilie unter den Dornen,
so ist meine Freundin unter den Mädchen.
Wie ein Apfelbaum unter den wilden Bäumen,
so ist mein Freund unter den Jünglingen.

Das Hohelied der Liebe – christliche Lesung aus 1 Korinther 13,8–13 *(mit Chor: Wohl bleiben Glaube, Hoffnung, Liebe, diese drei, aber die Liebe ist die größte unter ihnen)*

Lesung auf Arabisch: 1 Kor 13 (*Ibrahim Keivo*)

Die Liebe hört niemals auf, wo doch das prophetische Reden aufhören wird und das Zungenreden aufhören wird und die Erkenntnis aufhören wird.
Denn unser Wissen ist Stückwerk,
und unser prophetisches Reden ist Stückwerk.
Wenn aber kommen wird das Vollkommene,
so wird das Stückwerk aufhören.
Als ich ein Kind war, da redete ich wie ein Kind und dachte wie ein Kind und war klug wie ein Kind;
als ich aber ein Mann wurde, tat ich ab, was kindlich war.
Wir sehen jetzt durch einen Spiegel ein dunkles Bild; dann aber von Angesicht zu Angesicht.
Jetzt erkenne ich stückweise; dann aber werde ich erkennen, wie ich erkannt bin.
Nun aber bleiben Glaube, Hoffnung, Liebe, diese drei; aber die Liebe ist die größte unter ihnen.

Bahai-Rezitation aus 'Abdul-Baha', Paris, 9.11.1911 | *Ute Zaplinsky*

Die wirkliche Bedeutung der Taufe durch Wasser und Feuer
[...] Es gibt nichts Größeres und Gesegneteres als die Liebe Gottes. Sie schenkt den Kranken Heilung, den Verwundeten Balsam, allen Menschen Freude und Trost, und nur durch sie kann der Mensch zu ewigem Leben kommen. Das Wesen aller Religionen ist die Liebe Gottes, und sie ist die Grundlage aller heiligen Lehren.
Es war die Liebe Gottes, die Abraham, Isaak und Jakob führte, die Joseph in Ägypten stärkte und Moses Mut und Geduld verlieh.
Durch die Liebe Gottes wurde Christus mit seinem anfeuernden Beispiel des vollkommenen Lebens der Selbstaufopferung und Ergebenheit in die Welt gesandt. Er brachte den Menschen die Botschaft des ewigen Lebens. Es war die Liebe Gottes, die Mohammed Kraft gab.

III. Das Lied der Liebe verbindet. – Wie leben wir miteinander?

Gemeinsames Lied Chor und Gemeinde: *Lean on me*

Jüdischer Wortbeitrag | *Aviv Weinberg*

Im Laufe der Zeit entwickelten sich im Judentum Tendenzen, entweder Gott zu fürchten oder auf der anderen Seite Gott zu lieben. Die meisten Juden haben Elemente von beiden. Allerdings bevorzugen manche Gemeinden die eine oder die andere Richtung: Fürchten oder Lieben.[1]

Maimonides (12. Jh.) aus Andalusien sagte, dass die Propheten und die Weisen gelernt haben, Gott zu dienen durch Liebe. Man könne das nicht vergleichen: zwei Menschen, die entweder aus Furcht oder Liebe handeln. Derjenige, der aus Liebe handelt, wird ein offenes Herz haben und unerschöpfliche Liebe wird hin und zurück von ihm zur Welt fließen: ein offenes Herz ist Liebe.

Heutzutage liegt im progressiven Judentum der Schwerpunkt auf der Liebe und dem Mitgefühl (»compassion«).

In mehreren Quellen, die ich gelesen habe, wird über die Liebe Gottes zu uns bzw. unsere Liebe zu Gott erzählt. Ich denke aber, dass Liebe selbst schon in der Schöpfung ist. Wenn ich in die Augen eines kleinen Kindes gucke, fühle ich mich geliebt. Wenn ich Inspiration zu schreiben oder zu singen oder zu kochen bekomme, oder irgendetwas zu kreieren, fühle ich den Fluss und eine Verbindung in mir. Und dann spüre ich eine innere Wahrheit, die sagt mir: »Das ist Liebe«. In diesem Sinne sage ich: Liebe zu dir selbst ist eine der wichtigsten Eigenschaften, dann können wir auch anderen Liebe schenken.

Ich liebe mich – Ich liebe dich. Ich hasse mich – Ich hasse dich[2].

Auf dem Berg Sinai hat Mose die 10 Gebote bekommen und sagte dann das Schma Israel – »Höre Israel, der Ewige ist unser Gott, der Ewige ist einzig«. Danach hat er den Israeliten gesagt, Gott zu lieben mit ganzem Herzen[3]. Im Gebetsbuch – nach dem Schma – sagt man morgens »Ahava Raba Ahavtanu« – »Deep is Your love for us, abiding Your compassion. We have put our trust in You, and You have taught us the laws of life. Be gracious to us so that we may understand and follow the teachings of Your word«.

Abends sagt man »Ahavat Olam« – »Eine ewige Liebe hast du dem Hause Jisraels, deinem Volk, zugewendet, hast Lehre und Gebot, Gesetze und Rechtsordnungen uns gelehrt. Darum, Gott unser Gott, wenn wir uns niederlegen und wenn wir aufstehen, sinnen wir über deine Gesetze und freuen uns an den Worten deiner Lehre und deinen Geboten aus ewiger Zeit. Denn sie sind unser Leben und die Dauer unserer Tage. Und mit ihnen beschäftigen sich unsere Gedanken tags und nachts. Mögest du deine Liebe in ewigen Zeiten uns nicht entziehen. Gesegnet seist du, Gott, der sein Volk Jisrael liebt«.

Und sofort danach folgt: »Veáhavta« – «and you shall love …«.

---

[1] http://www.myjewishlearning.com – Rabbi Bradly Artson.
[2] Byron Katie (*1942).
[3] http://www.tabletmag.com – David Wolpe, vgl. 5 Mose 6,4f.

Bei Hochzeiten gibt es verschiedene Segensverse aus dem Hohelied Salomos. Rabbi Akiva (ca. 40–137 n. Chr.) hat das Hohelied als das wichtigste Buch in der Bibel bezeichnet[4]. Es gibt viele Metaphern in der Torah über die Beziehung von Gott und den Israeliten mit dem Bild der Liebe und der Hochzeit.
Und in diesem Sinne möchte ich schließen mit den Worten:
Liebt euch alle selbst und seid dadurch Geschöpfe von neuer Liebe.

Musikalischer Beitrag der Bahai *If Thou lovest me* (aus: Verborgene Worte 7) | *Stefan Bayer*

If Thou lovest Me, turn away from thyself,
If thou sleekest My pleasure, regard not thine own. (2x)
That thou mayest die in Me
And I may eternally live in Thee,
Oh son of Man.

O Sohn des Menschen, wenn du mich liebst, wende dich ab von dir. Wenn du mein Wohlgefallen suchst, achte nicht auf deines, damit du in mir vergehst und ich ewig lebe in dir.

Christlicher Wortbeitrag | *Helmut Aßmann*

Es bleiben am Ende Glaube, Hoffnung, Liebe, die Liebe aber ist die größte unter ihnen. Sagt Paulus, der Christ, der Pharisäer, der Eiferer. Manche mögen Paulus nicht, aber dieser Satz hat es in sich.
Irgendetwas in uns weiß, dass er richtig ist. Dass er stimmt. Obwohl wir uns gelegentlich in krassem Gegensatz dazu verhalten. Aber wenn jemand uns liebt, dann ist die Welt in Ordnung, für diesen Augenblick. Für viele andere Augenblicke nicht, die mögen schrecklich, langweilig, furchtbar oder stumpf sein. Aber der Augenblick der Liebe vollendet die Welt und das Leben. Und wenn wir jemanden lieben, ist merkwürdigerweise für uns auch die Welt in Ordnung. Lieben und Geliebtwerden, für beide Beteiligten eine Verwandlung der Welt. Gewinn dazu zu sagen, wäre einfach zu wenig.
Die Liebe ist die größte, größer als Hoffnung und Glauben. Sagt Paulus, der Christ, der Pharisäer, der Eiferer, der Liebende.
Vielleicht deswegen, weil man im Himmel nicht mehr glauben und hoffen muss, weil dann ja Gottes Gegenwart offenbar wird. Dann wird die Zukunft Gegenwart sein. Aber geliebt wird auch im Himmel, nehme ich an, weil wir ja nicht und niemals aufhören, die zu sein, die wir sind: Geschöpfe, die von Anfang an nach ihresgleichen suchen und sich in Liebe vereinen wollen. Da ändert auch der Tod wohl nichts daran. Die Liebe gibt es im Himmel wie auf Erden. Wovon kann man das sonst noch sagen?
Vielleicht auch deswegen, weil Gott selber ein Liebender ist. Ja, Gott sei die Liebe, heißt es in unseren heiligen Schriften. Wie ein »glühender Backofen voller Liebe«, sagt Martin Luther. Die Gesunden bedürfen des

---

[4] http://www.tabletmag.com – David Wolpe.

Arztes nicht, aber die Kranken – so die Worte Jesu. Und: Kommt her zu mir alle, die ihr mühselig und beladen seid, ich will euch erquicken – ein anderes Zitat. Jemand, der so spricht, muss die Menschen liebhaben, sonst funktionieren diese Worte nicht. Nicht nur wir können lieben, erstaunlicherweise, Gott kann es auch. Und er ist der eigentlich Vorausliebende, denn unsere Liebe vergeht, seine bleibt und steht. In der Liebe teilen wir ein Geheimnis Gottes. Wovon kann man das denn sonst noch sagen.

Die Liebe ist die größte, größer als Hoffnung und Glauben. Sagt Paulus, der Christ, der Pharisäer, der Eiferer, der Liebende, der Träumende.

Vielleicht auch deswegen, weil die, die sich lieben, neues Leben ermöglichen können. Zwischen den Liebenden gibt es Räume für neue Menschen, andere Seelen, fremde Geister, die sich doch Heimat suchen können. Weil die Liebe sich nicht erschöpft im Genuss ihrer selbst, sondern aus dem Glück das Leben neu herauslockt. Im Himmel wie auf Erden. Bei Gott wie bei den Menschen. In der Zeit und in der Ewigkeit. Wer gewinnt schon, wenn er sich verliert? Wer wird schon mehr, wenn er sich hingibt? Wovon kann man das denn sonst noch sagen?

Die Liebe ist die größte Kraft. Sie ist der Kern der Dinge, das Maß des Lebens. Das glaube ich.

Jüdischer Musikbeitrag *Et Dodim Kala* | *Aviv Weinberg, Jochen Arnold*

IV. Gebet

Wiederkehrendes Chor-/Gemeindelied *Hinneh ma tov – Wie schön ist es, wenn Brüder/Schwestern einträchtig zusammen wohnen*

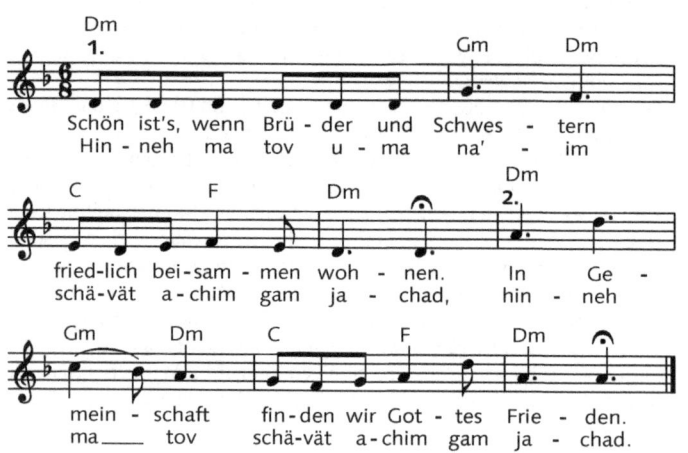

Text (nach Psalm 133,1) und Musik: aus Israel. Deutsch: Dieter Trautwein 1987. © Strube Verlag, München.

Bahai-Gebet

Gemeinsames Lied *Hinneh ma tov*

Jüdisches Gebet (Achtzehnbittengebet) | *Aviv Weinberg*

Gemeinsames Lied *Hinneh ma tov*

Vaterunser auf Deutsch

Vaterunser gesungen auf Arabisch | *Ibrahim Keivo*

V. Sendung und Friedensbitte

Hinneh ma tov | *Chor*

Wort in den Tag | *Wolfgang Voges*

Gegenseitiger persönlicher Friedenswunsch

Gemeinsames Lied *Behüte uns Gott* (EG 171)

Worte des Dankes | *Peter Noß-Kolbe*

Musik | *Sari Gelin, Ibrahim Keivo*

Friede sei diesem Haus

Ökumenische Einweihung des Berliner Hauptbahnhofs | Berlin im Mai 2006

Bischof Prof. Dr. Wolfgang Huber
Weihbischof Wolfgang Weider

Gruß und Einführung | *Wolfgang Huber*

Verehrte Frau Bundeskanzlerin,
verehrter Herr Mehdorn,
verehrte Festgesellschaft,
wir freuen uns, dass dieser Bahnhof am heutigen Tag eingeweiht und damit seiner Bestimmung zugänglich gemacht wird. Er ist ein architektonischer Höhepunkt in Berlins Mitte. Er ist ein »Tor zur Stadt« und ein »Tor zur Welt«. Wir stellen den Bahnhof unter den Segen Gottes. Gott ist die tragende Kraft unseres Lebens. Er ist Grund unserer Gemeinschaft. Er will uns begleiten auf unseren Wegen.

Eröffnungsgebet | *Wolfgang Weider*

Wir beten:
Gott, der du Himmel und Erde, das Sichtbare und das Unsichtbare geschaffen hast, du bist nahe denen, die auf dich vertrauen, und segnest alle, die zu dir rufen. In Dankbarkeit feiern wir diese Eröffnung des Berliner Hauptbahnhofs. Stärke unseren Glauben an dich und mache uns offen für das, was du uns sagst. Amen.

Lesung Psalm 121 (Lutherübersetzung) | *Wolfgang Weider*

Ansprache zu Lukas 10,5 | *Wolfgang Huber*

Seinen Jüngern, die er auf die Reise schickt, gibt Jesus einen Rat mit auf den Weg. Er sagt ihnen: *Wenn ihr in ein Haus kommt, sprecht zuerst: Friede sei diesem Haus*. Diesen Wunsch wollen wir heute dem neuen Berliner Hauptbahnhof mit auf den Weg geben.
In der neuen Mitte der Stadt, die noch im Werden ist, bildet er eine Drehscheibe für die Mobilität der Menschen. Wir fragen: In welchem Geist werden sie sich bewegen? Schon der alte Lehrter Bahnhof wurde das *Schloss unter den Bahnhöfen* genannt; der neue versucht es ihm gleich zu tun. Wir fragen: Welche Art von Herrschaft wird in diesem Schloss ausgeübt? Ein *Tor zur Stadt* soll sich für Reisende aus allen Himmelsrichtungen auftun. Wir fragen: In was für eine Stadt werden sie kommen?

Wir wünschen diesem gewaltigen Bauwerk wie der Stadt, in der es steht, wir wünschen den Menschen, die sich hier bewegen, wie denen, die für seinen Betrieb verantwortlich sind: *Friede sei diesem Haus.*

Aus aller Herren Ländern stammten die Menschen, die sich um die Erstellung dieses Gebäudes bemühten; ein koptischer Christ war der leitende Ingenieur. Technische Perfektion prägt das Bauwerk wie seinen künftigen Betrieb. Und doch bleibt es auf Gottes Frieden angewiesen, der weiter reicht als unsere technische Perfektion. Das Menschenmögliche kann nur leisten, wer etwas von dem Frieden in sich hat, der höher ist als alle Vernunft. *Friede sei diesem Haus.*

Hier kreuzen sich die Eisenbahnlinien zwischen Paris und Moskau, zwischen Kopenhagen und Wien. Der Hauptbahnhof ist ein Symbol des friedlich vereinten Europas, das neu über die Voraussetzungen nachdenkt, die es sich nicht selbst gegeben hat und von denen es doch lebt. *Friede sei diesem Haus.*

Gottes Frieden gilt allen, die in diesem Gebäude ankommen und abfahren, welcher Nationalität und Religion sie auch sein mögen. Ich freue mich darüber, dass diese Vielfalt auch am Tag der Eröffnung zum Ausdruck kommt.

Unterschiedlich ist die Lage derer, die hier kommen und gehen – an diesem Ort zwischen Kanzleramt und Knast, den auch die Berliner Stadtmission als ihren Ort angenommen hat. Arme und Reiche mögen nicht aneinander vorbeischauen, wenn sie sich hier begegnen. Die *Kirche am Bahnhof,* wie sie in der Bahnhofsmission sichtbar ist, leistet ihren Beitrag dazu, dass *Menschlichkeit am Zug* ist. Sie wird gebraucht, gerade hier.

Als evangelische und katholische Kirche folgen wir an diesem Tag dem Rat Jesu an seine Jünger. Wir bitten um Gottes Segen für alle Menschen, die hier ein- und ausgehen: *Friede sei diesem Haus.* Amen

Aussprengung des Weihwassers | *Wolfgang Weider*

Gebet

Weider
Barmherziger Gott, wir preisen dich und sagen dir Dank. Du hast den Himmel und die Erde geschaffen und alles, was sie enthalten. Du gibst Menschen Einsicht und Kraft, die Erde zu bebauen und einzurichten. Dieser Bahnhof wird Menschen verbinden, er wird den gegenseitigen Austausch fördern, er wird dazu beitragen, dass sich das Leben entfaltet, in dieser Stadt und darüber hinaus.

Huber
Wir bitten dich für alle Mitarbeiterinnen und Mitarbeiter des Bahnhofs. Ihrem Wirken vertrauen sich viele Menschen an: Gib ihnen Wachsamkeit und steh ihnen bei.

Wir bitten dich für die Menschen, die auf Reisen sind: Behüte und bewahre sie, gib denen im Urlaub Erholung, dass sie wieder zu sich selbst kommen, schenke denen, die auf Geschäftsreise sind, Gelingen und allen eine sichere Rückkehr.

Weider
Wir bitten dich für dieses Gebäude: Bewahre es vor Schaden. Lass die Menschen, die hier eingehen und ausgehen, offen sein für ihre Mitmenschen.

Unser Gebet bringen wir vor dich, indem wir sprechen, wie Jesus uns gelehrt hat:

Vaterunser ...

Segen

Wolfgang Huber
Gott, der Herr, segne diesen Ort.
Gott segne, die ankommen und abfahren,
die Reisenden und die Mitarbeiterinnen und Mitarbeiter.
Gott segne die Fröhlichen und die Traurigen.
Gott tröste die Einsamen und führe sicher ans Ziel.

Weider
Das gewähre der dreieinige Gott,
der Vater und der Sohn und der Heilige Geist. Amen.

Nachspiel A. Dvořák, aus Symphonie No. 9, »Aus der Neuen Welt«. | *RIAS Jugendorchester*

Mehr als du glaubst

Ökumenischer Gottesdienst »Christen bei Volkswagen« (CVW) | St. Christophorus-Kirche Wolfsburg im Juli 2015

Pastor Peer-Detlev Schladebusch,
Sprecher des Netzwerks »Christen in der
Automobilindustrie« (CAI), Wolfsburg/Hannover
Landessuperintendent Dieter Rathing, Lüneburg

In fast allen größeren Firmen entstehen zunehmend christliche Gebetskreise, in denen sich Mitarbeiter regelmäßig treffen, um für ihr Unternehmen, ihre Vorgesetzten und ihre Kollegen zu beten. In Gebetskreisen verschiedener Automobilhersteller entstand die Idee, mit CAI (DAS NETZWERK CHRISTEN IN DER AUTOMOBILINDUSTRIE – CHRISTIANS IN THE AUTOMOTIVE INDUSTRY) eine firmenübergreifende Plattform zur Begegnung engagierter Christen aus der Automobilindustrie zu etablieren.

Ablauf

Einzug mit Orgel

Begrüßung

Gemeinsames Lied *Lobe den Herren* (EG 316)

Gemeinsames Gebet mit Psalm 40 (GL 36)

Lesung Markus 2,1–12 (Heilung eines Gelähmten und Glauben seiner Freunde)

Gemeinsames Lied *Nun danket alle Gott* (EG 321)

Predigt

Stille

Lied (Taizé)

Interviews mit Teilnehmern der Gebetskreise / Schladebusch

Gemeinsames Lied *Lobet und preiset ihr Völker den Herrn* (EG 337)

Fürbitten

Vaterunser

Segen

Instrumentalstück zum Auszug

Auszug aus der Predigt (Markus 2,1–12) | *Dieter Rathing*

Liebe Schwestern und Brüder,
mir gefällt dieser tatkräftige und zupackende Geist derer, die da für einen, der nicht laufen kann, sorgen. Schleppen ihn zu Jesus hin, decken das Dach auf, machen ein Loch in die Decke, lassen die Trage hinunter. Kein Zweifel, da verstehen welche ihr Handwerk. Sie packen an und packen zu. Und in diesem Zupacken sorgen sie mit dafür, dass am Ende wieder einer selbst mobil sein kann. *Und er stand auf, nahm sein Bett und ging alsbald hinaus vor aller Augen.* Selbst mobil. Die Übersetzung dafür: auto mobil.

Wenn man also – zugegeben etwas übermütig – die Verbindung herstellen will, dann kann man sagen: Die Leute, die in der biblischen Erzählung für Mobilität sorgen, und Sie als »Christen bei Volkswagen« sind Geschwister im Geiste. Menschen, die ihr Handwerk für Mobilität verstehen, anpacken und zupacken und mit dafür sorgen, dass andere mobil sein können. Das gefällt mir.

Jetzt bringt Sie als »Christen bei Volkswagen« in Wolfsburg und Hannover aber ja nicht nur das Autobauen zusammen. Sie treffen sich nicht nur in den Büros oder am Band, sondern sie kommen auch zum Gebet zusammen. Einmal in der Woche, in der Mittagspause, an verschiedenen Orten. Sie beten füreinander, für Herausforderungen bei der Arbeit, für Kolleginnen und Kollegen. Und das ist bemerkenswert. Denn wer an die Arbeit in der Automobilindustrie denkt, der denkt wahrscheinlich überhaupt nicht ans Beten.

Wie war das noch mal bei Ihren Geschwistern im Geiste, die für ihren gelähmten Freund sich mühen? Auch da bemerkenswert, vom Beten ist auch da gar nicht die Rede. Es ist nichts davon erwähnt, dass die Helfer des Gelähmten ihre Hände gefaltet hätten. Die haben sie für etwas anderes gebraucht.

Dass bei Volkswagen kein Auto durch ein Gebet auf das Band kommt und am Ende von dort wieder herunter, muss ich Ihnen nicht sagen. Dafür werden – trotz Maschinen und Automatisierung – viele Hände gebraucht. Und für ein Beten wird bei VW niemand bezahlt. Dennoch möchte ich behaupten: Bei der Arbeit wird gebetet. Genauso übrigens wie bei der Arbeit geflucht wird, aber das ist heute nicht Thema.

»Gott, ist der schwer ...« – »Dass der bloß heil auf dem Dach ankommt ...!« – »Himmel, wie soll das mit der Trage gehen ...?« So vielleicht das Beten damals in Kapernaum. Und wie heute? Wer kann das schon wissen. Ich vermute aber: Das Beten ist lebendiger als die Kirchen, die es lehren. Es ist deswegen lebendiger, weil man kirchliche Lehren dazu

nicht braucht. Es gibt keinen Ort, zu dem hin man das Gebet wegsperren könnte. Es gibt keine Zeit, für die das Beten reserviert sein könnte. Kein Thema, kein Anliegen gibt es, das für ein Gebet nicht taugte. Beim Beten gibt es nichts, was man nicht sagen dürfte. »Mensch«, »Gott«, »Himmel«, »Warum?«, »Wie lange?«, »Wie lange noch?« Wie oft besteht ein Gebet nur aus solchen ein, zwei, drei Wörtern?
Frage: Hat solches Beten noch etwas mit Glauben zu tun? Antwort: Das ist nicht wichtig. Man kann auch ungläubig beten. Und es wird auch ungläubig gebetet werden bei Volkswagen. Keiner kann ja das, was zu Hause war, und keiner kann das, was in der Welt ist, oder was einem morgen bevorsteht, einfach wie Hemd und Hose in den Spind hängen. Du trägst ja dein Glück und dein Unglück immer bei dir, hast deine Wünsche und deine Grenzen in den Knochen, hast deine Lieben im Herzen.
Liebe Schwestern und Brüder, nun ist noch einmal genauer hinzuschauen auf das Beten und auch auf Sie als Christen bei Volkswagen. Denn Ihr Zusammenkommen und Ihre Gebete sind ja nicht irgendwann, nicht irgendwo und nicht irgendwie. Sie haben ja eine Form und eine Gestalt und ein Ziel.
So wie in der biblischen Erzählung von Kapernaum die Freunde auch nicht irgendwann mal etwas mit ihrem Freund auf der Trage irgendwie auf irgendeinem Dach machen wollen. Sondern sie haben ein ganz festes Ziel. Jesus Christus. Die Begegnung des Gelähmten mit ihm, das ist ihr Ziel. Er soll zu IHM hin. Die Freunde machen sein Anliegen zu ihrem Anliegen. Sie bringen ihn vor Jesus, sie tragen ihn Jesus vor.
Was anderes machen wir, wenn wir beten? Wir tragen Menschen Jesus vor. Wir bringen ein eigenes Anliegen vor ihn. Oder wir machen ein fremdes Anliegen zu unserem eigenen. Wir tun das nicht mit den Händen, sondern mit unseren Mündern, nicht als Handwerk, sondern als Mundwerk. Auch wenn wir dieses Mundwerk ähnlich wie ein Handwerk verstehen können: Als Menschen können wir es lernen, so wie wir die Handgriffe beim Zusammenbauen von Autos lernen können. Und noch etwas ist ähnlich: Es gehören Regelmäßigkeit und Ausdauer dazu. Manchmal mag das Beten wie das Arbeiten auch mühselig sein, zu Zeiten vielleicht sogar langweilig, und man ist froh, wenn es vorbei ist.
Was man wohl immer braucht, sind Aufmerksamkeit und eine Grundleidenschaft. Wenn ich bete, muss ich etwas wirklich wollen. So wirklich wollen, wie die Freunde ihren gelähmten Freund wirklich zu Jesus bringen wollen, auch mit Anstrengung, auch über's Dach. Man kann beten, wenn man weiß, wofür man beten soll. Für Menschen natürlich. Aber für welche? Wer hat es gerade nötig? Was hat er gerade nötig? Wo fehlt ihm etwas? Wo fehlt uns etwas? An Respekt, an Wertschätzung, Aufrichtigkeit? Was soll mich, was soll uns leiten? Woran will ich mich, woran wollen wir uns im Unternehmen – vielleicht noch mehr – orientieren? Als »Christen bei Volkswagen«?
Und wer seinen Glauben nicht am Werkstor abgibt, der ahnt, wie viel an Verantwortung gegenüber Gott und wie viel Verantwortung gegenüber den Menschen er in seiner Arbeitswelt wahrnehmen kann. Das geschieht in einem Werk wie VW in ganz unterschiedlicher Weise: im Kümmern um Arbeitsschutz oder indem einer sich den Kopf um CO_2-Re-

duzierung macht, man kann die Produktsicherheit steigern oder Verantwortung im Betriebsrat übernehmen. Man kann aber eben auch außerhalb der Arbeitszeit in der Arbeitswelt und für die Arbeitswelt beten. Und damit nimmt man dann in ganz besonderer Weise Verantwortung wahr.

Und das geht – manchmal vielleicht, aber eben nicht immer – nicht einfach mittendrin oder einfach so nebenher bei der Arbeit. Warum das nicht geht, warum es gut ist, für das Beten eine eigene Zeit zu haben, kann man schön bei Martin Luther nachlesen. Luther schreibt 1535 an den guten »Freund Peter«, seinen Barbier fürs Haareschneiden und Rasieren. Er schreibt ihm über das Beten und darüber, dass dieses Beten auch einer gewissen Konzentration bedarf. Luther sagt, das Gebet wolle den Menschen »ganz haben«.

»Denn in einem rechten Gebet gedenkt man gar fein aller Worte und Gedanken vom Anfang bis zum Ende des Gebets. So auch ein guter, fleißiger Barbier: Er muss seine Gedanken, Sinne und Augen gar genau auf das Messer und auf die Haare richten und nicht vergessen, woran er sei, am Rasieren oder am Schneiden. Wenn er aber zugleich viel will plaudern und anderswohin denken oder gucken, würde er einem wohl Maul und Nase, die Kehle dazu abschneiden. So will auch jedes Ding, wenn es gut gemacht werden soll, den Menschen ganz haben mit allen Sinnen und Gliedern [...]«
(aus: M. Luther, Eine einfältige Weise zu beten)

Ich will die damit angesprochene Konzentration bei der Arbeit jetzt nicht auf den Einbau von Bremsschläuchen und Airbags bei Volkswagen übertragen. Aber jeder versteht: Nicht nur damals beim Barbier in Wittenberg, sondern auch heute in Wolfsburg kommt es der menschlichen Unversehrtheit sehr entgegen, wenn das Beten seine eigene Zeit, seinen eigenen Ort, seine eigene Konzentration bekommt; wenn es den Menschen ganz hat.

Mit ganzem Einsatz und Engagement sind Sie bei VW an der bezahlten Arbeit. Und Sie sind es auch mit Ihren unbezahlten Gebeten. Denn jedes einzelne dieser Gebete ist ganz und gar unbezahlbar. Jedes Gebet in der Arbeitswelt und für die Arbeitswelt. Darum rufe ich: Herr, erhöre uns. Amen.

Fürbitten

Danke, Gott, für diesen gemeinsamen Gottesdienst und das gute ökumenische Miteinander hier im Gottesdienst, in den Gebetskreisen und im Vorbereitungskreis.
Danke, Gott, für das Wunder, in dieser Stadt heute diesen Gottesdienst feiern zu können, obwohl Nazis damals eine Stadt ohne Gott geplant hatten.
Wir danken dir für das Miterleben der Entwicklung des Werkes und die Bereicherung des Lebens durch die vielen Kulturen hier und an den Standorten weltweit.

Wir danken dir für die Bewahrung durch Krisen hindurch, auch in diesem Jahr.

Wir bitten dich um ein gutes Miteinander im Werk, um gute Ideen für Fairness am Arbeitsplatz, mit Kolleginnen und Kollegen, Unternehmensleitung, Betriebsrat.

Wir bitten dich um Kraft zum Glauben und gegenseitigen Beistand in persönlichen, beruflichen, wirtschaftlichen Krisensituationen. Das Finden der richtigen Entscheidungen hinsichtlich der neuen Herausforderungen in den Bereichen Umwelt, Vernetzung, Globalisierung, neuer Technologien.

Wir bitten dich um Offenheit, aufeinander zuzugehen, besonders bei der Begegnung mit Flüchtlingen und ihren Familien, dass wir voneinander lernen und unsere Sorgen und unser Glück miteinander teilen.

Wir bitten um Frieden in den Kriegs- und Terrorgebieten: für Syrien und die angrenzenden Länder, für verfolgte Christen weltweit und in all dem um ein friedliches Miteinander der Religionen.

Herr, unser Gott, lass uns in unseren Schwächen nicht allein.
Schenke uns deinen Geist, der uns neues Leben schenkt.
Amen.

Ein bunter, blühender Garten

Ökumenische Eröffnung der Landesgartenschau mit Segnung | Deggendorf in Bayern, 2014

Dekan Eckhard Herrmann, Regensburg

Liturgischer Gruß | *Katholischer Geistlicher*

L: Im Namen Gottes,
des Vaters und des Sohnes und des Heiligen Geistes.
A: Amen.

L: Der HERR sei mit euch!
A: Und mit deinem Geist.

Begrüßung | *Evangelischer Geistlicher*

Jahrelang haben viele Menschen in zahllosen Stunden und unter großen Mühen geplant, organisiert, vorbereitet, gebaut, gesät und gepflanzt.
Entstanden ist ein bunter und blühender Garten. Ein Abbild der Schöpfung Gottes, wie es schöner nicht sein könnte.
Martin Luther hat einmal gesagt: »*Der Mensch soll pflügen und pflanzen. Dann aber soll er Gott um seinen Segen bitten.*«[1]
Das wollen wir heute tun.
Wir wollen Gott danken, dass er die Vorbereitungen für die Landesgartenschau mit seinem Segen begleitet hat. Und wir wollen Gott bitten, dass er über diesen Ort und über die Menschen, die hier arbeiten und in den kommenden Monaten hierher kommen, um zu sehen und zu staunen und sich zu freuen über das, was sie hier erleben können, seine schützende Hand hält.

Eröffnungsgebet | *Kath.*

Guter Gott,
wie schön ist, Orte wie diesen zu haben, an denen wir uns besinnen können auf dich und auf alles, was du für uns geschaffen hast.
Wir danken dir für diese Landesgartenschau, auf der wir die Vielfalt der Natur und den Reichtum deiner Schöpfung sehen, erleben und mit Händen greifen können.

Wir bitten dich, lass gedeihen, was hier gesät und geschaffen wurde, und lass gelingen, was wir uns vorgenommen haben.
Den Menschen zur Freude und dir zur Ehre.

---

[1] Auslegung zum 147. Psalm – freie Wiedergabe.

Lesung Markus 4,26–28(29) | *Kath.*

Jesus sagte: Mit dem Reich Gottes ist es so, wie wenn ein Mann Samen auf seinen Acker sät; dann schläft er und steht wieder auf, es wird Nacht und wird Tag, der Samen keimt und wächst und der Mann weiß nicht, wie. Die Erde bringt von selbst ihre Frucht, zuerst den Halm, dann die Ähre, dann das volle Korn in der Ähre.
(Sobald aber die Frucht reif ist, legt er die Sichel an; denn die Zeit der Ernte ist da.)

Kurzansprache | *Evang.*

Segensbitte | *Kath.*

Guter Gott,
wir wollen heute diese Landesgartenschau und alle Menschen, die hier arbeiten oder hierher kommen, um sich an den Gaben der Natur zu erfreuen, unter deinen Segen stellen und dich bitten: Lass das, was wir hier erleben und die Eindrücke, die wir von hierher mitnehmen, für uns zum Segen werden. Lass diese Landesgartenschau zu einem Ort des Staunens und der Freude und der Ehrfurcht vor der Schöpfung und dir, unserem Schöpfer werden. Amen.

Zeichenhandlung mit Weihwasser | *Kath.*

Fürbitten- und Segensgebet | *Kath./Evang.*

Guter Gott,
wir bitten dich,
halte deine schützende Hand über diese Landesgartenschau.
Sei mit den Mitarbeiterinnen und Mitarbeitern, die viel Zeit in die Pflege der Pflanzen und für das Gelingen dieser Veranstaltung investieren.
Gib, dass alle, die hierherkommen, Schönes erleben und Freude erfahren beim Anblick der blühenden Bäume und Blumen.
Lass uns dankbar werden für das, was du uns schenkst, und besonnen im Umgang mit deinen Gaben.
Bewahre uns vor Unfällen und Katastrophen.
So bitten wir dich, Gott, um deine gute Begleitung und um deinen reichen Segen. Amen.

Segen | *Kath./Evang.*

Gott segne euch und behüte euch.
Gott lasse sein Angesicht über euch leuchten
und sei euch gnädig.
Gott erhebe sein Angesicht auf euch
und (+) gebe euch Frieden.

Wie zahlreich sind deine Werke

Ansprache zur Einweihung eines Tierheims | Regensburg im März 2016

Dekan Eckhard Herrmann, Regensburg

Öffentliche Einrichtungen und Gebäude werden in Bayern – insbesondere in den katholischen Regionen – meist unter Beteiligung der Kirchen eingeweiht. Die Segenshandlung bezieht sich dabei insbesondere auf die Menschen, für die die Einrichtung oder das Gebäude geschaffen wurde.
Das »Benedictionale« sieht Gebete und Lesungen für eine Reihe von Segenshandlungen bei unterschiedlichen Anlässen vor. Ebenso die Handreichung »Ökumenische Segensfeiern«. Gelegentlich empfiehlt es sich aber, eigene, deutlich(er) auf den jeweiligen Kasus bezogene Texte zu formulieren.

Eröffnung

Herr, wie zahlreich sind deine Werke!
Mit Weisheit hast du sie alle gemacht,
die Erde ist voll von deinen Geschöpfen.

Dankbar, staunend und voller Ehrfurcht lobt der Dichter des 104. Psalms das Schöpferwerk Gottes. Das Schöpferwerk Gottes, das so umfassend und vielfältig ist, dass wir es in seiner ganzen Fülle gar nicht greifen, geschweige denn *be*greifen können.
In diesen Dank und in dieses Lob wollen wir heute einstimmen, wenn wir dieses schöne neue Tierheim einweihen.

Wir wollen Gott bitten, seine schützende Hand über dieses Haus zu halten. Über dieses Haus, über alles, was in diesem Haus für unsere Tiere getan wird, und über die Menschen, die sich hier zum Wohle der Tiere engagieren.

Als Kinder haben wir – viele abends vor dem Schlafengehen mit den Eltern – gesungen:
Weißt du, wie viel Mücklein spielen
in der heißen Sonnenglut,
wie viel Fischlein auch sich kühlen
in der hellen Wasserflut?
Gott, der Herr, rief sie mit Namen,
dass sie all ins Leben kamen,
dass sie nun so fröhlich sind,
dass sie nun so fröhlich sind.

Ob die Tiere in diesem neuen Haus fröhlich sind? Das weiß ich natürlich nicht. Aber vielleicht sind es ja die Mitarbeiterinnen und Mitarbeiter, die sich liebevoll um die Tiere kümmern. Sicher nicht immer. Vor allem dann nicht, wenn sie sehen, was manche Tiere, die hierher gebracht werden, mitgemacht haben.
Aber vielleicht immer wieder einmal.
Solche Fröhlichkeit – davon bin ich überzeugt – wird den Tieren guttun und dazu beitragen, dass sie sich hier wohlfühlen.
Und so wollen wir nun Gott um seinen Segen bitten, damit das, was in diesem Tierheim geschieht, für Tiere und für Menschen zum Segen werden kann.

Votum

Im Namen Gottes,
des Vaters und des Sohnes und des Heiligen Geistes.
Amen.

Ansprache zu 1 Mose 6–8

Liebe Festgäste!

Das erste *Tierheim*, das uns in der Bibel begegnet, ist die *Arche Noah*.

Im 1. Buch Mose wird beschrieben, wie *Noah* von Gott den Auftrag erhält, ein großes Schiff zu bauen und in dieses Schiff alle Tiere – immer paarweise – aufzunehmen, um sie vor den bevorstehenden Stürmen und Unwettern zu schützen. Die Schöpfung, *Gottes* Schöpfung, sein Werk, sollte vor dem Untergang, vor dem endgültigen Verderben bewahrt werden.

Auch dieses Tierheim, das wir heute offiziell einweihen wollen, ist so etwas wie eine *Arche*. Ein Haus, in dem Tiere Schutz und Zuflucht finden können, vor den Gefahren, denen sie in der Natur und – leider viel mehr noch – durch menschliches Fehlverhalten, durch Missachtung und Misshandlung ausgesetzt sind.
Ein Haus, in dem sie sich sicher fühlen sollen. In dem sie, wenn sie krank, verletzt und geschwächt sind, wieder zu Kräften kommen können. In dem sie fachkundig und vor allem liebevoll betreut und umsorgt werden.
Ein Haus, das ihnen – wie damals die Arche – für eine begrenzte Zeit zur Heimat, zum Zuhause werden kann.
Ein Haus, das für sie – mit allem, was hier für sie getan wird – zum Segen werden soll.

Ich danke allen, die sich in dieser Arche für das Wohl der Tiere engagieren. Die Zeit und Energie und auch Geld aufwenden und die Tiere spüren lassen, dass sie ihre eigene Würde haben, und ihnen mit Achtung und Wertschätzung, mit Umsicht und Fürsorge, mit Freundlichkeit und Liebe begegnen.

Sie alle wandeln in den Spuren *Noahs*, indem sie bereit sind, Verantwortung für *Gottes* Schöpfung und seine Geschöpfe zu übernehmen. Für das Leben und das Wohlergehen dieser Tiere, die ihnen anvertraut werden und die sie sich anvertrauen lassen.
Dafür gebührt Ihnen ein herzliches Dankeschön.

Ich wünsche Ihnen für diesen Dienst – ich sage bewusst nicht »Arbeit«, sondern »Dienst«, denn Sie dienen mit dem, was Sie tun, Tieren, aber auch Menschen und unserer ganzen Gesellschaft –, ich wünsche Ihnen für diesen Dienst die *Anerkennung*, die Ihnen zusteht, die *Unterstützung*, die sie brauchen, die *Freude*, die Ihnen gewiss auch »Ihre« Tiere abspüren können, und die Überzeugung, dass dieser Dienst wertvoll und notwendig ist. Notwendig, weil er hilft, die Not von Tieren – und manchmal sicher auch von Menschen, die mit ihren Tieren überfordert sind – zu wenden.

Über der *Arche Noah* hat Gott am Ende einen Regenbogen aufgehen lassen. Als Zeichen für den Bund, den bewahrenden Bund, den er, Gott, mit den Menschen und der ganzen Schöpfung geschlossen hat.

Das wünsche ich Ihnen: Dass auch über dieser Arche, über diesem Tierheim, über den Tieren, die hier leben und den Menschen, die für diese Tiere da sind, immer – auch dann, wenn er mit dem bloßen Auge nicht zu sehen ist – ein Regenbogen steht. Ein Regenbogen, der Ihnen die Gewissheit gibt: Gott hält seine schützende Hand über dieses Haus und über alles, was in diesem Haus zum Wohl der Tiere und damit auch zur Ehre Gottes, des Schöpfers, getan wird.

Alles Gute und Gottes Segen!
Amen.

Brannte nicht unser Herz?

Gottesdienst zur Entwidmung einer Kirche | Gustav-Adolf-Kirche Hannover im Mai 2007

*Liturgie und Predigt: Landessuperintendentin
Dr. Ingrid Spieckermann, Hannover
Weitere Mitwirkende: zwei Pastorinnen, Superintendent*

Nach dem 2. Weltkrieg gab es einen Bauboom bei Sakralgebäuden. Längst nicht alle werden künftig unterhalten und erhalten bleiben können. Es kommt zu Entwidmungen. Für die Gemeinden und die Gründergeneration ist das ein schmerzlicher Prozess. Viele Tochtergründungen kehren zu den Muttergemeinden zurück. Die Gustav-Adolf-Kirche in Hannover fand eine neue Bestimmung als Synagoge der Liberalen Jüdischen Gemeinde.

Ablauf

Gottesdienst Teil 1 (Gustav-Adolf-Kirche)

Glockengeläut

Orgelvorspiel mit Einzug der Mitwirkenden

Begrüßung durch die stellvertrende KV-Vorsitzende

Gemeinsames Lied *Tut mir auf die schöne Pforte* (EG 166,1–6)

Eingangsliturgie mit der *Choralschola Herrenhausen*

Introitus zu Psalm 98 mit Gloria Patri
Aufforderung zum Kyrie – Kyrie
Aufforderung zum Gloria – Gloria

Eingangsgebet | *Pastorin 1*

Johann Sebastian Bach, *Psallite Deo nostro (Herrenhäuser Chorgemeinschaft)*

Lesung Kolosser 3,12–17 (KV)

Halleluja (Gemeinde) – Halleluja-Vers (Choralschola)

Credolied *Ich glaube an Gott* (EG 652)

Predigt Lukas 24,13–35 | *Ingrid Spieckermann*

Orgelmusik

Gemeindelied *Wohl denen, die da wandeln* (EG 295,1–4)

Entwidmungshandlung | *Ingrid Spieckermann*

> *Während des Liedes* Wohl denen, die da wandeln *(EG 295) nehmen diejenigen, die die liturgischen Gegenstände tragen, ihre Plätze ein. Es folgt eine kurze Zeit der Stille.*
>
> L *tritt zur Oster-/Taufkerze am Taufbecken:*
>
> L Lasst uns beten.
> – Gebetsstille –
> L Licht der Auferstehung, das alle Finsternis vertreibt,
>   Feuersäule, die den Weg durch die Nacht weist,
>   Licht des neuen Morgens, das den Tag verkündet:
>   du bist der helle Schein der Hoffnung.
>   Wenn wir nun von hier aufbrechen,
>   bitten wir dich:
>   Geh uns mit deinem Licht voran
>   auf dem Weg in die zukünftige Stadt, in dein Reich.
>
>   Wir rufen zu dir: Bleib in unserer Mitte, geh mit uns.
> L *übergibt die Osterkerze dem Träger.*
> – Gebetsstille –
>
> L Gott, du verbindest deinen Namen mit unserem Namen.
>   Hier, wo Menschen die Taufe empfangen
>   und wo Menschen sich zu ihrer Taufe bekannt haben,
>   bitten wir dich:
>   Sei uns nahe, dass wir von Tag zu Tag
>   aus der Gnade der Taufe leben und in ihr bleiben,
>   im Namen des Vaters, des Sohnes und des Heiligen Geistes.
>
>   Wir rufen zu dir: Bleib in unserer Mitte, geh mit uns.
> L *übergibt die Taufschale dem Träger.*
>
> **Entwidmung**
> Von nun an ist diese Gustav-Adolf-Kirche nicht mehr dem christlichen Gottesdienst geweiht.
> So Gott will, wird sie in Zukunft eine Synagoge werden. Dazu wünschen wir der Liberalen Jüdischen Gemeinde Hannover Gottes reichen Segen.

Sendung und Segen:
Geht in der Erwartung der Zukunft unseres Herrn.
Geht hin in der Zuversicht, dass er euch vorangeht.
Geht hin in Frieden.
Der Herr segne dich und behüte dich,
der Herr lasse sein Angesicht leuchten über dir und sei dir gnädig.
Der Herr erhebe sein Angesicht auf dich und schenke dir (+) Frieden.
Amen.

Auszug unter Gesang *Laudate omnes gentes* (EG 789,1 mit *Choralschola*), letztes Glockengeläut (zuletzt Ewigkeitsglocke), Abschließen der Kirche, Übergabe des Schlüssels durch die Pastorin an den KV-Vorsitzenden

Gottesdienst Teil 2 (Herrenhäuser Kirche)

Ankunft unter Glockengeläut

Einzug der TrägerInnen und LiturgInnen mit Gesang *Laudate omnes gentes* (EG 789,1) und *Tut mir auf die schöne Pforte* (EG 166,1ff)

Die liturgischen Gegenstände werden auf den Altar und einen gesonderten Tisch gelegt.

Felix Mendelssohn Bartholdy, *Jauchzet dem Herrn* | Herrenhäuser Chorgemeinschaft

Abendmahl | *Pastorin 2, Superintendent*

Salutatio – Präfation (*Choralschola*) – *Sanctus* – Vaterunser – Einsetzungsworte – *Christe, du Lamm Gottes* – Einladung – Austeilung, dabei: *Alta trinità beata* (*Herrenhäuser Chorgemeinschaft*), Psalmgesang (*Choralschola*) – Dankgebet

Gemeindelied *Vertraut den neuen Wegen* (EG 395,1–3)

Fürbitten

Sendung und Segen

Segenslied *Möge die Straße* | Gemeindeband J. C. Beat

Orgelmusik mit Auszug

anschließend Empfang mit Grußworten und kleinem Mittagessen im Gemeindehaus

Predigt | *Landessuperintendentin Dr. Ingrid Spieckermann*

Was für ein Tag, liebe Gemeinde! Zum ersten und letzten Mal stehe ich auf dieser Kanzel. Zum letzten Mal sind Sie, liebe Leinhäuser, in Ihrer geliebten Kirche. Einige sind unter uns, die sind als Kirchenvorsteher sogar ganz am Anfang dabei gewesen: Sie, Herr N.N., waren schon bei der Grundsteinlegung am 2. Juni 1965 dabei. Sie, Frau N.N. und Herr N.N., als die Kirche sechs Jahre später, am 2. Juni 1971, endlich durch Landessuperintendent Schnübbe eingeweiht werden konnte. Frau N.N. – sie weiß es noch genau – hat damals das Abendmahlsbrot hereingetragen. Heute wird sie es heraustragen.

Ja, das geht schon nahe. Wie viele von Ihnen sind hier getauft worden – zum letzten Mal wurde vor einer Woche getauft. Wie viele sind konfirmiert und getraut worden: Ihr werdet das nicht vergessen. Und auch an die denken wir, die nicht mehr unter uns sind. Auch sie gehören in die Gemeinschaft des Glaubens, die Gemeinschaft der Lebenden und der Toten, mit hinein. Ich nenne stellvertretend für so viele den letzten Kirchenvorstandsvorsitzenden, Herrn N.N., der die Fusion mit der Herrenhäuser Gemeinde, den Verkauf so mutig und klug mit auf den Weg gebracht hat.

Ich konnte in den letzten Tagen bereits die schönen »Erinnerungen an die Gustav-Adolf-Kirche« durchblättern – darauf können Sie sich freuen! Da steht einem im wahrsten Sinne des Wortes farbig vor Augen, mit wie viel Leben und Liebe und Herzblut Sie hier Gemeinde gebaut haben. Aber auch dies: In den Schoß gefallen ist Ihnen nicht viel. Mit Sparsamkeit haben Sie schon immer leben müssen. Ganz schnell ging hier nichts: Wenn man die Eine-Mark-Wertscheine des Kirchbauvereins sieht, wenn man sieht, in wie viel Etappen die Kirche immer weiter vollendet und verschönert wurde, und wie viel die Leinhäuser Gemeindeglieder dazu gespendet haben, dann zeigt das: Das ist wirklich Ihre Kirche.

Ja, das geht schon nahe. Was können wir an einem Tag wie diesem Besseres tun, als wieder – wie so oft in der Vergangenheit und wie hoffentlich auch in Zukunft oft in der nun gemeinsamen Herrenhäuser Kirche – die Bibel aufzuschlagen. Uns begleiten und stärken zu lassen durch Gottes Wort. Ich lese die Emmausgeschichte, Lukas 24,13–35:

Zwei von den Jüngern gingen am Ostertag in ein Dorf, das war von Jerusalem etwa zwei Wegstunden entfernt; dessen Name ist Emmaus. Und sie redeten miteinander von allen diesen Geschichten [...]
Der Herr ist wahrhaftig auferstanden und Simon erschienen. Und sie erzählten ihnen, was auf dem Wege geschehen war und wie er von ihnen erkannt wurde, als er das Brot brach.

Zwei auf dem Weg, liebe Gemeinde. Ohne Illusionen. Was sie gehofft haben, was sie geglaubt, worauf sie gesetzt haben – es ist zerbrochen. Sie treten den Rückweg an. Weg vom Ort, an dem die Welt in Ordnung war.

An dem ER war, Jesus, der Garant für das andere, das heile Leben. An dem Gott nahe war. Konkret, lebendig.
Ohne Illusionen. Auf dem Rückweg.
In diesen Tagen wird hier im Stadtkirchenverband viel über das Sparen diskutiert: auf dem Rückweg. *Nichts bleibt, wie es ist*, heißt es. *Willkommen in der Realität*, stand gestern über einem Zeitungskommentar. Leicht gesagt! Die Kirche und mit ihr der Stadtkirchenverband wagen etwas, wovor wir in unserer Gesellschaft noch immer die Augen verschließen. Offenzulegen, ernst zu machen mit dem, was wir noch können, und mit dem, was wir schon lange nicht mehr können! So diskussionswürdig manches ist: Mit diesem Realitätssinn ist die Kirche ein Vorbild für unsere Gesellschaft!
Sie, die ehemalige Leinhäuser Gemeinde, haben damit schon viel früher angefangen. Sie haben viel früher gemerkt: Es ist nicht mehr so, wie es in den Jahren der Gründung, des Aufbaus war. Als man Ende der 50er Jahre die »Colonie« der Eisenbahner umfassend sanierte und neu aufbaute. Und als Sie Stück für Stück dies Zentrum aufbauten: Vor jetzt genau 40 Jahren konnte der untere Teil eingeweiht werden – die Glocken waren auch gerade da und konnten dazu läuten. Und ganz plastisch hat man einen halben Schlüssel übergeben. Und dann dauerte es noch einmal vier Jahre, bis die Kirche hier oben eingeweiht werden konnte. Die Decke noch unverkleidet, die Altarwand dunkel, die Fenster aus reinem Fensterglas – und doch eine große Freude für die Gemeinde.
Und es ging weiter: Die Decke, dann die Fenster von Hubert Distler, die Altarwand mit den Bildern aus Chile – Verbindung mit denen, die unter ganz anders harten Verhältnissen ihr Christsein leben. Schließlich 1998 noch das Kreuz. Und vor allem und in allem: Menschen, die hier ein- und ausgingen, die sich versammelt, Gottesdienst gefeiert, geplant, mitgeholfen haben. Weil sie hier ihre Heimat finden, im Leben und auch im Sterben. Weil sie hier Gemeinschaft finden unter Gottes Wort. Weil hier jeder bei seinem Namen gerufen ist. Keiner zu klein und keiner zu groß. Keiner zu arm und auch keiner zu reich.
Ja, und dann merkten Sie schon in den 90er Jahren: Es geht so nicht mehr weiter. Es ziehen zu viele weg. Es kommen zu wenige nach, und die kommen, gehören oft anderen Konfessionen oder Religionen an, wenn überhaupt. Liebe Pastoren N.N., liebe Kirchenvorsteherinnen und Kirchenvorsteher: Sie sind dem nicht ausgewichen. Sie haben nicht gesagt: Wird schon werden. Sie haben sich damit auseinandergesetzt. Auf den Weg gemacht. Den Rückweg. Das war mutig. Ohne Illusionen.
Ja, liebe Gemeinde, bleiben wir hier, auf diesem Weg der zwei, kurz noch einmal stehen. Ich glaube, die meisten von uns kennen ihn. Auch in ganz anderen Zusammenhängen. Auch ganz persönlich. In ihrem Leben. Den Weg zurück. Nicht: *immer schneller, immer weiter, immer höher*. Nein, den Weg zurück. Wo Zukunft plötzlich abgeschnitten ist. Wo es nicht mehr weitergeht. Wo *nichts bleibt, wie es ist*. Wenn ein geliebter Mensch von uns geht. Wenn ich mit der Diagnose schwerer Krankheit konfrontiert werde. Wenn ich vor den Trümmern meines Berufslebens stehe. Und in der Gemeinschaft der Christen eben auch: wenn Heimat, vertraute Heimat, verlassen werden muss.

Das ist ein harter Weg. Da gibt es nichts zu beschönigen. Die zwei sind nicht zum Spaß unterwegs. Sie tun das einzige, was ihnen bleibt: Über das alles reden. Wohl dem, der dann einen zum Reden hat. Der einen hat, der diesen Weg mitgeht.

Als wir im Pressegespräch zu diesem Entwidmungsgottesdienst zusammensaßen, fragte einer der Journalisten: Die Trauer, den Abschied, den das heute bedeutet, das inszenieren Sie also? Ja, liebe Gemeinde: Was wird heute nicht inszeniert! Wir bemalen Särge, um den Tod etwas bunter aussehen zu lassen – weil wir keine Hoffnung haben.

Die Bibel, und das ist für mich auch an einem Tag wie dem heutigen so tröstlich, die Bibel inszeniert nicht. Die Bibel sagt nicht: Wir feiern Ostern, Christ ist erstanden, nun ist alles gut. *Mao lebt.* Die Bibel schreibt solche Geschichten: Da sind Jünger, die haben Jesus erlebt. Die sind von ihm berührt. Die sind von Gott berührt. Von der Kraft, die von ihm ausgeht. Und dann – erleben sie seinen Tod. Das Ende. Der nicht mehr beschreibbare Schock: Eine Welt zerbricht. Sie hören: Es geht weiter. Das Grab ist leer. Er lebt. *Die Botschaft hör ich wohl, allein mir fehlt der Glaube.* Die Bibel schiebt das nicht beiseite. Kein: *Kopf hoch und wird schon werden. Da müssen wir durch. Klein ist fein.* Oder was immer uns dann zu sagen einfällt. Die Bibel sagt: Ja, das ist so. Da treten zwei den Rückweg an. Stoßen sich hart an der Realität. Ohne Illusionen. Ihnen bleibt nichts, als zu gehen und zu reden. So wie Sie hier viel geredet haben. Und so, wie jetzt viel geredet wird. Wohl dem, der einen zum Reden hat.

Aber plötzlich geht einer mit. Ist einer da, der fragt: *Was sind das für Dinge, die ihr miteinander verhandelt unterwegs?* Der hört zu: Ob da schon manches in ein anderes Licht rückt – ohne dass wir es merken? Wie oft, liebe Gemeinde, mag ER auf dem Weg bis hierher mit dabei gewesen sein? Bei den vielen großen und den kleinen Schritten, die Sie getan haben? Der Entscheidung zum Verkauf. Der Entscheidung für die Liberale Jüdische Gemeinde. Den für alle Seiten nicht nur einfachen Verhandlungen. Dem neuen Miteinander im Kirchenvorstand, dem neuen Vertrauen, auch bei schwierigen Erfahrungen? Dem Gefühl, allein gelassen zu sein – und dann geht es doch weiter? Und dann spricht ER mitten hinein, in unser Leben und in unsere Gemeinde: Musste ich nicht meinen Weg gehen? Musste ich nicht bis in die Tiefe des Kreuzes gehen, die Tiefe der Verlassenheit, wo wirklich nichts mehr bleibt, wie es war? Wo Verlust ist und Ende und von Gott nichts mehr zu spüren? Um Euch nahe zu sein. Um mein, um Gottes Reich dort beginnen zu lassen. Damit Neues wächst im Alten – nicht aus dem Alten. Im Ende ein Anfang. Im Tod Leben.

Ja, es ist so. Wir können nicht in das leere Grab blicken und an die Auferstehung glauben. ER selber muss kommen. Mit seiner Nähe. Mit seinem Wort. Mit seiner Gemeinschaft. *Brannte nicht unser Herz in uns*, sagen die zwei, als er bei ihnen einkehrt. Als ER, der Gast, ihnen das Brot bricht. Sich selber mit-teilt. Und sie ihn endlich erkennen. Und er nicht mehr da ist. Nicht zu fassen. Nicht festzuhalten. Kein zu verteilendes und kein einzusparendes Geld. Aber mitten darin seine lebendige Wirklichkeit. Seine lebendigere Wirklichkeit als all unsere Realität.

Und die zwei stehen auf. Und gehen zurück. Dahin, woher sie kamen. Zu den anderen. Verkünden ihnen, was sie erlebt haben. Und die erzählen ihnen das Gleiche. Das ist Gemeinde!

Gott sei Dank für alles, was war! Ihnen sei Dank, der Gemeinde, den Mitarbeitenden, dem Kirchenvorstand, Ihnen, Frau N.N., und auch dem Herrenhäuser Teil, mit dem Sie ja schon zusammengehören, Frau N.N., dem Superintendenten, Herrn N.N.

Gott geht manchmal überraschende Wege. Wir sind dankbar, dass er nebenher geht auch in all den Gesprächen mit der Liberalen Jüdischen Gemeinde. Wir sind dankbar, dass dieser Raum als Synagoge ein gottesdienstlicher Raum bleiben wird.

So segne Gott unseren Ausgang und Eingang. So gehe er mit uns auf unserem Weg hinaus und hinüber in die Herrenhäuser Kirche. So lasse er uns zusammenwachsen zu einer lebendigen Gemeinde. So segne Gott den Eingang unserer jüdischen Geschwister, wenn sie hier ihren Gottesdienst feiern werden. So gebe er sich immer wieder überraschend zu erkennen auf unserem Weg, in seinem Wort, im Brechen des Brotes, dadurch, dass mitten im Alten Neues wächst:

Brannte nicht unser Herz in uns? Amen.

Aus der Stille wirken

Ratswechselgottesdienst | St. Nicolai Lüneburg im November 2017

Idee und Konzeption:
Superintendentin Christine Schmid (Wort)
und Daniel Stickan (Musik)
Worte: Pastoren Eckhard Oldenburg,
Martin Hinrichs, Jürgen Bohle,
Dechant Carsten Menges,
Superintendentin Christine Schmid

Musik zu Beginn *Opening* von Philip Glass | *Daniel Stickan*, Klavier

Begrüßung Suchet der Stadt Bestes | *Eckhard Oldenburg*

Neues beginnt – innehalten – sich sammeln – Orientierung suchen

Gemeinsames Lied *Lobet den Herren, alle die ihn ehren* (EG 447,1–3.6–8)

Psalm 121 (EG 749) | *Carsten Menges*

Musik | *Daniel Stickan*, Orgel

Einleitung zur Lesung | *Martin Hinrichs*

Wer ist Gott? Woher kommt mir Hilfe? so fragt der Psalmist.
In der biblischen Lesung hören wir nun von Einem, der auch die Frage hat, wer Gott ist und wie er ihm helfen kann. Der Prophet Elia, der sich erschöpft in eine Höhle in der Wüste zurückgezogen hat. Dort erlebt er dies:

Alttestamentliche Lesung 1 Könige 19,4–13a (MH)

Musik | *Daniel Stickan*, Orgel

Einleitung zur Stille | *Christine Schmid*

Stille ist eingekehrt. In der Musik, in der Kirche und bei dem Elia unserer Bibelgeschichte. Wir nehmen uns jetzt Zeit, in der auch für Sie, liebe Ratsmitglieder, Stille einkehren kann. Denn: Nicht im Sturm, nicht im

Beben, nicht im Feuer kommt Helfendes, Göttliches uns nahe. In der Stille kann Gott an uns wirken. Wir nehmen uns jetzt ein paar Minuten STILLE.

Stille

Gemeinsames Lied *Gott ist gegenwärtig* (EG 165,1.6.7)

Predigt mit 1 Könige 19,1–13 hinführend zu 2 Timotheus 1,7 (Christine Schmid)

Gemeinsames Lied *Gott gab uns Atem* (EG 432)

Gebet alle *O Gott, du frommer Gott* (EG 495,1–3.5)

Fürbittengebet für den Rat (Eckhard Oldenburg mit EG 178.10)

Vaterunser

Gemeinsames Lied *Bewahre uns Gott* (EG 171,1.3.4)

Segen | *Carsten Menges, Christine Schmid*

Nachspiel | *Daniel Stickan, Orgel*

Predigt

Gnade sei mit euch und Friede von dem, der da war und der da ist und der da kommt. Amen.

Liebe Ratsmitglieder,
lieber Herr Oberbürgermeister,
liebe Gemeinde,

Wenn es nur einmal so ganz stille wäre.
Wenn das Zufällige und Ungefähre
verstummte und das nachbarliche Lachen,
wenn das Geräusch, das meine Sinne machen,
mich nicht so sehr verhinderte am Wachen –

Dann könnte ich in einem tausendfachen
Gedanken bis an deinen Rand dich denken
und Dich besitzen (nur ein Lächeln lang),
um dich an alles Leben zu verschenken
wie einen Dank.

Rainer Maria Rilke dichtet so. Findet Worte für eine große, schier unermessliche Sehnsucht. Die Sehnsucht nach: Stille.

Wenn es nur einmal so ganz stille wäre ...
Elia, der Prophet, hat sie gehabt, diese große Sehnsucht nach Stille. Als Prophet war er eigentlich für Worte da und für Taten. Hatte alles erlebt, was man in seinem Amt erleben kann. Dem Amt eines Propheten. Einem göttlichen Amt und einem politischen Amt – was zu Zeiten des Alten Testaments ein und dasselbe war. Elia kennt es alles: viel Freund und viel Feind. Erfolg und Scheitern. Konnte wirken und hat Vergeblichkeit ertragen. Auch Gewalt und Verletzungen.
Irgendwann wollte Elia einfach nur noch weg. Nur noch Stille.

In die Wüste geht er, legt sich unter einen Ginsterstrauch und schläft. Tief und lange. Sogar das Essen und Trinken vergisst er. Ein Engel bringt ihm das Nötige zum Leben. Brot und Wasser.
Das ist die erste Gabe der Stille für ihn:
Pause. Erholung. Ruhe im Kopf und im Leib. Stärkung durch das, was man zum Leben braucht.

Aber dann hat die Stille für Elia noch eine zweite Gabe. Es ist eine Frage: »Was machst Du hier, Elia?« Eine fürsorgliche Frage von Gott an seinen Propheten. Aber auch eine mahnende Frage. »Was machst Du hier eigentlich?« In der Frage Gottes kommt das Gewissen zu Wort: »Bist Du eigentlich auf dem richtigen Weg? Deiner Sache treu? Hast Du, was Dir anvertraut ist, im Blick? Dienst Du dem Dir gegebenen Auftrag oder leiten Dich eigene Interessen? Siehst Du die Menschen, für die Du gesandt bist, – oder nur Dich und deinen Weg? Übersiehst Du die, die wenig zu sehen sind? Übersiehst Du vielleicht auch mich?«
Es ist gut, die Stimme des Gewissens zu hören, denn sie ist eine Helferin, den richtigen Weg zu gehen. *Was machst Du hier eigentlich?* – Es braucht Ruhe, ein offenes Ohr, um diese Frage nicht zu überhören. Im Getümmel vieler lauter Stunden geht sie meist unter.
Es ist die Stille, in der das Gewissen seine Stunde hat.

Zuletzt hat die Stille für Elia noch eine dritte Gabe:
Elia erlebt Gott. Erst ziehen Sturm, Beben, Feuer an ihm vorbei. Da ist Elia voller Erwartung. Endlich Gottes Macht. Doch darin ist Gott nicht. Weder im Sturm, noch im Beben, noch im Feuer.
Dann spürt er einen sanften Windhauch. Darin berührt ihn Gott. Sanft. In einem Atemzug des Heiligen kommt Gott dem Elia nah. Ein Windzug, der belebend entgegenkommt. Oder ein Rückenwind der Anschub gibt.
So ist Gott. Und das kann er Elia nur in der Stille zeigen.

Die Stille birgt also große Dinge:
Erholung – eine Frage – Rückenwind.

Und nun fragen Sie sich sicher, liebe Ratsgemeinde, warum ich Ihnen davon so ausführlich erzähle. Von der Stille.
Weiß Frau Schmid denn gar nicht, was Ratsarbeit ist? Hat sie nicht in der Zeitung gelesen, dass wir um *Redezeiten* streiten und nicht um *Stillezeiten*? Dass unser Geschäft beruht auf Gespräch, Debatte, Diskussion und

Abstimmung? Auf dem Streit der Meinungen und dem zähen Ringen nach Lösungen?
Ist sie so hinterweltlich, dass sie nicht weiß, dass das nicht im Stillen, im Verborgenen geschehen darf, sondern transparent und öffentlich sein muss? Dass man, will man je wiedergewählt werden, Gutes tun und vor allem *darüber reden* muss anstatt zu schweigen?

Doch, liebe Ratsmitglieder, ich weiß das, besser gesagt: Ich ahne es. Was an Worten und Taten auf sie zukommt. Was alles Sie zu sagen und zu hören und zu gestalten haben. Sprache ist gut und reden ist gut – miteinander in diesen Zeiten.

Aber all das spricht ja nicht gegen die Stille.
Denn Stille ist nicht das Gegenteil von Rede, von Wort und Tat. Sondern Stille ist die Voraussetzung für gutes Reden und vernünftige Taten. Man sagt das ja so landläufig: In der Stille liegt die Kraft. Das stimmt. Auch die Kraft für Ratspolitik. Und Rathausarbeit. Für Sie.

Welche Gaben bekommt Elia in der Stille?
Zuerst den Schlaf, das Brot und das Wasser.
Dann die Frage: Was machst du da?
Und als Drittes: Er wird von Gott berührt.
Die erste Stille-Gabe: Pause, Erholung, Ruhe im Kopf. Das Kreisen der Gedanken hört auf. Das kann die Stille schenken. Und das braucht man. Unsre Stadt ist schön und dynamisch, und immer wird es mehr zu tun geben, als man schafft. Ich hoffe, Sie werden nicht um den Schlaf gebracht durch Ihre Ratsarbeit. Können Sie zur Ruhe kommen? Es hilft ein Gebet am Abend. Loslassen, was mich nicht loslässt. Mich etwas Größerem überlassen. Gott.
Und das Brot. Es gibt Menschen, die wie Engel sind. Sie bringen das Nötige zum Leben. Brot und Wasser. Ich wünsche Ihnen solche Menschen. Ihre Partner, Freundinnen. Menschen, die Sie ganz privat sehen. Die für das Wesentliche sorgen. Und dass sie davon in sich still und ruhig werden. Aus der Stille kommt die Kraft. Gut biblisch sogar: Denn den seinen gibt's der Herr im Schlaf. Ich spreche jetzt mal nicht vom Sitzungsschlaf oder Kirchenschlaf ...

Und die zweite Stille-Gabe, die Frage: Was machst du da? Ich stelle sie mir auch in meiner Arbeit in der Kirche. Manchmal habe ich schon gedacht, sie müsste in großen Lettern in meinem Amtszimmer zu lesen sein. Immer im Blick: Was machst Du da? Christine?
Wir sind alle in Gefahr, in den vielen, schnellen und erregten Vorgängen des Alltags das Wichtige vom Unwichtigen nicht mehr unterscheiden zu können. Wir sind Menschen und machen Fehler. Treffen Entscheidungen, schlagen unpassende Töne an, sprechen falsche Worte aus.
Man kann im Getümmel des Tuns und Wollens die Richtung verlieren. Den Auftrag vergessen. Was machst Du da?
Wir brauchen die Stimme des Gewissens, um zur Besinnung zu kommen, zu erkennen und uns zu korrigieren. Wenn Sie nachher in Ihrem Gelöb-

nis, liebe Ratsmitglieder, auch versprechen, Ihr Amt »gewissenhaft« auszufüllen – dann meint das eben nicht nur Sorgfalt. Die auch, sondern auch Ihre Bindung an das Gewissen: Was und in welchem Auftrag und mit welchem Ziel machst Du da?
Ihre Wähler und Wählerinnen, die Bürger, erwarten von Menschen, die für das Gemeinwesen Verantwortung tragen, nicht unwahrscheinliche Heldentaten oder Wunder. Aber dies: dass sie jederzeit wissen, was Sie tun, dass sie an ihr Gewissen und ihren Auftrag, dem Ganzen zu dienen, gebunden sind. Für gutes Leben, für Gerechtigkeit und Frieden sorgen. Und das auch durch politischen Streit hindurch. Christlich streiten – das heißt streiten als Menschen, die jeder ein eignes Gewissen haben – und auf dieses hören. Und die auch jederzeit nach Fehlern neu anfangen. Auf sich selbst schauen, und eben nicht den berühmten Splitter beim anderen zu sehen und den Balken im eigenen Auge nicht.
Was machst Du da? Was macht Ihr da? Eine Frage, die aus der Stille kommt. Und gerade im Lärm sehr wichtig ist.

Und zuletzt das Dritte, was die Stille vielleicht am wichtigsten zu geben hat: von Gott berührt zu werden. Etwas Unverfügbares. Persönliches. Geradezu Intimes.
Das aber wirkt zugleich darauf, wie wir nach außen treten, in die Öffentlichkeit.
Und Gott kommt nicht im Sturm, im Beben, im Feuer. Er kommt unvergleichlich anders: ein kleiner Windzug. Wenn das für Sie doch auch so sein könnte: Inmitten aller auf Sie zukommenden Arbeit tragen Sie einen sanften Windzug in sich. Gottes Wind. Seinen Geist. Der ist sanft und macht sanftmütig.

Und wenn Sie nun denken, o nein, das ist ja etwas, was man in der Politik so gar nicht gebrauchen kann! Dann beschreibe ich genauer:
Er ist nämlich sanft, aber nicht ohnmächtig. Sanft-MUTIG eben.

»Gott hat uns nicht gegeben den Geist der Furcht,
sondern der Kraft und der Liebe und der Besonnenheit.«
In und mit diesem Geist kann man Politik machen.
Mit der Kraft, die aus der Stille kommt.

Amen.

Der Friede Gottes, der höher ist als unsere Vernunft, bewahre er Eure Herzen und Sinne in Christus Jesus. Amen.

B Unfassbares Leid

Ein Schrei geht durch die Schöpfung

Klagegottesdienst anlässlich der Flutkatastrophe in Südostasien | Alte Nikolaikirche Frankfurt am Main am 2. Januar 2005

Am 26. Dezember 2004 löste ein unterseeisches Erdbeben vor der Nordwestküste der indonesischen Insel Sumatra eine Flutwelle aus, die an den Küsten des Indischen Ozeans zu verheerenden Tsunamis führte. Sie kosteten etwa 230.000 Menschen das Leben, darunter auch vielen deutschen Touristen. Über 110.000 Menschen wurden verletzt, über 1,7 Millionen Menschen obdachlos.
Unter dem Eindruck dieser Katastrophe wurde der ZDF-Fernsehgottesdienst am 2. Januar 2005 kurzfristig zu einem Trauergottesdienst umgestaltet, in dem Bischof Dr. Wolfgang Huber als damaliger EKD-Ratsvorsitzender die Predigt hielt.

Mitwirkende

Bischof Dr. Wolfgang Huber
Pfarrerin Andrea Braunberger-Myers
Pfarrer Dieter Roos, Notfallseelsorger
Pfarrerin Erdmuthe Druschke-Borschel
Pfarrer Roy Lengkong
Frank Madrikan, Daniel Damanik, Beate Schwartz-Simon

Christian Baumann, Orgel
Vokalquartett: Karin Baumann, Sopran; Helke Reinking, Alt; Andreas Reinking, Tenor; Uwe Schmidt, Bass
Angklong-Chor, kath.-indonesische Gemeinde Frankfurt

Beratung: Charlotte Magin, Frank-Michael Theuer
Redaktion: Silvia Schmidt-Kahlert, Gunnar Petrich

Erfahrungsbericht | *Dieter Roos*

»Der 2. Weihnachtstag – der Todestag meiner Frau – mein 2. Geburtstag«, das sagte ein Mann, der aus dem Seebebengebiet in den Frankfurter Flughafen ausgeflogen wurde. Mein Name ist Dieter Roos. Ich bin Pfarrer und als Notfallseelsorger war ich am Flughafen und sprach mit ihm. Wie viele war er total erschöpft.

Er erzählte, wie überraschend die erste Flutwelle kam, und dann ging das Meer zurück. Das Riff ohne Wasser. Das hat es noch nie gegeben! Fasziniert waren die Menschen, die Einheimischen, die dort hinliefen, und die Touristen auch. Und dann kam die zweite Welle. Sehr schnell, plötzlich, mit unvorstellbarer Wucht und Gewalt spülte sie alles weg. Er wurde auf irgendeinen Gegenstand gespült, der ihn festhält. Das rettete sein Leben. Das gab ihm das Gefühl: »Gerade bin ich zum zweiten Mal geboren worden.« Und seine Frau, mit vielen anderen Menschen, ist vom Meer weggespült worden.

Ein Schicksal unter Hunderttausenden. Zahlen, die wir hören, aber jede Zahl ist ein Mensch, jede Zahl ein Schicksal, und viele Menschen, die um jeden Einzelnen trauern. Als Seelsorger saß ich hilflos neben ihm, wusste nicht, wie ich ihm Trost geben sollte – außer, dieses unvorstellbare Leid mit ihm auszuhalten.

Wir riefen: Gott, wo warst du in dieser Sintflut? Gott, du hast in diesem Inferno viele Menschen wie durch ein Wunder bewahrt. Warum nicht alle?

Instrumentalstück *Indonesische Musik*

Begrüßung | *Andrea Braunberger*

Guten Morgen und herzlich willkommen in der Alten Nikolaikirche am Römerberg in Frankfurt am Main – ob Sie nun hier in der Kirche anwesend sind oder zuhause am Bildschirm mitfeiern! Vermutlich haben Sie sich eben gewundert, denn dieser Gottesdienst war anders angekündigt – sowohl hier in der Gemeinde als auch in den Medien. Aber die Ereignisse der vergangenen Woche haben es nicht anders zugelassen: Die Nachrichten und Bilder und Erfahrungen von der unvorstellbaren Katastrophe in Südasien verfolgen uns alle und lassen uns nicht los. Und ein Ende des Schreckens ist keineswegs absehbar. So kommt dieser Gottesdienst heute aus Frankfurt am Main zu Ihnen nach Hause, von einem der Orte, wo in den vergangenen Tagen am Flughafen tote und traumatisierte und verletzte Menschen eingetroffen sind und wo sie noch eintreffen werden.

»Grenzenloses Leid« – dieser Titel kündigt an, was wir nun tun möchten. Wir wollen der Sprachlosigkeit angesichts des ungeheuren Leides von ungezählten Menschen aus vielen Nationen Worte geben durch die Klage, die wir vor Gott bringen. Da ist sie gut aufgehoben, denn nur bei Gott ist die Hoffnung.

Gemeinsames Lied *Wenn wir in höchsten Nöten sein* (EG 366,1–2.5)

Votum

Eingangsspruch Psalm 142,2–4a

Gemeinsames Lied *Oculi nostri ad Dominum Deum* (EG 789.5)

Ausgestaltete Kyrie-Psalm-Collage | *Daniel Damanik, Dieter Roos*

Daniel Damanik

Gott, hilf mir!
Denn das Wasser geht mir bis an die Kehle.
Ich versinke in tiefem Schlamm, wo kein Grund ist;
ich bin in tiefe Wasser geraten, und die Flut will mich ersäufen.
Ich habe mich müde geschrien, mein Hals ist heiser. Meine Augen sind
trübe geworden,
weil ich so lange harren muss auf meinen Gott (Psalm 69, 2–4).

Dieter Roos
Gott – ich denke an den Mann, der erzählt, wie er am Morgen am Strand mit seiner Frau und seinen drei Kindern zwischen fünf und zehn Jahren spazieren ging. Die plötzlich ankommende Welle spülte alle auseinander in ganz verschiedene Richtungen. Er verlor seine Familie aus den Augen. Verzweifelt suchte er sie überall. Nach zwei Tagen fand er seine Frau und seine Töchter. Sie waren zunächst überglücklich. Doch – der Sohn wurde nicht gefunden. Seine verletzte Frau und die Töchter wurden gleich ausgeflogen. Er blieb allein zurück und suchte und suchte verzweifelt, wie Tausende andere es auch taten. Aber dann wurde ihm gesagt, dass er jetzt mit dem nächsten Flugzeug mitfliegen müsse. Es brach ihm das Herz, dass er die Suche nach dem Achtjährigen abbrechen musste. Es wird keinen Ort geben, wo die Familie ihren Sohn betrauern kann. So geht es vielen Tausenden. Gott, hilf und stütze die betroffenen Menschen!

Gemeindegesang *Kyrie eleison* (EG 178.12) | *Damanik, Schwartz-Simon*

Sei mir gnädig, Gott, sei mir gnädig! Denn auf dich traut meine Seele, und unter dem Schatten deiner Flügel habe ich Zuflucht, bis das Unglück vorübergehe. Ich rufe zu Gott, dem Allerhöchsten (Psalm 57, 2–3a).

Als die ersten Nachrichten von einem Seebeben in Südasien kamen, habe ich überlegt: Kenne ich jemanden, der in dieser Region Urlaub macht? Dort Angehörige oder Freunde hat? Nein, die Menschen aus meinem Umfeld sind alle zuhause oder an sicheren Orten. Die indonesische Gemeinde, mit der unsere Paulusgemeinde das Gemeindehaus teilt – wie geht es ihnen? Sind Sie unmittelbar betroffen? Das ist mein engster Bezug zur Flutkatastrophe in Südasien. Ich muss nicht um einen Angehörigen, eine Freundin bangen. Ich habe ein Dach über dem Kopf, mein Leben ist nicht in Gefahr. Aber: Ich sehe die Bilder im Fernsehen, begreife langsam, wie schlimm es wirklich ist. Ich habe Angst, weil ich sehe, wie schnell ein Leben sich völlig verändern kann, wie plötzlich der Tod kommen kann. Ich sehe immer mehr Bilder, Augenzeugen, Betroffene, Journalisten kommen zu Wort. Manche Bilder sehe ich mehrmals, sehe die ganze Medienmaschine anlaufen. Am dritten Tag kann ich die

Bilder nicht mehr ertragen. Ich habe ein schlechtes Gewissen, weil ich abschalte, weil ich weit weg bin, weil mein Alltag weitergeht, weil meine Sorgen klein sind im Vergleich zu denen der Menschen in Südostasien.

Gemeinde *Kyrie eleison*

Daniel Damanik
Herr, Gott, mein Heiland,
ich schreie Tag und Nacht vor dir.
Lass mein Gebet vor dich kommen,
neige deine Ohren zu meinem Schreien.
Denn meine Seele ist übervoll an Leiden, und mein Leben ist nahe dem Tode.
Dein Grimm drückt mich nieder,
du bedrängst mich mit allen deinen Fluten (Psalm 88, 2–4.8).

Erdmuthe Druschke-Borschelz
Ein strahlend schöner Tag. Sie hatten frühmorgens einen Ausflug gemacht. Gerade waren sie wieder ins Auto gestiegen und wollten losfahren. Da sehen sie – aus heiterem Himmel – die Welle auf sich zurollen. Sie fliehen aus dem Auto. Mit Riesengetöse werden sie vom Wasser überrollt, mitgerissen. »Es war die Hölle«, sagt sie. Als sie nach einer Ewigkeit wieder an die Oberfläche kommt, ist niemand mehr da. Fünf Menschen waren sie im Auto – und nun, nur noch sie.
Oh Gott, die Welt ist aus den Fugen geraten. Wir können es nicht fassen, dieses unvorstellbare Grauen. Gott, lass uns nicht allein.

Gemeinde *Kyrie eleison*

Daniel Damanik
Höre, Gott, mein Schreien und merke auf mein Gebet!
Vom Ende der Erde rufe ich zu dir; denn mein Herz ist in Angst (Psalm 61, 2–3a).

Frank Madrikan
Ich bin ein Frankfurter, und gleichzeitig bin ich ein Indonesier. Frankfurt und Indonesien sind beide Heimat für mich. Wenn ich die Bilder und die Berichte über die Opfer der Flutkatastrophe sehe, die Zerstörung, die die Flutwelle in Indonesien angerichtet hat, dann berührt mich das sehr. Die Menschen, die dort gestorben sind oder nun unter Hunger und Seuchengefahr leiden, könnten auch meine Verwandten sein oder meine Freunde. Im ersten Moment, nachdem ich die Nachricht von der Flutkatastrophe erfahren habe, war natürlich die Sorge da um die Verwandten oder die Freunde in Indonesien. Ich bin in den letzten Tagen auch von meinen Freunden hier angesprochen worden, ob mit meinen Verwandten alles in Ordnung sei, und ich kann ihnen zum Glück antworten, dass es allen gut geht. Bei unserer Silvesterfeier habe ich dann zum ersten Mal seit dem letzten Sonntag die anderen Mitglieder meiner Gemeinde getroffen und erfahren, dass Gemeindemitglieder möglicherweise Verwandte verloren haben. Ich fühle die Fassungslosigkeit von allen in der Gemeinde. Da wir so weit weg sind, fühle ich mich, fühlen wir uns in der Gemeinde

hilflos angesichts des Leidens unserer Landsleute. Warum, fragen wir uns? Warum hat es uns getroffen? Hat unser Volk nicht genug gelitten? Aber wir haben damit begonnen in unserem Rahmen Hilfe zu organisieren, um mit unseren bescheidenen Mitteln zu helfen, die Not unserer Landsleute zu lindern. Auch wenn es wenig ist: denn ich kann nicht still dasitzen. Wir in der Gemeinde können nicht die Hände in den Schoß legen.

Gemeinde *Kyrie eleison*

Andrea Braunberger
Wir bringen unsere Klagen vor Gott, denn da sind sie gut aufgehoben. Wir beten mit dem Psalm 69:
Erhöre mich, Gott, denn deine Güte ist tröstlich; wende dich zu mir nach deiner großen Barmherzigkeit und verbirg dein Angesicht nicht, denn mir ist angst. Erhöre mich eilends. Nahe dich zu meiner Seele und erlöse sie, Gott, deine Hilfe schütze mich! (vv 17.19a.30b).

Gemeinde Amen

Evangelium Johannes 12,44–46 | *Roy Lengkong*

Gemeinsames Lied *Du kannst nicht tiefer fallen* (EG 533,1)

Glaubensbekenntnis nach Dietrich Bonhoeffer

Ich glaube, dass Gott aus allem, auch aus dem Bösesten, Gutes entstehen lassen kann und will. Dafür braucht er Menschen, die sich alle Dinge zum Besten dienen lassen. Ich glaube, dass Gott uns in jeder Notlage so viel Widerstandskraft geben will, wie wir brauchen. Aber er gibt sie nicht im Voraus, damit wir nicht auf uns selbst, sondern allein auf Ihn verlassen. In solchem Glauben müsste alle Angst vor der Zukunft überwunden sein. Ich glaube, dass Gott kein zeitloses Fatum ist, sondern dass er auf aufrichtige Gebete und verantwortliche Taten wartet und antwortet. Amen.

Gemeinsames Lied *Du kannst nicht tiefer fallen* (EG 533,2+3)

Predigt I | *Wolfgang Huber*

Gnade sei mit euch und Friede von Gott, unserem Vater, und unserem Herrn Jesus Christus. Amen.
Liebe Gemeinde hier in St. Nikolai und vor den Fernsehgeräten, vor Gott halten wir inne am ersten Sonntag dieses neuen Jahres. Vor unseren Augen steht das Leiden von Millionen von Menschen. Menschliches Leben wurde abgebrochen, Millionen büßten Hab und Gut ein, ganze Regionen sind von Seuchen bedroht. Rund um den Indischen Ozean, von Sumatra bis an die Ostküste Afrikas, zog ein Tsunami seine tödliche Spur. Noch

immer kennen wir die Zahl deutscher Touristen unter den Toten nicht. Wir zittern mit ihren Angehörigen. Wir bitten für die Helferinnen und Helfer, die Überlebende finden wollen und oft nur noch auf Tote stoßen. Wir bringen unsere Klage vor Gott. Wir halten inne und suchen Orientierung und Halt in seinem Wort.

In seinem Brief an die christliche Gemeinde in Rom schreibt der Apostel Paulus: *Wir wissen, dass die ganze Schöpfung bis zu diesem Augenblick mit uns seufzt und sich ängstet. Aber der Geist hilft unsrer Schwachheit auf. Denn wir wissen nicht, was wir beten sollen; sondern der Geist selbst vertritt uns mit unaussprechlichem Seufzen. Ist Gott für uns, wer kann wider uns sein? Der auch seinen eigenen Sohn nicht verschont hat, sondern hat ihn für uns alle dahingegeben – wie sollte er uns mit ihm nicht alles schenken? Christus Jesus ist hier, der gestorben ist, ja vielmehr, der auch auferweckt ist, der zur Rechten Gottes ist und uns vertritt. Wer will uns scheiden von der Liebe Christi? Trübsal oder Angst oder Verfolgung oder Hunger oder Blöße oder Gefahr oder Schwert? In dem allem überwinden wir weit durch den, der uns geliebt hat. Denn ich bin gewiss, dass weder Tod noch Leben, weder Engel noch Mächte noch Gewalten, weder Gegenwärtiges noch Zukünftiges, weder Hohes noch Tiefes noch eine andere Kreatur uns scheiden kann von der Liebe Gottes, die in Christus Jesus ist, unserm Herrn.* (aus Römer 8)

Gott segne dieses Wort an uns allen. Amen.

Liebe Gemeinde! Ein Schrei geht durch die Schöpfung. Die Erde bäumt sich auf. Angst und Seufzen erschüttern die Erde. Nein, sie zerreißt nicht, aber sie bebt. Wir hatten es wieder vergessen, dass die Erdkruste in ständiger Bewegung ist. Wir hatten den Globus, auf dem wir leben, wie eine tote Masse betrachtet, obwohl sich seine tektonischen Platten seit Jahrmillionen gegeneinander verschieben. Dann plötzlich dieser Schrei. Die Natur fordert ihr Recht. Nicht, weil sie böse wäre. Aber sie ist mehr als ein gefügiges Material in menschlichen Händen. Sie lässt sich nicht mutwillig herausfordern. Auch wenn wir meinen, ihre Gesetze zu kennen, lässt sie sich doch nicht bis ins Letzte berechnen. Plötzlich seufzt sie. Plötzlich dieser Schrei. Mit dem Wanken der Erde wanken auch menschliche Lebensräume. Die rasende Flut verschlingt Menschen, die doch nur im Wasser spielen wollten. In Sekundenschnelle verbreiten sich durch die Wucht der Welle Tod und unermessliches Leid.

Mich lassen die Fragen der seufzenden Schöpfung nicht los: Was heißt es, nach vermissten Angehörigen, Kindern und Eltern, zu suchen, um sie zu bangen – wenigstens um Gewissheit haben zu können! – und zu hoffen? Was bedeutet es für Helferinnen und Helfer, Menschen dort beizustehen, wo Straßen- und Wegenetz bis zur Unkenntlichkeit zerstört sind – und wo doch Hilfe so dringend erwartet wird? Wie ist es zu fassen, dass Menschen in Millionenzahl ohne Obdach, ohne Haushalt, ohne Boote, Fischernetze oder andere Geräte ganz von vorne beginnen müssen – wo doch alle wirtschaftliche Kraft für einen Neubeginn fehlt? Warum ist unsere globale Welt so geteilt? Warum fehlt in Südasien ein Warnsystem, das Menschen vor den tödlichen Folgen einer solchen Flutwelle bewahrt, während es im Pazifik zur Verfügung steht? Warum meinen

Menschen immer wieder, sie könnten die Schönheit der Natur ohne ihre Schrecken haben – und lassen sich dort nieder, wo sie der Gewalt der Wellen hilflos preisgegeben sind? Fragen über Fragen.
Viele Menschen sind in diesen Tagen der Verzweiflung nahe oder werden von ihr überwältigt. Wenn die Helfer mehr sehen und mehr hören, als sie vertragen können. Wenn die Kraft der Menschen entlang der Küste des Indischen Ozeans im täglichen Kampf ums Überleben zum Beten nicht mehr reicht. Wenn das Warten auf Nachricht und das Zittern um die Allernächsten über die eigenen Kräfte geht.
Wie ein Halt auf schwankendem Grund, wie ein Schifffahrtszeichen auf offenem Meer begegnet uns mitten in unserem Fragen und Klagen die Zusage aus Gottes Wort: »*Wir wissen nicht, was wir beten sollen; aber der Geist selbst vertritt uns mit unaussprechlichem Seufzen.*« Gottes Geist macht sich unser Klagen und Seufzen zu eigen. Wo wir ungläubig und sprachlos auf die Schrecken dieser Tage schauen, steht er uns mit unaussprechlichem Seufzen bei. Wo unser Herz eingeschnürt und unser Mund verschlossen ist, gibt ein anderer unserer Klage Raum. Wo unsere Seele nicht nachkommt, ist Gottes Geist schon da und vertritt uns. Wo unsere Hoffnung zerbrochen ist, hält er den Raum der Hoffnung offen. Wo Menschen angesichts von Tod und Leid verzagen, tritt Gott selbst neben die Verzagten, neben Einheimische, Reisende oder Helfer. Ihm werfen wir uns in die Arme. Er trägt uns.

Instrumentalstück *Indonesische Musik*

Predigt II | *Wolfgang Huber*

Aus der Tiefe kommt es, wenn wir mit Paulus bekennen, dass weder Hohes noch Tiefes noch eine andere Kreatur uns scheiden kann von der Liebe Gottes, die in Christus Jesus ist, unserm Herrn. Aus Liebe kommt Gott uns Menschen nahe; unsere Dunkelheiten spart er dabei nicht aus. Daran erinnert Jahr für Jahr die Weihnachtszeit. »*Gott will im Dunkeln wohnen und hat es doch erhellt.*« So singen wir in dieser weihnachtlichen Zeit. Unserem Aufbegehren gegen den unzeitigen, gewaltsamen, massenhaften Tod im Indischen Ozean weicht Gott nicht aus. Unsere Klage wird nicht durch weihnachtliche Romantik übertönt. Mit dieser Klage fliehen wir zu Gott, der die Liebe ist und sich zu dieser Weihnachtszeit in dem Kind in der Krippe als die Liebe zeigt. Erschrocken über das Unbegreifliche rufen wir nach Gottes Allmacht und fragen, wie sie sich zeigt. Sie zeigt sich in seiner Liebe. Auch Gottes Allmacht verstehen wir erst richtig mit dem Blick in die Krippe, mit dem Blick an das Kreuz. Gott schneidet in seiner Allmacht nicht alles Böse und Unbegreifliche im Vorhinein aus dem Lauf der Dinge heraus. Gott begegnet uns als Liebe, damit wir angesichts des Unbegreiflichen Halt und Orientierung finden.
Der Blick auf Gottes Liebe hilft uns dabei, auch in Unglück und Tod auf Menschlichkeit und Nähe zu achten. Eine Luftbrücke der Nächstenliebe ist in den letzten Tagen entstanden. Der Frankfurter Flughafen gehört zu dieser Luftbrücke der Nächstenliebe. So wie dort Tag für Tag Passagiere

aus aller Welt und in alle Welt unterwegs sind, so ist er jetzt auch ein Umschlagplatz der weltweiten Hilfe. Lazarettflugzeuge haben in diesen Tagen Hunderte von Verletzten in die Heimat transportiert. Tag und Nacht sind Helferinnen und Helfer unermüdlich im Einsatz. Angehörige haben einen Flug gesucht und gebucht, um ihre Liebsten selbst aufzuspüren. Ich höre das Gebet für die Toten und die Fürbitte für die Lebenden – ein Gebet, das die ganze Welt umspannt. Ich denke an die Menschen vor Ort, die, obwohl selbst in äußerster Not, helfen, wo sie können – so berichten es viele der Heimgekehrten. Meine Gedanken gehen zu den Helferinnen und Helfern, die tagelang kaum ein Auge zutun, um keine Zeit zu verlieren. Ich habe die Menschen vor Augen, die selbstlos Geld spenden oder Hilfsgüter auf den Weg bringen.

Die Staatengemeinschaft hat eine beispiellose Hilfsaktion in Gang gebracht. Eine Partnerschaft für den Wiederaufbau der betroffenen Länder wird geplant. Eine Luftbrücke der Nächstenliebe ist entstanden. Ich hoffe, sie verändert unsere Welt. Die Globalisierung unserer Welt erschöpft sich nicht in der wirtschaftlichen Zusammenarbeit, erst recht nicht im Ausnutzen wirtschaftlicher Vorteile. Sie bringt uns auch fernes Leid nahe und macht es zu unserem eigenen. Global denken kann nur, wer auch bereit ist, global zu fühlen. Dem Hochmut globaler Weltherrschaft tritt die Demut globalen Mitgefühls entgegen. Wir alle leben von Voraussetzungen, die wir uns nicht selbst geben; niemand von uns hat sein Leben letztlich in der eigenen Hand. Wir Menschen empfangen mehr, als wir geben können. Aus dieser Demut erwächst eine Haltung, in der wir entschieden für das Leben anderer eintreten, weil wir wissen, dass das eigene Leben ein Geschenk ist. Wenn wir anderen helfen, danken wir damit für das uns von Gott geschenkte Leben.

Mir will die Frage nicht aus dem Kopf, wie in Phuket einer vom Balkon seines Hotels aus mit ruhiger Hand die Wassermassen filmen konnte, die den offensichtlich ahnungslosen Urlaubern am Ufer immer näher kamen? Warum bricht der Film nicht ab in einem Schrei, der die Todgeweihten gerade noch rechtzeitig warnt? Dass wir einander warnen, wo Unheil droht, gehört zum ABC der Menschlichkeit. Totale Sicherheit wird es nie geben. Aber wo wir können, wollen wir einander zum Leben helfen und im Leben bewahren. Wenn solche Mitmenschlichkeit im neuen Jahr mehr Raum unter uns hat und wenn sie diesen Raum behält, dann haben wir etwas gelernt aus dem unfassbaren Geschehen, mit dem dieses Jahr begann.

Liebe Gemeinde, von dem verzagten Seufzen der Schöpfung führt uns der Weg zum Bekenntnis zu Gottes Liebe. Neben die Folgen der Flut kommen die Folgen der Weihnacht zu stehen. Gottes Licht scheint in der Finsternis; daran halten wir uns, auch wenn der Boden unter unseren Füßen schwankt. Gott steht mit seiner Liebe in der Welt, selbst dort, wo diese Welt zu zerbrechen scheint. Wir bleiben in Gottes Liebe eingesenkt, auch dort, wo der Anschein entsteht, wir seien aus ihr herausgerissen. Mit dem Apostel Paulus bin ich davon überzeugt, dass diese Liebe durch nichts außer Kraft gesetzt wird. »Denn ich bin gewiss, dass *weder Tod noch Leben, weder Engel noch Mächte noch Gewalten, weder Gegenwärtiges noch Zukünftiges, weder Hohes noch Tiefes noch eine andere Kreatur uns scheiden kann von der Liebe Gottes, die in Christus Jesus ist, unserem Herrn.*« Amen.

Vokalquartett Musik von J. S. Bach

Wohl mir, dass ich Jesum habe,/o wie feste halt ich ihn,/dass er mir mein Herze labe,/wenn ich krank und traurig bin./
Jesus hab ich, der mich liebet/und sich mir zu eigen giebet,/ ach drum lass ich Jesum nicht,/wenn mir gleich mein Herze bricht.
(aus Kantate *Herz und Mund und Tat und Leben*, BWV 147)

Fürbitten

Dieter Roos
Gott, unvorstellbar ist das Leid, das über Millionen von Menschen hereingebrochen ist. Die Wunden, die geschlagen sind, werden über viele Jahre nicht heilen. Schenke ihnen ein Licht des Trostes und der Hoffnung in der Finsternis ihres Leides. Du hast nach der Sintflut den Menschen Zukunft verheißen. Du hast Noah und den Menschen ein Zeichen der Versöhnung gesetzt in dem Regenbogen. Wir bitten dich, lass sich die Menschen der Erde nach diesem Unheil versöhnen. Schenke allen ein offenes Herz über alle Grenzen und Vorurteile hinweg, dass die betroffenen Menschen die Hilfe bekommen, die sie brauchen. Wir bitten dich:

Gemeinde: Erhöre uns.

Beate Schwartz-Simon
Gott, ich bitte für die Frauen und Männer in den vielen verschiedenen Organisationen, die aufgebrochen sind, um den Opfern zu helfen. Gott, sei bei ihnen mit deiner Kraft. Lass sie nicht mehr sehen und erfahren, als sie tragen können. Gib ihnen die Gewissheit, dass sie helfen können, auch wenn die Katastrophe unvorstellbar und die Not unzählbar ist. Gib ihnen Mut, wenn sie sehen, dass sie nicht helfen können. Gott, hilf ihnen, loszulassen, wenn ihre Aufgabe erfüllt ist. Lass sie zurückfinden in ihr Leben, gesund an Leib und Seele. Wir bitten dich:

Gemeinde: Erhöre uns.

Erdmuthe Druschke-Borschelz
Gott, ich bringe vor dich alle, die jetzt so verwundet sind an Leib und Seele; die nahe Menschen verloren haben; die sich gemeinsam freuen wollten an deiner schönen Welt und nun auf ihr die Hölle erlebt haben. Gott, lass die, die davongekommen sind, dankbar sein können für ihre Rettung. Gib ihnen Menschen an die Seite, die sie verstehen und begleiten. Stärke unsere Hoffnung, dass die, die das Meer uns genommen hat, nicht verloren sind, sondern bei dir aufgehoben für alle Zeit. Schenke uns das Vertrauen, dass deine Liebe größer ist als alle Bedrohung und dass wir – die Lebenden und die Toten – in dieser Liebe verbunden bleiben. Wir bitten dich:

Gemeinde: Erhöre uns.

Daniel Madrikan
Herr, unser gnädiger und liebevoller Gott, wir möchten für alle Menschen in den betroffenen Ländern der Flutkatastrophe bitten: in Indonesien, aber auch in allen anderen Ländern Asiens und Afrikas, in denen es Zerstörung und Todesfälle gab. Hilf den Überlebenden, mit ihrer Angst fertig zu werden vor einem neuen Beben und einer neuen Flutwelle. Sie fürchten sich vor einer neuen Katastrophe und das macht ihre Situation noch ungewisser und schlimmer, als sie schon ist. Gib du den Menschen die Kraft, die Zerstörung zu beseitigen und langsam Schritt für Schritt ihre Existenzen wieder aufzubauen.
Wir bitten dich für die Regierungen, gib ihnen Tatkraft, damit Hilfe schnell denjenigen zugutekommt, die Hilfe nötig haben. Wir bitten dich auch, gib den Menschen in diesen Ländern wieder Hoffnung und Zuversicht. Sei du mitten unter ihnen, damit sie in all ihrem Leid deine Liebe spüren und die Kraft gewinnen, weiter zu machen. Wir bitten dich:

Gemeinde: Erhöre uns.

Vaterunser

Sendung und Segen

Andrea Braunberger
Denn dein ist das Reich und die Kraft und die Herrlichkeit in Ewigkeit. Daran glauben wir, darauf setzen wir unsere Hoffnung als christliche Gemeinde in aller Welt. Trotz allem, was uns immer wieder zweifeln und verzweifeln lässt.
Gehen Sie in die kommende Woche, in das neue Jahr, mit dem Segen Gottes.

Wolfgang Huber
Der Herr segne dich und behüte dich.
Der Herr lasse sein Angesicht leuchten über dir und sei dir gnädig.
Der Herr erhebe sein Angesicht über dich und gebe dir Frieden.

Gemeinde: Amen. Amen. Amen.

Gemeinsames Lied *Herr, mach uns stark im Mut, der dich bekennt* (EG 154,1–2)

Er wird alle Tränen von den Augen abwischen

Ökumenische Trauerfeier zum Gedenken an die Opfer des Amoklaufs von Winnenden | Pfarrkirche St. Karl Borromäus | Winnenden am 21. März 2009

Am Vormittag des 11. März 2009 tötete der 17-jährige Schüler Tim Kretschmer in der Albertville-Realschule und deren Umgebung 15 Menschen und wenig später sich selbst. Zehn Tage später wurde in der katholischen Pfarrkirche von Winnenden ein Trauergottesdienst unter Leitung des katholischen Bischofs Rottenburg-Stuttgart, Dr. Gebhard Fürst, und des evangelischen Landesbischofs von Württemberg, Dr. h. c. Otfried July gefeiert.

Beteiligte

Bischof Dr. Gebhard Fürst, Diözese Rottenburg-Stuttgart
Landesbischof Dr. h.c. Frank Otfried July, Ev. Landeskirche in Württemberg
Pfarrerin Ute Biedenbach
Pfarrer Ulrich Kloos
Pfarrer Reimar Krauß
Vikar Stefan Maier

Gächinger Kantorei und Bach-Collegium Stuttgart,
Leitung: Prof. Helmuth Rilling
Orgel: Gerhard Paulus

Schulgemeinschaft der Albertville-Realschule, Schulleitung, Lehrkräfte, Elternvertreter, Schülerinnen und Schüler

Einzug mit Orgelspiel | *Gerhard Paulus*

Johann Caspar Simon, *Präludium und Fuge in g-Moll*

Musik zum Eingang | *Helmuth Rilling; Gächinger Kantorei und Bach-Collegium*

Johann Sebastian Bach, *Aus der Tiefen*, (BWV 131,1 Eingangschor)
Aus der Tiefen rufe ich, Herr, zu dir,
Herr, höre meine Stimme, lass deine Ohren
merken auf die Stimme meines Flehens!

Liturgischer Gruß | *Gebhard Fürst*

Lied der Gemeinde *Aus tiefer Not schrei ich zu dir* (EG 299,1.3+4)

Psalmgebet

Psalm 77

Gedenken

Verlesung der Namen der Opfer

Musik | *Helmuth Rilling; Gächinger Kantorei*

J. S. Bach, *Du wahrer Gott und Davids Sohn*, BWV 23, Schlusschor
Christe, du Lamm Gottes,
der du trägst die Sünd der Welt, erbarm dich unser!
Christe, du Lamm Gottes,
der du trägst die Sünd der Welt, erbarm dich unser!
Christe, du Lamm Gottes,
der du trägst die Sünd der Welt, gib uns deinen Frieden. Amen

Lesung Offenbarung 21,1–5 (Die neue Welt Gottes)

Orgelmusik Jean Langlais, *Chant des Paix* | *Gerhard Paulus*

Predigt I | *Frank Otfried July*

»Er wird alle Tränen von ihren Augen abwischen ...« (Offb 21,4) – so haben wir es eben in der Offenbarung des Johannes gehört.
Liebe Angehörige, liebe Trauergemeinde in nah und fern,
wie viele Tränen sind geflossen seit jenem Mittwoch, dem 11. März, jenem Tag des Todes in Winnenden und Wendlingen. Wie viele Tränen sind geflossen und »*Warum?*« in den Himmel geschrien worden. Bei Tag und bei Nacht. Wie viele Tränen bei Angehörigen und Freunden, bei Helferinnen

und Helfern, Schülern und Lehrerinnen. Wie oft die Bitte: Lass es nicht wahr sein!
Manche hat die Trauer stumm gemacht, die Zeit ist für sie stehengeblieben, hat sie herausfallen lassen aus all dem, was bisher wichtig und bedeutend erschien. Und dann waren plötzlich auch keine Tränen mehr da – die Augen leer geweint. Andere haben in ihrer Trauer und in ihrer Suche nach Antworten, in ihrem Fassen-Wollen des Unfassbaren, schon früh nach Gründen gesucht, Ursachen erforscht, Erklärungen ausgesprochen. Aber auch in dieser Suche tritt uns viel Ratlosigkeit entgegen. Und unser heutiges öffentliches Trauern in Verbindung mit dem schweren persönlichen Leid der Angehörigen soll ja auch deutlich machen: Es ist eine Schockwelle durch unser Land gegangen. Wir zeigen gemeinsam unsere Trauer. Wir sehen uns an. Wir sagen den Angehörigen, den Menschen in Winnenden, Wendlingen und in den benachbarten Orten: Ihr seid nicht allein.
In dieser Tragödie sehen wir aber auch: Wir brauchen Räume des gemeinsamen Trauerns und Tragens, des Austausches, des Sehens und des Mutes, über die Gebote Gottes zum Leben zu sprechen. Es waren und sind Tage, in denen wir nur Bruchstücke einsammeln und vor Gott hinhalten können. Da stehen die flackernden Kerzen, da stehen die Namen und Bilder derer, deren Lebenslauf jäh zu Ende ging – abgebrochen wurde. All die geliebten Menschen, die aus unserer Sicht noch so viele Möglichkeiten gehabt hätten: Wir bringen diese Leben vor Gott. Aber wir schweigen auch den Täter, Tim K. nicht tot. In Wendlingen haben Menschen an der Stelle, wo er sich selbst tötete, einige, wenige Kerzen aufgestellt. Abgeschieden von den Opfern, wird auch dieses Bruchstück eines Lebens vor Gott gestellt.
All das bringen wir in dieser Stunde vor Gott. Die Bruchstücke, alles Ausgesprochene und Unausgesprochene, all unsere Trauer, unsere Rachegedanken, all unser Tun und Lassen, all unser Misslungenes und Verfehltes, unsere Voreiligkeiten und Trägheiten.
»Er wird alle Tränen von ihren Augen abwischen …«
Der Riss der vergangenen Tage bleibt, die Trauer, der Schmerz. Viele werden lange, lange, sogar lebenslang daran tragen. Viele schlimme Bilder stehen vor dem inneren Auge. Unsere Hoffnung, unser Glaube, unsere Bitte ist, dass diese schrecklichen Bilder nicht das letzte Wort haben. Die Todesbilder dieser Welt, die wir so oft sehen müssen und die sich jetzt unter uns ereignet haben, haben nicht die letzte Macht.
Warum können wir, warum dürfen, ja müssen wir das sagen? Das Wort aus der Offenbarung des Johannes malt uns andere Bilder vor Augen, wagt eine Verheißung an uns. Wohl wissend um eine Welt des Todes und menschlicher Schuld, wohl wissend um unser Leben und Sterben, wohl wissend, dass manche Menschen den Zuspruch und die Bilder des göttlichen Erbarmens und seiner neuen Wirklichkeit nicht zu jedem Zeitpunkt hören und verstehen können. – Wohl wissend, ergreift das biblische Wort die Initiative und spricht in unsere Sprach- und Trostlosigkeit. Es öffnet einen Spalt, um in den Raum allen bleibenden Lebens und aller erfüllten Hoffnung zu sehen.

Mit dem Bild der ewigen Stadt Gottes vor Augen, so wie sie die Offenbarung des Johannes uns zeigt, mit der Verheißung, dass der am Kreuz gestorbene Jesus Christus alles neu machen wird, mit der Zusage Gottes mitten in der Todeswirklichkeit dieser Welt: So werden wir vielleicht fähig, durch die Todesbilder und Tränen dieser Welt hindurch Bilder des Lebens und der Hoffnung neu aufleuchten zu lassen. Damit Schülerinnen und Schüler mit ihren Lehrerinnen und Lehrern, Kinder und Jugendliche mit ihren Eltern eines Tages wieder über Bilder des Lebens und der Hoffnung sprechen können.

Wir haben in dieser Gesellschaft miteinander Verantwortung, welche Bilder öffentlich werden und prägen, welche Bilder unseren Kindern und Jugendlichen begegnen und welche Erfahrungen. Wir haben miteinander die Verantwortung, welche Verhaltensweisen unter uns Platz ergreifen. Kehrt um, wo falsche Bilder und falsche Verhaltensweisen unter uns sind! Gott schenke uns Bilder des Friedens und neuen Lebens.

Er wird in ihrer Mitte wohnen und sie werden sein Volk sein. Er wird alle Tränen von ihren Augen abwischen (Offb 21,3 f). Amen.

Musik | Bach-Collegium Stuttgart, Helmuth Rilling

J. S. Bach, *Ich hatte viel Bekümmernis*, (BWV 21,1, Sinfonia)

Predigt II | Gebhard Fürst

Liebe Angehörige! Liebe Trauergemeinde!
Mein Herz grübelt bei Nacht, ich sinne nach, es forscht mein Geist ... (Psalm 77,7). Wer von uns, die wir immer noch in fassungsloser Trauer hier versammelt sind, könnte diese Worte aus dem eben gebeteten Klagepsalm nicht mitsprechen? Es sind Worte, die auch aus unseren, vom vielfachen Tod verstörten Herzen kommen. Wie dem verzweifelten Beter geht es heute besonders Ihnen, den Angehörigen, die Sie so schwer getroffen sind. Ihnen gilt mein, unser aller tief empfundenes Mitgefühl. Ihnen, die unermessliches Leid tragen müssen, Ihnen, denen die liebsten Menschen genommen wurden. Ihnen wollen wir zur Seite stehen, sie stützen, Ihre Trauer und Ihren Schmerz teilen. Deshalb sind wir hier zum gemeinsamen Gottesdienst.

Ich rufe zu Gott, ich schreie, ich rufe zu Gott, bis er mich hört (Psalm 77,1). Auch das ist ein Wort aus dem Psalm. Jetzt ist Zeit für diesen Ruf! Heute ist Raum für diese Klage – damit Gott uns hört! Heute ist noch nicht die Zeit, daran zu denken, was zu tun sein wird und wo wir uns ändern müssen. Nein: Jetzt ist Zeit zum Weinen, zum Klagen und zum Trauern. Deshalb war es in diesen Tagen und in dieser Stunde gut, Ihnen, den Angehörigen, mitmenschliche Verbundenheit zu zeigen und Sie Nähe spüren zu lassen. Wir sind verbunden mit Ihnen, die Sie Ihr Kind, die Ehepartnerin, den Verwandten, die Kollegin, Freund oder Freundin verloren haben. Wir sind verbunden mit Ihnen, die an den Ereignissen und auch an Gott zu verzweifeln drohen.

Ich weiß, viele konnten tröstende Nähe spüren in diesen Tagen durch Menschen an ihrer Seite, durch Notfallseelsorger, Sanitäter, Psychologen, Pfarrer und viele andere Menschen, die einfach da sind. Sie sind nicht verlassen! Wir alle danken den Helfern! Doch unser von Schmerz erfülltes, noch lange nicht verklingendes »Warum?« können wir auch zu Gott selbst tragen. Ein Mensch, der selbst Leid und Tod erlebte, schrieb einmal in sein Tagebuch: »Wenn ich selbst drüben bin, bei Gott, werde ich ihn selbst auch fragen über all das, was ich in diesem Leben nicht begreifen konnte, und wo ich nirgends eine Antwort gefunden habe.« Wir ungetrösteten Menschen können an Gott selbst die Fragen richten, die uns zutiefst erschüttern.

In der Lesung aus der Offenbarung des Johannes antwortet Gott auf unser Klagen. Er lässt uns wissen, »*die alte Erde wird vergehen, ein neuer Himmel wird über euch aufgehen, unter dem kein Tod mehr sein wird.*« Gottes Versprechen gilt einer neuen Zeit für uns, für Sie, die Leidtragenden. Gottes Versprechen gilt einer neuen Welt zum Leben. Im Glauben begreifen wir: Die Zukunft von Gott her ist nicht die endlose Verlängerung der heutigen Not und Bedrängnis.

Sie, liebe Angehörige, die so leiden unter dem Schmerz des Verlustes, können hoffen: Ihre Kinder, Ihre Kolleginnen, Ihre Angehörigen, Ihre Liebsten liegen in den offenen Armen Gottes. Sie sind gehalten von seiner Liebe. Gott selbst ist nahe und schenkt neues Leben.

Liebe zum Gedenken Versammelte!
Manche werden sich schwer damit tun, diesen Trost für sich heute anzunehmen. Da sind noch lange und mühsame Wege zu gehen, und manche Wunde wird kaum heilen können. Aber dieser Trost von Gott her ist keine billige Vertröstung, die schrecklichen Ereignisse werden nicht verdrängt. Gott weiß um unsere Tränen, um unsere Mühsal, unsere Fragen und Anklagen (vgl. Offb 21,4): Gott selbst weiß um den Tod – in seinem Sohn hat er ihn selbst erlitten – so trägt er ihn mit uns. Im Glauben sind wir uns gewiss: Gott schaut auf die Mächte des Todes, die uns bedrücken, bedrohen, ja, die hier das Leben von Menschen vernichtet haben. Gott kommt uns entgegen auf den schweren Wegen dieser Tage. Er sieht den Schmerz, das Leid und die Not. Er hat es überwunden, weil er in Jesus Christus den Tod selbst getragen und in neues Leben verwandelt hat. Wir dürfen glauben und hoffen, dass Ihre lieben Angehörigen bei IHM sind.

Liebe Schwestern und Brüder,
wir erfahren Trost und Beistand aus dem Versprechen Gottes, uns gerade auf solch rätselhaften Wegen heilsam nah zu sein. Dieses Vertrauen spricht aus dem Christus-Lied »O Haupt voll Blut und Wunden«, das wir gleich gemeinsam singen. Da heißt es: »Wenn mir am allerbängsten wird um das Herze sein, so reiß mich aus den Ängsten kraft deiner Angst und Pein.« Gott kommt uns entgegen mit seiner Liebe. Das ist die Kraft unseres christlichen Glaubens. Er trägt uns – gerade heute. Halten wir die Hoffnung fest: Gott hält uns in seinen Armen.
Amen.

Gemeinsames Lied *O Haupt voll Blut und Wunden* (EG 85,1+9)

Fürbitten mit gesungenem *Herr, erbarme dich*

Vaterunser

Gemeinsames Lied *Bewahre uns Gott, behüte uns Gott* (EG 171,1–4)

Abschluss | *Frank Otfried July*

Segen und Auszug mit Musik

You'll never walk alone

Ökumenische Trauerandacht nach dem Suizid des Torwarts Robert Enke | Marktkirche, Hannover am 11. November 2009

Predigt: Landesbischöfin Prof. Dr. Dr. hc Margot Käßmann
Fürbitte: Pfarrer Heinrich Plochg, Hannover (Kath.)

Am Abend des 10. November 2009 nahm sich der Nationaltorwart Robert Enke mit 32 Jahren das Leben, indem er sich vor einen fahrenden Zug warf. Sein Tod rief deutschlandweit Bestürzung und Anteilnahme hervor. Zudem löste er eine öffentliche Diskussion über einen offeneren Umgang mit Depressionen aus. Einen Tag nach Enkes Suizid fand in der Marktkirche Hannover eine ökumenische Trauerandacht statt, die vom Fernsehen live übertragen wurde.

Predigt | *Margot Käßmann*

Liebe Trauergemeinde!
Wenn du durch einen Sturm gehst
Geh erhobenen Hauptes
Und habe keine Angst vor der Dunkelheit
Am Ende des Sturms
Gibt es einen goldenen Himmel
Und das süße, silberhelle Lied einer Lerche
Geh weiter, durch den Wind
Geh weiter, durch den Regen
Auch wenn sich alle Deine Träume in Luft auflösen
Geh weiter, geh weiter, mit Hoffnung in deinem Herzen
Du wirst niemals alleine gehen
Geh weiter, geh weiter, mit Hoffnung in deinem Herzen
Du wirst niemals alleine gehen.
Ja, You'll never walk alone ...
Doch Robert Enke ist seinen Weg alleine zu Ende gegangen. Ganz alleine in der Dunkelheit, die ihn umgab und die in ihm gewesen sein muss. Alle dachten, er ist wieder da, kehrt zurück zu seinem geliebten Sport, geht seinen Weg weiter gemeinsam mit der Mannschaft und den Fans von Hannover 96, weiter auch mit der Nationalmannschaft. Und dann kam gestern Abend die unfassbare Nachricht, dass er in diesem Leben nicht mehr weitergehen wollte.
Alle Vermutungen, die große Frage nach dem Warum, sie sollten wir mit großer Vorsicht behandeln. Jetzt ist die Zeit der Trauer um einen Men-

schen, der vielen Jugendlichen und Erwachsenen viel bedeutet hat. Der ihnen Vorbild war, Hoffnungsträger. Ein Sportler, der seinen hundertprozentigen Einsatz für seinen Sport mit sozialem Einsatz verbunden hat. Ein Mann, dessen Umgang mit seiner kranken Tochter und ihrem Tod uns alle berührt hat. Ein Mann, der so viel zurücklässt, was ihm kostbar und wertvoll war. An ihn denken wir heute Abend in dieser Andacht.

Wir denken an Teresa Enke und ihre kleine Tochter, die ein neues Familienleben aufbauen wollten. Wir denken heute Abend an die Mannschaftskollegen in Hannover und in der deutschen Nationalmannschaft, die Trainer und Betreuer und an alle Fans, die die Nachricht gestern so sehr getroffen hat. Wir denken an die beiden Lokführer, die Einsatzkräfte und die Notfallseelsorger, die gestern Abend an der Unfallstelle waren. Wir vertrauen darauf: Du kannst nie tiefer fallen als in Gottes Hand!

Liebe Gemeinde, es ist gut, wenn Sie alle als Robert Enkes Fans, als seine Freunde, seine Kollegen diesen Weg der Erinnerung und der Trauer nicht alleine gehen, sondern hier gemeinsam innehalten, still werden. Es ist gut, wenn auf diesem Weg der Trauer das Länderspiel für den nächsten Samstag abgesagt wird, weil auch im Leistungssport nicht der ununterbrochene Betrieb zählt. Der Tod eines Sportlers gebietet es besonders im Leistungssport, den Lauf anzuhalten, damit deutlich wird: Fußball allein ist nicht unser Leben, sondern Liebe zueinander, Gemeinschaft, sich gehalten wissen auch in allen Schwächen unseres Lebens, das zählt. Es ist gut, wenn wir uns auf diesem Weg der Trauer im Gebet versammeln. Unsere Kirchen sind Orte, an denen wir miteinander schweigen, weinen und trauern können. Wir werden gleich Stille halten und Kerzen anzünden – weil es manchmal keine Worte gibt, die das Leid ausdrücken können, und die leisen Töne, das Schweigen angesagt sind. Stille kann heilsam sein.

Aber wir treten auch mit unseren Zweifeln vor Gott: Warum? Viele fragen auch: Wie kann Gott das zulassen, dass ein Mensch so verzweifelt und keinen anderen Ausweg mehr weiß? Ich bin zutiefst überzeugt, dass Gott kein Unglück in diese Welt schickt, sondern diese Welt liebt. Gott will nicht Leid über Menschen bringen, sondern sehnt sich danach, dass wir das Leben in Fülle haben, sagt die Bibel. Aber in dieser Welt gibt es Leiden, Schmerz, Krankheit, Ausweglosigkeit und Tod. Gott begleitet uns gerade in solchen Zeiten. Unser Herz erschrickt ja auch, weil wir an diesem entsetzlichen Tod von Robert Enke erkennen: Unser Leben ist zutiefst zerbrechlich und gefährdet.

Hinter Glück, Erfolg und Beliebtheit können abgrundtiefe Einsamkeit und Verzweiflung liegen, die Menschen an ihre Grenzen führen. Wie traurig ist es, dass jemand nicht wagt, über Depressionen und Krankheit zu sprechen, weil das als Schwäche angesehen wird. Oder weil es die Adoption der Tochter gefährden könnte. Krankheit und Leid gehören zum Leben! Dafür gibt es keine Pfiffe! Nein, das ist Empathie, Compassion, Mitleiden. Völlig unerwartet kann unser Leben zu Ende sein, ob wir nun jung sind oder alt.

Lehre uns bedenken, dass wir sterben müssen, auf dass wir klug werden, sagt der Psalmbeter (Psalm 90,12). Wer den eigenen Tod im Leben mit bedenkt, hat eine tiefe Lebensklugheit.

Wer Leiden kennt, weiß auch um die Tiefe des Lebens und kann anders leben als oberflächlich dahin. Wir werden Leid und Tod, Verzweiflung und Depression in dieser Welt nicht überwinden können. Das wird erst in Gottes Zukunft so sein, in der alle Tränen abgewischt sind. Ich glaube daran, dass auf der anderen Seite der Grenze des Lebens Gott unsere Toten in Empfang nimmt. Ich glaube an die Auferstehung und sie tröstet mich.
So stehen wir vor Gott in dieser Spannung zwischen Aufschrei und Gottvertrauen. Gottvertrauen aber trägt, das habe ich immer wieder selbst so erlebt. Gott geht mit uns in den schwersten Stunden unseres Lebens.
You'll never walk alone, das ist nicht nur Ihr Lied bei vielen Spielen, sondern es ist auch die große Zusage, die Gott uns gibt. In Psalm 23 heißt es: *Der Herr ist mein Hirte, mir wird nichts mangeln. Er weidet mich auf einer grünen Aue und führet mich zum frischen Wasser. Er erquicket meine Seele, er führet mich auf rechter Straße um seines Namens willen. Und ob ich schon wanderte im finstern Tal, fürchte ich kein Unglück; denn du bist bei mir, dein Stecken und Stab trösten mich.*
You'll never walk alone. Das gilt zuallererst für Teresa Enke, die heute Mittag so mutig von der Liebe gesprochen hat, die sie und ihren Mann getragen hat. Sie muss nun mit dieser Liebe einen neuen Weg finden und mit Gottes Hilfe wird sie ihn finden. Für sich und für ihre kleine Tochter. Das gilt für die Familie von Robert Enke. Und es gilt für seine Mannschaftskameraden, die Verantwortlichen im Fußballsport und für Sie alle, seine Fans. Bei Gott können wir zur Ruhe kommen in aller unserer Unruhe. Und alle Fans sollten das wissen: Robert Enke würde nicht wollen, dass ihm jemand auf diesem Weg folgt! Er hat das Leben geliebt und wünschte sich Wege zum Leben. Werden wir daher stille. Bringen wir unser Mit-Leiden vor Gott, indem wir Lichter anzünden, für Robert Enke, für seine Familie, für alle, die gestern Abend mit betroffen waren. Suchen wir Wege zum Leben! Halten wir an der Zuneigung zu Robert Enke fest auch über seinen Tod hinaus, den wir so schwer verstehen. Über die Schwelle des Todes hinaus können wir ihn nicht begleiten. Aber wir dürfen der Zusage vertrauen, dass Gott uns über diese Schwelle trägt und auch Robert Enke bei ihm geborgen ist. Sodass auch auf diesem letzten Weg gilt: *You'll never walk alone.*
Amen.

Fürbitten

Heinrich Plochg
Barmherziger Gott, du bist bei denen, die trauern und ratlos sind, du hast uns zugesagt, dass wir auch die schweren Wege nicht allein gehen müssen. Darum suchen wir bei dir Ruhe für unser erschrockenes Herz. Alles, was uns bei dem plötzlichen Tod von Robert Enke schmerzt und bedrückt, bringen wir vor dich.

Margot Käßmann
Jesus Christus, für Teresa Enke und ihre Tochter Leila, für die Angehörigen und Freunde von Robert Enke, für seine Mannschaftskollegen, Be-

treuer, Trainer und seine Fans, für die Lokführer, Einsatzkräfte und Notfallseelsorger, die gestern an der Unfallstelle waren, bitten wir dich um deinen Beistand in ihrem Schock. Behüte und begleite sie auf dem schweren Weg durch Traurigkeit und ungeklärte Fragen.

Heinrich Plochg
Heiliger Geist, ein so plötzlicher Tod ermahnt uns, den Menschen in den Mittelpunkt unseres Denkens, unserer Arbeit und unseres Leistungsstrebens zu stellen. Schenk uns Aufmerksamkeit füreinander, ein offenes Ohr für die Nöte und Sorgen unseres Nächsten, ein wachsames Auge füreinander in unserer gemeinsamen Arbeit und Freizeit.

Jetzt durch einen Spiegel – dann aber von Angesicht zu Angesicht

Trauergottesdienst nach der Ermordung eines Landrats | Münsterkirche St. Bonifatius, Hameln im April 2013

Am 26. April 2013 erschoss ein Rentner den Landrat von Hameln-Pyrmont, Rüdiger Butte, in seinem Büro und daraufhin sich selbst. Als Motiv wurden die drohende Zwangsräumung der Wohnung des Täters sowie weitere Strafmaßnahmen angenommen.
Noch am selben Abend fand in der Münsterkirche ein Trauergottesdienst statt.

Liturgie

Pastorin Friederike Grote
Superintendent Philipp Meyer

Ablauf

Musik

Einleitende Worte | *Friederike Grote*

Erschrocken, geschockt, entsetzt kommen wir zusammen. Rüdiger Butte ist tot, ermordet. Und tot ist auch der, der ihn getötet hat. Angesichts dieser Grausamkeit und im Angesicht des Todes sind wir sprachlos. Das Leben ist angehalten worden, das Leben von unserem beliebten Landrat Rüdiger Butte; angehalten auch das Leben des Täters, auch der Alltag derer, die das mit ansehen mussten, und der Alltag in Hameln – angehalten. Sprachlos bleibt uns, unsere Klage vor Gott zu bringen. Das wollen wir nun gemeinsam tun im Namen Gottes, der Leben schenkt – und zu dem wir gehen, wenn unser Leben hier zu Ende ist; im Namen Jesu Christi, der uns vorausgegangen ist in den Tod und ihn überwunden hat, damit wir das ewige Leben haben; und im Namen des Heiligen Geistes, der Kraft Gottes, die uns durch unser Leben begleitet durch Höhen und Tiefen. Amen.

Gemeinsames Lied *Befiehl du deine Wege* (EG 361,1.6.12)

Psalm 31 | *Friederike Grote*

Musik

Gebet | *Philipp Meyer*

Gemeinsames Lied *Fürchte dich nicht* (EG 595)

Lesung aus 1 Korinther 13 | *Friederike Grote*

Musik

Ansprache | *Philipp Meyer*

Liebe Gemeinde,
es fällt mir nicht leicht, heute zu Ihnen zu sprechen. Wir sind alle zutiefst betroffen und bedrückt über die Nachrichten, die uns im Laufe des Tages erreicht haben. Es ist ein dunkler Freitag für die Menschen in Hameln und Umgebung. Der Landrat des Landkreises Hameln-Pyrmont, Rüdiger Butte, ist Opfer einer sinnlosen Gewalttat geworden. Die Nachricht verbreitete sich wie ein Lauffeuer in unserer Region. Selten habe ich so tiefe Betroffenheit bei so vielen Menschen erlebt. Es ist die Nähe, die dieses Ereignis so bedrohlich wirken lässt. Die Mitarbeiterinnen und Mitarbeiter des Landkreises Hameln-Pyrmont haben Stunden der Todesangst erlebt. Sie wussten nicht, was geschah, als sie die Schüsse hörten. Sie wussten nicht, ob es weitere Täter gibt, als die Polizei das Gebäude umstellte. Wie tief bei Ihnen der Schock sitzt, können Unbeteiligte sich kaum ausmalen. Dieser Mord geht uns nahe. Auch mir, das sage ich ganz offen.
Warum eigentlich ist das so, dass uns diese Nachricht so beunruhigt? Werden nicht jeden Tag Menschen Opfer von Gewalttaten? Müssten wir nicht jedes Mal zutiefst betroffen reagieren? Vielleicht wäre es gut, wenn wir allen Opfern von Gewalttaten mehr Aufmerksamkeit schenkten. Und doch finde ich es verständlich, dass vom Geschehen im Kreishaus so viele Menschen berührt waren. Unseren Landrat, den Menschen Rüdiger Butte, habe ich, wie so viele andere, gut gekannt. Wir haben viel miteinander zu besprechen gehabt – oft ging es dabei um die Jugendwerkstatt. Zu seinem 60. Geburtstag hat er mich gebeten, eine Ansprache zu halten. Das habe ich gerne getan. Es ist mir heute, am Tage seines Todes, noch ganz unbegreiflich, dass er nicht mehr im Leben ist.
Dazu kommt die unerklärliche Sinnlosigkeit dieser Tat. Der Täter ermordet einen Menschen, und setzt gleich darauf seinem eigenen Leben ein Ende. Wir können darin schwerlich etwas anderes erkennen als blinde Zerstörungswut. Wie verzweifelt und verwirrt muss ein Mensch sein, damit er so handelt? Ich bin traurig und schockiert, und ich mache mir Sorgen um unsere Gemeinschaft. Und ich muss an die Worte des Apostels

Paulus denken: *Wir sehen jetzt durch einen Spiegel ein dunkles Bild; dann aber von Angesicht zu Angesicht* (1 Korinther 13,12).
Rüdiger Butte wurde in Ausübung seines Dienstes ermordet. Wer mag noch Verantwortung übernehmen und Entscheidungen treffen, die anderen hart oder ungerecht erscheinen – und die doch dringend notwendig sind, weil ohne klare Entscheidungen unser Zusammenleben unmöglich wird? –, Entscheidungen, die immer wieder unvermeidlich auch auf Kritik stoßen werden, weil sie es eben niemals allen recht machen können? In gewissem Sinne ist hier ein Politiker zum Märtyrer geworden. Märtyrer, das heißt wörtlich übersetzt: Zeuge. Ein Zeuge also – nicht im christlichen Sinne vielleicht, aber als einer, der bezeugt: Ich übernehme Verantwortung für andere Menschen in der Politik. Ich stehe für Entscheidungen, auch wenn sie nicht allen gefallen. Solche Menschen brauchen wir dringend in unserer Gemeinschaft! Es gehört Mut dazu, Entscheidungen zu treffen. Und es gehört Mut dazu, offen zu sein. Ohne klare Entscheidungen wird unser Zusammenleben unmöglich. Und zugleich werden Entscheidungen immer wieder auf Kritik stoßen, weil wir es als Menschen nun einmal nicht allen recht machen können. Rüdiger Butte hat dazu gestanden, dass nicht immer alle mit seinen Entscheidungen einverstanden sein können. Und er hat gerade deshalb Offenheit für die Menschen gezeigt. Seine Haltung war: Ich schließe mich nicht ein, sondern die Tür zum Kreishaus und zu meinem Büro stehen offen. Dass ihm diese Offenheit zum Verhängnis geworden ist, ist schockierend. Genauso schockierend ist es aber, dass ein Mensch von seinem Hass und seiner Wut so geblendet ist, dass ihm das Leben anderer und sein eigenes nichts mehr wert ist. Wie einsam und wie verwirrt muss der Täter gewesen sein! Auch diesem Menschen, und allen, die wie er die Kontrolle über ihr Leben verloren haben, muss unsere Fürbitte heute gelten, so schwer es uns auch fallen mag. Zwei Menschen haben heute auf schrecklich sinnlose Weise ihr Leben verloren. Heute in Hameln ist das Bild dunkel.
Doch der Apostel Paulus wendet seinen Blick in die Zukunft. *Wir sehen jetzt durch einen Spiegel ein dunkles Bild; dann aber von Angesicht zu Angesicht.* Wir müssen jetzt gemeinsam die Stimme erheben. Wir müssen deutlich machen: Wir werden der Gewalt nicht nachgeben. Der Mord im Kreishaus war ein Angriff auf unsere Gemeinschaft. Und deswegen geht dieser Mord alle Bürger des Landkreises an. Wir müssen diesen Mord gemeinsam tragen und ertragen. Und wir dürfen uns hier nicht auseinanderbringen lassen: Wenn wir der Furcht nachgeben, wird unser Leben schon bald nicht mehr lebenswert sein. Es wird erzählt, dass ein weiser Rabbi von einem Schüler gefragt wurde: Meister, woran erkenne ich, dass die Nacht zu Ende ist und der Tag beginnt? Ist es dann, wenn es hell genug ist, dass ich ein Schaf von einem Hund unterscheiden kann, oder dann, wenn es hell genug ist, dass ich einen Dattelbaum von einem Feigenbaum unterscheiden kann? Woran also erkenne ich, wann der Tag beginnt? Der Rabbi antwortete: Der Tag beginnt, wenn du in das Gesicht eines Menschen blickst und in ihm deinen Bruder erkennst. Wir müssen zueinander stehen, einander ins Gesicht sehen. Aufeinander achthaben.

Auch auf die, die sich absondern. Gerade auf die. Auf die achten, die auszurasten drohen. Die ihr Leben nicht im Griff haben.

Aber der Apostel meint noch mehr mit seinem Wort: *Wir sehen jetzt durch einen Spiegel ein dunkles Bild; dann aber von Angesicht zu Angesicht.* Paulus ist sich sicher: Eines Tages werden wir Gott von Angesicht zu Angesicht begegnen. Er weiß nicht, wie es sein wird. Man merkt in diesem Kapitel des Korintherbriefs förmlich, wie er um Worte ringt. Das ist für Paulus eine ganz große Hoffnung, und ich sage Ihnen offen: Ich teile sie. Dass wir eines Tages klar sehen, nach all diesem Durcheinander in der Welt. Dass wir eines Tages den Sinn von all dem wunderbaren und Schrecklichen, das unser Leben ausmacht, begreifen. Dass wir unserem Schöpfer gegenübertreten. Wie das sein wird? Ich weiß es genauso wenig wie der Apostel. Es wird hell sein, und es wird gut sein. Und in diesem Augenblick wird Frieden in unsere Herzen einkehren. Mit einem Blick werden wir alles erfassen und alles verstehen. Und dann wird uns klar: Die Liebe ist größer als der Tod – und sie ist immer schon stärker als der Tod gewesen.

Amen.

Gemeinsames Lied *Bewahre uns, Gott* (EG 171)

Fürbittengebet | *Friederike Grote, Philipp Meyer*

Meyer
Gott, wir bitten dich für Rüdiger Butte, der heute grausam umgebracht wurde: Nimm du ihn auf bei dir, in deine Geborgenheit und Liebe. Führe zu Ende, was hier unvollendet geblieben ist. Wir danken dir für Rüdiger Butte, den Menschen mit Herz, den zugewandten Landrat, der sich eingesetzt hat für sein Amt und für die Menschen in unserem Landkreis. Wir danken dir für gute Begegnungen; für alles Gute, das er uns und anderen Menschen getan hat.
Wir rufen zu dir:

Gemeinde: Herr, erbarme dich.

Grote
Gott, wir bitten dich für die Familie, die Angehörigen und Freunde von Rüdiger Butte; für alle Menschen die ihm nahe standen. Gib ihnen die Kraft, das Unfassbare zu ertragen. Lass sie spüren, dass du selbst in der schweren Zeit an ihrer Seite stehst.
Wir rufen zu dir:

Gemeinde: Herr, erbarme dich.

Meyer
Gott, wir bitten dich für alle, die einen geliebten Menschen verloren haben. Für alle, die Unrecht ertragen müssen.
Wir bitten dich für alle, die in Furcht leben vor Krankheit und Tod. Erbarme dich über ihr Elend und ihre Verzweiflung.

Wir rufen zu dir:

Gemeinde: Herr, erbarme dich.

Grote
Gott, wir bitten dich für alle, die Zwietracht säen. Für jene, die aus der Vernichtung anderer Gewinn ziehen. Für die Vergifteten und Gefährlichen: Befreie sie aus ihrer Unmenschlichkeit und öffne ihnen den Weg zur Vergebung.
Wir bitten dich für den Mann, der Rüdiger Butte und sich selbst getötet hat. Wir wissen nicht, was in ihm vorging. Jesus hat am Kreuz zu dem Täter an seiner Seite gesagt: »Noch heute wirst du mit mir in meinem Reich sein.«
Wir rufen zu dir:

Gemeinde: Herr, erbarme dich.

Meyer
Gott, wir bitten dich für alle, die unter dem Druck von Verdächtigungen und Verleumdungen leben müssen. Für die, die durch das harte Urteil der anderen ihr Selbstvertrauen verloren haben. Für alle, die kein Verständnis finden, kein Wort, das sie heilt. Für alle, die sich von dir verlassen fühlen. Lass sie Trost finden bei dir.
Wir rufen zu dir:

Gemeinde: Herr, erbarme dich.

Grote
Gott, wir bitten dich für die Menschen, die heute diese Tat im Kreishaus miterleben mussten, und wir bitten für die, die als Polizisten, Ärztinnen, Sanitäter, Seelsorgerinnen vor Ort ihren Dienst getan haben. Sei du bei ihnen, dass sie Ruhe finden. Wir bitten dich für die vielen, die in Ämtern sind, in denen sie Angst haben müssen um ihr Leben; für die vielen, die in der Öffentlichkeit stehen: Gib ihnen Vertrauen.
Wir rufen zu dir:

Gemeinde: Herr, erbarme dich.

Vaterunser

Segen

Gemeinsames Lied *Der Mond ist aufgegangen* (EG 482,1–3)

Hamburg, deine Perle

Trauerfeier für den Sportphysiotherapeuten Hermann Rieger | Imtech-Arena, Hamburg am 2. März 2014

Liturgie und Predigt: Wilhelm Helmers, Bremervörde

Nach dem Tod des beliebten Physiotherapeuten Hermann Rieger versammelten sich am 2. März 2014 rund 3.000 Anhänger des Hamburger Sportvereins (HSV) zu einer Trauer- und Gedenkfeier in der Hamburger Imtech-Arena, die von dem Superintendenten Wilhelm Helmers aus Bremervörde geleitet wurde. Musikalisch wurde sie von dem christlichen Chor »Viddel 12« und dem Sänger Lotto King Karl mitgestaltet. Dessen Song »Hamburg, meine Perle« griff Superintendent Helmers in seiner Ansprache auf.

Begrüßung

Ein Mensch ist in seinem Leben wie Gras, er blüht wie eine Blume auf dem Felde; aber wenn der Wind darüber geht, so ist sie nicht mehr da. Gottes Gnade aber bleibt von Ewigkeit zu Ewigkeit bei denen, die ihn kennen! Mit diesem Psalmvers (Ps 103,15) begrüße ich Sie und Euch zu dieser Andacht, in der wir Abschied nehmen von Hermann Rieger, der im Alter von 72 Jahren verstorben ist.

Wie vergänglich menschliches Tun, menschlicher Ruhm ist, im Fußball wird das schnell deutlich, aber auch im Alltag unseres Lebens. Ausgewechselt, ausgemustert, abgestiegen, wer kennt dich dann schon noch? Der Psalmist sagt: Gott kennt dich immer, seine Gnade ist verlässlich und treu, darauf kannst du dich verlassen im Leben und im Sterben.

Auf diesen Gott vertrauen wir, wenn wir Andacht halten im Namen des Vaters und des Sohnes und des Heiligen Geistes. Amen

Ansprache

Liebe Familie Rieger, liebe Trauergemeinde,
»Hamburg – meine Perle, du wunderschöne Stadt«, so haben wir gerade gehört und die Liebe zu dieser Stadt und damit auch zu diesem Verein ausgedrückt. Das tut gut, zu merken, dass man nicht allein ist, dass es viele Menschen gibt, die diese Stadt lieben und auch diesen Verein. Das schweißt zusammen und das braucht nicht nur der Verein, das braucht auch jeder von uns.

Hermann Rieger hatte sein Herz an diese Stadt und diesen Verein verloren. Als er vor vielen Jahren durch Manni Kaltz aus München nach Hamburg gelockt wurde, da dachte er selbst und da dachten auch andere daran, das sei wohl ein vorübergehendes Gastspiel. In Hamburg fährt man kein Ski, da sind keine Berge wie in Mittenwald – die Geburtsstadt ist weit weg. Da bleibt er nicht lange, der Hermann, so dachten viele. Immerhin war Hermann Rieger in Mittenwald aufgewachsen, hatte dort seine Wurzeln, gehörte in das Dorf hinein, zur Bergwacht, zum DSV als Skitrainer, war da sogar als Junge Messdiener gewesen und dem späteren Papst Ratzinger begegnet, Ehrenbürger von Mittenwald! Bei 1860 München ist er gewesen *und* bei den Bayern!

Also ein bayrisches Urgestein – und dann in den Norden? Daraus wurden dann schon allein beim HSV 26 Jahre, und mindestens da konnte der HSV den Bayern mal einen richtig Guten wegschnappen, sonst ist es ja eher umgekehrt in der Liga! Einen richtig Guten – ja, für den Verein und die Spieler wohl den Besten, den es in dieser Aufgabe geben konnte. Also müsste Lotto später eigentlich weiterdichten, denn jetzt geht es um Hermann, eine Perle. Denn wenn man in Hamburg an eine Perle denkt, dann ist das auch eine Frau, die in einem Haushalt arbeitet, jemand, die sich um alles kümmert, die weiß, was nötig ist, die vorausschauend denkt und fühlt und sich einsetzt. Und dabei nicht auf die Zeit guckt. So ein Mensch war Hermann Rieger.

Auch wenn er oft »*Hermann the German*« genannt wurde, er hatte viele andere Eigenschaften als die sonst oft als typisch Deutsch benannten Eigenschaften. Er war feinfühlig und sensibel, und er hatte nicht nur feinfühlige Hände, sondern auch ein feinfühliges Wesen. Enge Freundschaften sind daraus entstanden, die bis heute halten, einige von den Freunden sind heute hier, und Hermann war auch ein guter Masseur, wenn es Muskelfaserrisse in der Seele gab. So haben Sie als Schwester auch berichtet, werden sie als Familie Hermann auch erlebt haben. Er dachte positiv und steckte manche damit an, er schätzte die Verlässlichkeit und hat zugleich auch von der Treue anderer Menschen gelebt. Der ausgestreckte Daumen, das war das Symbol seines Optimismus, seiner Lebensfreude und einer besonderen Lebenskraft: Daumen hoch! Hermanns treue Riege, die Freunde in Alfstedt, Familie Hadeler und andere in der Umgebung, die sich um ihn kümmerten, nachdem eigene Krankheit und der Tod von seiner Frau Petra sein Leben getroffen hatten, das alles war ein greifbarer Segen für ihn.

»Ich bin Gott von Herzen dankbar«, so sagte er genau heute vor zwei Jahren, als er dem Bischof unserer Landeskirche begegnete und ergreifend von seinem Leben erzählte. »Ich bin so vielen tollen Menschen begegnet und habe auch helfen dürfen, ich habe so viele Freunde in ganz Deutschland und darüber hinaus, Gott hat mich reich beschenkt.« Dass Hermann das zu schätzen wusste, das macht ihn für mich zu einer Perle, zu einer Perle unter all den Glitzersteinchen im Sport, in der High Society und im Showbusiness. Viele glauben ja, sie hätten sich dieses alles selbst erarbeitet, hätten das verdient – aber Hermann wusste, dass es ein Geschenk ist. Dem Bischof, der die Leidenschaft zum HSV auch teilt, machte er vor zwei Jahren das Kompliment. Der sei dicht dran an den

Menschen, mit dem könnte man ja ganz normal sprechen: »Solche Bischöfe bräuchten wir noch ein paar mehr«, so sagte er damals. Und heute sage ich: Solche Menschen wie Hermann Rieger brauchen wir mehr, mehr Perlen, mehr schillernde Persönlichkeiten, geformt und gereift durch das Leben in all seinen Farben und mit dem Wissen, Geschöpfe Gottes zu sein.

Hermann wusste aus eigener Erfahrung, dass das Leben kein Spiel ist, das es nicht immer 90 Jahre dauert. Seine Krankheit und der Verlust von Menschen hatten ihn das gelehrt. Und Hermann wusste auch vom Foulspiel und falscher Lebenstaktik, ja, er wusste auch vom Abstieg im Leben und vom Scheitern, das hatte er bei Spielern, bei Trainern und anderen erlebt. Aber er wusste auch, dass Gott nicht einfach einen anderen aufs Feld schickt, nicht einfach die Auswechseltafel hochhält. Gott jagt dich nicht vom Feld des Lebens, da war er sich ganz sicher. Für Menschen sind wir oft ersetzbar, werden sogar verkauft, aber für Gott sind wir einzigartig, etwas Besonderes, Einmaliges. Seine Ablösesumme, damit unser Leben gelingt, heißt Jesus Christus. Das ist nicht in Millionen zu zählen und zu rechnen, das ist auch kein Zeitvertrag, das gilt für die Ewigkeit.

Hermann Rieger hat das erkannt und geglaubt, und darum setzte er sich für andere Menschen ein, um zu helfen und zu unterstützen. Er wusste auch, was Krisen des Lebens sind, und hat anderen geholfen, Kindern und kranken Menschen galt sein besonderes Augenmerk. Unser Hospiz hat er gefördert, da träumte er von einem Benefizspiel dafür vom HSV, vielleicht auch von den Bayern, die er aus früheren Zeiten auch kannte. Darum hätten wir ihn gerne bei der Einweihung in wenigen Tagen dabei gehabt, da wäre er auch wieder mit dem Bischof zusammengetroffen.

Nun ist er kurz vorher verstorben, und wir vertrauen ihn der Liebe Gottes an. Und da kommt für mich zum dritten Mal die Perle ins Spiel: 1. Hamburg, meine Perle 2. Hermann, eine Perle. *Das Reich Gottes ist wie ein Kaufmann, der gute Perlen sucht und eine kostbare Perle findet, und dann alles verkauft, um diese Perle zu erwerben* (vgl. Matthäus 13,45f). Jesus sagt: Das Kostbarste, was ein Mensch gewinnen kann, ist die Perle des Glaubens. Denn mit dem Glauben an Gott kommt der Himmel auf die Erde, sagt Jesus! Und wo der Himmel die Erde berührt, da wohnt das Glück. Manchmal sehen wir davon etwas in unserer Welt – dieses Glück, von Gott gehalten zu sein, eine Perle entdeckt zu haben. In Hermann Rieger war dieses Glück zu sehen, das strahlte er aus, so konnte er sich den Menschen zuwenden. »Sieh mich und mein Leben an«, sagt der Kaufmann. »Mein Leben vorher und nachher. Vorher: mit vielen Perlen, mit vielen Gütern, gehetzt und getrieben. Und nachher? Heute: Ich vertraue auf Gott.«

Und dieser Kaufmann stellt die Frage: »Wie lebst du? Träumst du noch, von immer noch mehr haben wollen, oder lebst du schon? Was willst du unbedingt festhalten und was kannst du auch loslassen, damit du die Perle des Glaubens anfassen kannst?«

Wenn wir Menschen nach Gottes Reich suchen, dann ändert sich unser Leben, dann ändert sich die Welt. »Dann fällt ein Tropfen von dem Regen, der aus Wüsten Gärten macht!« Und dann werden wir am Ende nicht vom Spielfeld des Lebens geholt, sondern dann geht es zum Aufwärtsspiel, in Gottes Team, und dort sind wir Gewinner, wenn er der Meister unseres Lebens ist.

Das tröste euch und gebe euch Kraft, für andere zu Perlen zu werden und dabei das Reich Gottes zu entdecken.

Servus, Burschi!

Amen.

Fürbitten

Herr, unser Gott, wir danken dir für das erfüllte Leben von Hermann Rieger. Für seine Gabe, Menschen zu helfen, sie zu heilen und sie zu begleiten. Wir danken dir dafür, dass er Mensch bleiben konnte in einer besonderen Welt, dass er sich anderen zuwandte und so viel Lebensmut ausstrahlte.

Wir danken dir für alle Menschen, die ihn in seinem Leben begleitet haben, seine Familie, sein Sohn, seine Freunde und seine Fans. Dadurch hast du ihm Kraft gegeben und sein Leben bereichert. Wir denken an alle, die um ihn trauern. Hilf ihnen, dass sie glauben können, dass deine Macht größer ist als der Tod und du uns in deine Herrlichkeit rufst.

Wir bitten dich für alle, die den Glauben an dich und den Glauben an das Leben verloren haben. Wir beten für Kranke und Sterbende, für Trauernde und Menschen ohne Hoffnung. Sei du allen Menschen nahe und zeige dich in ihrem Leben.

Besonders bitten wir dich um den Frieden in der Welt, denn wir haben große Sorgen um die Ukraine und um die Nachbarstaaten. Lass den Willen zum Frieden wachsen und leite die Gedanken der Mächtigen der Welt.

Dein Heiliger Geist möge stärker sein als aller Eigensinn und alles Machtstreben der Menschen, dazu hilf uns, Herr, unser Gott. Amen.

Vaterunser

Segen

Ein Engel – für dich.
Halten und gehalten werden

Ökumenischer Gottesdienst und Trauerfeier mit multireligiöser Beteiligung nach dem Absturz des Germanwings-Fluges 9525 | Kölner Dom am 17. April 2016

Beteiligte:
Kardinal Rainer Maria Woelki
Domdechant Monsignore Robert Kleine
Präses Annette Kurschus
Metropolit Augoustinos Lambardakis

Anlass

Am 24. März 2015 zerschellte der Airbus A320 des Germanwings-Fluges 4U 9525 in den französischen Alpen. Alle 150 Insassen des Flugzeugs kamen dabei ums Leben, darunter der Copilot, der, wie sich bald herausstellte, unter Depressionen litt und den Absturz absichtlich herbeigeführt hatte. Dreieinhalb Wochen später kamen etwa 1.400 Trauernde zum Gedenken an die Toten in den Kölner Dom, darunter 500 Angehörige der Toten: Großeltern, Eltern, Geschwister, Kinder, Freunde. SPIEGEL ONLINE titelte »Ein ganzes Land rückt zusammen«[1] und bezog sich damit auf einen Satz aus der Traueransprache von Annette Kurschus, Präses der Evangelischen Kirche von Westfalen:»Familien, Häuser und Nachbarschaften; Schulen, Dörfer und Städte, ein ganzes Land, ja mehr als nur ein Land, rücken zusammen im Aushalten-Müssen und im Begreifen-Wollen.«

Die Politik war nach dem Unglück auf die Kirchen zugegangen mit der Bitte, einen gemeinsamen ökumenischen Gedenkgottesdienst und Trauerakt – keinen Staatsakt! – zu begehen. An der Vorbereitung waren beteiligt: die Beauftragten der katholischen und evangelischen Kirchen in Landtag und Landesregierung NRW, die kirchlichen Rundfunkbeauftragten, leitende kirchliche Notfallseelsorger, verschiedene Vertreter der leitenden Geistlichen und des Doms sowie Vertreter der Staatskanzlei NRW. Die musikalische Gesamtleitung hatte der Kapellmeister des Kölner Doms.

---

[1] Jörg Diehl, Gottesdienst für Germanwings-Opfer: »Ein ganzes Land rückt zusammen«, SPIEGEL ONLINE vom 17.04.2016, 18:13 Uhr, http://www.spiegel.de/panorama/germanwings-trauerakt-im-koelner-dom-ein-land-rueckt-zusammen-a-1029269.html (abgerufen am 28.08.2016).

Leitplanken

Bei allen Überlegungen der Vorbereitungsgruppe standen die Angehörigen im Vordergrund: Was kann sie trösten – welche Worte, welche Gesten, welche Musik? Wie kann ihre Anonymität bei Fernseh- und Hörfunkübertragungen gewährleistet werden?
Der WDR hatte sich bereit erklärt, den ökumenischen Gottesdienst sowie den anschließenden Trauerakt in Radio und Fernsehen zu übertragen. Hilfreich war bei diesen Überlegungen, dass die Notfallseelsorger Kontakt zu den Angehörigen hielten und bei der Erstellung des Gottesdienstkonzeptes berieten.

Beteiligte

Bedacht werden musste auch: Wie werden die Staatsgäste der Opfer anderer Länder beteiligt? Wie werden neben der christlichen auch andere Religionen mit eingebunden, denn es gab Angehörige bzw. Tote anderer Religionen? Eine muslimische Notfallbegleiterin und ein Mitglied einer jüdischen Gemeinde beteiligten sich daher an den Fürbitten. Predigt und Liturgie hielten als Vertreter der christlichen Konfessionen der Kölner Kardinal Rainer Maria Woelki und die Präses der Evangelischen Kirche von Westfalen, Annette Kurschus, sowie der griechisch-orthodoxe Metropolit von Deutschland, Augoustinos Lambardakis. Thematisch wurden die Predigtteile wie folgt zugeordnet: Die Präses ging in ihrer Predigt auf die Klagesituation ein, der Kardinal auf die österliche Hoffnung angesichts des Todes.
Auch Angehörige und Freunde der Opfer gestalteten den Gottesdienst mit: Das Ensemble des Joseph-König-Gymnasiums Haltern, bestehend aus Lehrern und Eltern, beteiligte sich musikalisch am anschließenden staatlichen Trauerakt. 16 Schüler und zwei Lehrerinnen des Gymnasiums waren unter den Opfern. Sarah, deren Schwester bei dem Flugzeugabsturz getötet worden war, hielt eine Fürbitte.

Orte

Die Angehörigen der Todesopfer saßen während des Gottesdienstes im südlichen Querhaus, ebenso die Vertreter aus der Politik und kirchliche Würdenträger. Im nördlichen Querhaus saßen Vertreter der Fluggesellschaft.
Präses Kurschus, Kardinal Woelki und Metropolit Augoustinos saßen rechts hinter dem Altar unter der Kathedra (Kanzel). Die übrigen Mitwirkenden hatten Plätze im Chorgestühl.
Die Präses und der Kardinal sprachen als Liturgen in der Regel von einem Mikrofon vor dem Altar; nur ihre Predigten hielten sie am Ambo. Der Metropolit, der Domdechant und die Lektoren traten für ihre Sprechakte jeweils ebenfalls an den Ambo.

Symbole: Kerzen und Engel

Christliche Symbole unterstützten die Botschaft: Während des Gottesdienstes brannten auf den Altarstufen 150 Kerzen, für jeden toten Menschen eine – als ein Hoffnungslicht für die Angehörigen, dass mit dem Tod nicht alles zu Ende ist. Eine Kerze brannte auch für den Piloten, der die Maschine absichtlich zum Absturz gebracht hatte.

Als tröstendes Symbol zum Mitnehmen wurde auf jeden Platz im Dom ein Festhalteengel aus Holz gelegt – hergestellt in der Werkstatt für behinderte Menschen in Pskow (Russland) nach einem Entwurf von Jochen Leyendecker.[2] Das Motiv fand Eingang in das Motto des Gottesdienstes: »Ein Engel – für dich. Halten und gehalten werden«. Damit wurde die Situation der Hinterbliebenen und Trauernden aufgenommen und versucht, sie in ihrer Trauer ein wenig aufzufangen. Notfallseelsorgerinnen und -seelsorger überreichten die Engel während des Gottesdienstes an die ausländischen Staatsgäste. Vertreter der Polizei, Einsatz- und Rettungskräfte sowie die Mitarbeitenden der Fluggesellschaften bekamen ebenfalls Engel überreicht.

Ökumenischer Gottesdienst und Trauerakt – Wirkung
Nach dem Segen, der den gottesdienstlichen Teil der Gedenkfeier beschloss, gab es einen staatlichen Trauerakt, der mit einer geistlichen Musik am Ende beendet wurde. So blieb die gesamte Veranstaltung medial in Verantwortung der kirchlichen Rundfunkbeauftragten, die den Gottesdienst in Fernsehen (ARD) und Radio (WDR 3, WDR 5, DLF – hier unter Beteiligung eines Fachredakteurs der Religionsredaktion des WDR) zurückhaltend kommentierten. Andere Sender konnten Ton- und Bild auf Antrag übernehmen. Rund eine Million Zuschauerinnen und Zuschauer allein in der ARD verfolgten Gottesdienst und Trauerakt und bekundeten so ihre Anteilnahme an dem Unglück (Quote: 12,1 % Marktanteil). Auf dem Bahnhofsvorplatz des Kölner Doms versammelten sich hunderte Menschen vor einer Leinwand, auf die das Fernsehbild übertragen wurde.

Fazit
Aus dem Bereich der Medien selbst kam die Rückmeldung: Wie gut, dass es die Kirchen gibt, die für solche Trauerfeiern den angemessenen Rahmen und die Inhalte haben. Die Erfahrung hat gezeigt, dass eine gestaltete Liturgie durch Worte, Gesten und nicht zuletzt durch die Musik die Gottesdienstteilnehmer ein Stück mittragen und auffangen kann, wo sonst weitgehend Sprachlosigkeit herrscht. Auch der Kirchenraum selbst predigt hier mit. Entsprechend engagiert setzten Regisseur und Kameraleute die spirituelle und geistliche Atmosphäre im Dom in Bilder um.

Gottesdienst im Ablauf

Trauergeläut

Einzug

Die Mitwirkenden ziehen von der Sakristei am nördlichen Querhaus vorbei mittig vor die Altarinsel. Domdechant, Metropolit, Präses und Kardinal verharren vor der untersten Stufe der Altarinsel eine Minute lang in Stille.

---

[2] Vgl. http://www.ekir.de/www/service/engel-18778.php (abgerufen am 22.06.2018).

Danach gehen zunächst Domdechant und Metropolit die Stufen zum Altar hinauf und verneigen sich, dann geht der Domdechant für die anschließende Begrüßung an den Ambo, der Metropolit auf seinen Platz. Anschließend treten auch Präses und Kardinal vor den Altar, verneigen sich und gehen zu ihren Plätzen neben dem Metropoliten. Derweil singt der Chor.

Musik zum Eingang Gabriel Fauré Requiem, Introitus; *Kyrie | Orgel/Chor/Orchester*

Requiem aeternam dona eis, Domine, et lux perpetua luceat eis.
Te decet hymnus, Deus, in Sion, et tibi reddetur votum in Jerusalem.
Exaudi orationem meam, ad te omnis caro veniet.
Kyrie eleison. Christe eleison. Kyrie eleison.[3]

Begrüßung | *Robert Kleine*

Wir sind heute hier im Kölner Dom zusammengekommen im Gedenken an die Opfer des Flugzeugabsturzes in den französischen Alpen.
Jeder Tod hinterlässt tiefe Spuren. Aber für uns alle ist es eine schreckliche Erfahrung, wenn in einem so kurzen Augenblick auf solch tragische Weise so viele Menschen von uns genommen werden – Menschen, denen die Angehörigen und Freunde, Kollegen und Schulkameraden in Liebe und Freundschaft verbunden waren.
Wir wollen in dieser Stunde einander beistehen und versuchen, Halt und Trost zu finden und zu geben. Das soll uns an diesem Ort verbinden – über Länder, Sprachen, Religionen und Konfessionen hinweg.
Mein erster Gruß gilt Ihnen, den Angehörigen der Passagiere und der Crewmitglieder.
Ich begrüße die Repräsentanten der Bundesrepublik Deutschland: den Herrn Bundespräsidenten, die Frau Bundeskanzlerin, den Herrn Bundesratspräsident und den Präsidenten des Bundesverfassungsgerichtes. Ein weiterer Gruß gilt der Ministerpräsidentin des Landes Nordrhein-Westfalen, ihren Amtskollegen aus den anderen Bundesländern sowie allen weiteren Personen des öffentlichen Lebens. Ebenso begrüße ich die Mitglieder der Regierungen Frankreichs und Spaniens sowie die Damen und Herren des diplomatischen und konsularischen Korps. Ich begrüße die Repräsentanten der Kirchen, Religions- und Glaubensgemeinschaften. Schließlich begrüße ich die Helferinnen und Helfer aus der Region, die Vertreter der Hilfsdienste und die Notfallseelsorger. Ihnen allen gilt unser Dank und Respekt für ihren Einsatz nach dem Absturz.

---

[3] Übersetzung: Ewige Ruhe gib ihnen, Herr. Und dein ewiges Licht leuchte ihnen. Dir gebührt Lob, Gott in Zion, und dir wird Ehre dargebracht in Jerusalem. Erhöre mein Gebet, alles Fleisch kommt zu dir.

Liturgische Eröffnung | *Rainer Maria Woelki*

Liturg
Im Namen des Vaters und des Sohnes und des Heiligen Geistes.

Gemeinde: Amen.

Liturg
Der Friede sei mit euch.

Gemeinde: Und mit deinem Geiste.

Kyrie | *Annette Kurschus, R. M. Woelki*

Lasst uns unser Herz samt den Händen aufheben zu Gott im Himmel und Gott um sein Erbarmen bitten, auf dass er uns in dieser Stunde nahe komme.
Mit Worten aus Psalm 77 beten wir:
Ich rufe zu Gott und schreie um Hilfe,
zu Gott rufe ich, er möge mich hören.

Wo warst du, Gott?
Ihre Angehörigen vermissen sie – die Menschen in dem Flugzeug aus Barcelona.
Die Jungen und Alten – Frauen, Männer, Kinder, Jugendlichen.
Erbarme Dich der Not, der Tränen und der Fragen.

Chor, anschließend alle: Kyrie, Kyrie eleison (GL 154)

In der Zeit meiner Not suche ich den Herrn;
meine Hand ist des Nachts ausgereckt und lässt nicht ab;
denn meine Seele will sich nicht trösten lassen.

Wir wissen, dass wir mitten im Leben vom Tod umfangen sind.
Aber wenn es passiert – dann sind wir fassungslos. Entsetzt.
Zweifeln an deiner Güte, Gott. An deiner Gerechtigkeit.
Erbarme dich unserer Zweifel.

Kyrie, Kyrie eleison. Kyrie, Kyrie eleison.

Ich denke an Gott – und bin betrübt;
ich sinne nach – und mein Herz ist in Ängsten.
Meine Augen hältst du, dass sie wachen müssen;
ich bin so voll Unruhe, dass ich nicht reden kann.

So kommen wir zu dir, Gott.
Wohin sonst sollten wir gehen?
Mit Trauer im Herzen, auch mit Zorn und mit Erschrecken.
Erbarme dich unserer Unruhe und unseres Zorns.

Chor, anschließend alle
Kyrie, Kyrie eleison. Kyrie, Kyrie eleison.

Hat Gott vergessen, gnädig zu sein,
oder sein Erbarmen im Zorn verschlossen?
Ich sprach: Darunter leide ich,
dass die rechte Hand des Höchsten sich so ändern kann.

Gott, du vergisst die vermissten Menschen nicht!
Nimm sie in dein ewiges Licht auf.
Du lässt niemanden unter uns allein.
Erbarme dich unserer Sehnsucht.

Chor, anschließend alle
Kyrie, Kyrie eleison. Kyrie, Kyrie eleison.

Darum denke ich an die Taten des EWIGEN,
ja, ich denke an deine früheren Wunder
und sinne über alle deine Werke und denke deinen Taten nach.

Gott, sei bei uns.
In unserem Zorn.
In unserem Zweifeln.
In unserer Sorge.
In unserer Trauer.

Chor, anschließend alle
Kyrie, Kyrie eleison. Kyrie, Kyrie eleison.

Tagesgebet | *Augoustinos Lambardakis*

Lasst uns beten.
Gott, hier sind wir.
Wir bitten dich um deine Kraft.
Schenk uns die Zuversicht,
dass wir über den Tod hinaus in deiner Hand geborgen sind.
Sei du jetzt hier.
Lass uns nicht allein mit der Unruhe,
den Fragen, dem Zweifel und dem Zorn.
Schenke uns Zuversicht und bestärke uns mit deiner Liebe.
Wir brauchen deinen Halt.
Nimm uns und alle, die von diesem Unglück betroffen sind,
in deine Hand.
Gib Ruhe und Heilung.
Darum bitten wir durch Jesus Christus,
deinen Sohn, unseren Herrn und Gott,
der in der Einheit des Heiligen Geistes
mit dir lebt und herrscht in alle Ewigkeit.
Alle: Amen.

Lesung aus Offenbarung 21,1–3.5a

Predigt I | *Annette Kurschus*

Gnade sei mit euch und Friede von Gott, unserm Vater, und unserm Herrn Jesus Christus. Amen.

Unbegreifliches ist geschehen, liebe Angehörige der Passagiere und der Crew des verunglückten Flugzeuges, verehrte Staats- und Ehrengäste, liebe Trauergemeinde im Hohen Dom zu Köln und im Land. Unbegreifliches ist geschehen. Eltern und Kinder, Männer und Frauen, Freunde und Freundinnen, Kollegen und Kolleginnen wurden aus dem Leben gerissen. Menschen wurden abgeschnitten von ihren Lieben und von allem, was noch bis vor dreieinhalb Wochen so selbstverständlich schien.
Unbegreifliches wurde getan. Abgründe klaffen auf, in Seele und Menschenherz. Nie für möglich gehalten, kaum je geahnt und doch wirklich gemacht – auch für, nein gegen so viele, die leben und lieben konnten und wollten und sollten.
Unbegreiflich!
Das Unbegreifliche muss ausgehalten werden. Familien, Häuser und Nachbarschaften; Schulen, Städte und Dörfer, ein ganzes Land, ja mehr als nur ein Land rücken zusammen im Aushalten-Müssen und im Begreifen-Wollen. Menschen reichen einander die Hände. Tun das Wenige, das getan werden kann – und das Viele, das getan werden muss. Geben Nähe und halten Abstand. Leihen Ohren und versuchen Worte. Schenken Zeit und gehen mit. Teilen Kräfte und Ohnmacht. Sie bleiben da, halten mit aus, schweigen, beten und weinen.
Unbegreiflich auch das. Und doch – Gott sei Dank! – wirklich.
Mitten da hinein hören wir – wiederum unbegreiflich, ja beinahe unsagbar –: Einmal und einst komme eine Zeit, in der all dies aufhören wird; in der es zur Ruhe und zum Frieden kommt. Alles rastlose Tun und ohnmächtige Aushalten, alles Fragen und Weinen. Weil Gott selbst alles neu macht. Weil Gott selbst abwischen wird alle Tränen.
Und bis dahin? Was wird bis dahin aus den Tränen?
Aus den vielen Tränen, die schon geweint wurden in Tagen und Nächten, allein und gemeinsam, zu Hause und in der Fremde. Geweint von jenem ersten unwirklichen Moment an, als die Nachricht kam – bis heute. Was wird aus all den Tränen, die noch geweint werden müssen – bis einmal und endlich, vielleicht … ?
Gott, sammle meine Tränen in deinen Krug (Psalm 56,9). So betet ein Mensch in der Bibel Israels. Ein Mensch in großer Not. Er kann nicht warten, bis irgendwann irgendwie irgendeiner vielleicht … Jetzt will er wissen und spüren, dass Gott da ist. Für ihn und für alle und alles, was er verloren hat. Jetzt.
Womöglich hat dieser Mensch in all dem Unbegreiflichen eines längst begriffen; er spürt es in seiner Wut und Todtraurigkeit: Kein Mensch, kein Luftfahrtexperte und Psychologe – auch keine Bischöfin und kein Kardinal – kann eine Brücke schlagen über den Abgrund, der aufgeris-

sen ist zwischen mir und dem Leben, zwischen mir und der Welt und in mir selbst.

Gott selbst muss da sein für mich und für die, die ich verloren habe. Gott selbst muss einstehen für das, was geschehen ist und was er hat geschehen lassen. Gott selbst muss das Unbegreifliche zu seiner Sache machen. Bis hin zur kleinsten Träne, die ich geweint habe, die ich noch weinen muss oder schon gar nicht mehr weinen kann.

Gott, sammle meine Tränen in deinen Krug, bittet dieser Mensch. Mehr nicht. Aber weniger kann er nicht verlangen.

Wir rufen heute mit seinen Worten. Rufen miteinander und füreinander: Ach Gott, in Jesu Namen sammle doch unsere Tränen in deinen Krug. Mach Menschentränen zu Gottestränen. Wenn wir schon fragen und klagen müssen, wo du warst, als aus hellem Morgen finstere Nacht wurde, als es tiefdunkel wurde – erst in einem Herzen und dann in den Herzen so vieler anderer – so müssen wir, Gott, doch dies jetzt erbitten und verlangen: Sammle unsere Tränen in deinen Krug. Mach unser Weinen zu deinem.

So viel wurde geweint in diesen Tagen. Von so vielen. Und dann sind da Tränen, die können von so vielen Männern und Frauen, Eltern, Kindern, Jugendlichen nun nie mehr geweint werden: Freudentränen; Tränen des Glücks und der Rührung; Tränen des Verstehens, Tränen des Wiedersehens.

Muss, wer lebt, auch diese Tränen noch mitweinen? Stellvertretend für alle, die das nicht mehr können? Oder dürfen wir hoffen, dass Gott es tut?

Erbitten dürfen wir es. Ja, wir müssen es erbitten:

Ach Gott, im Namen Jesu, der lachte und litt und weinte und starb, sammle doch nicht nur meine Tränen in deinen Krug. Die, die ich vergoss und noch vergießen werde. Ach Gott, sammle und bewahre das ungelebte Leben, das ungeweinte und das ungelachte Leben derer, die wir verloren haben. Hüte auch ihre Tränen, Gott, und verwandle sie. Wen, wenn nicht dich, könnten wir darum bitten?

Nie sind wir mehr Mensch als dann, wenn wir weinen. Nie ist unsere Menschlichkeit stärker gefragt als da, wo andere weinen. Nie ist die menschliche Würde sichtbarer und verletzlicher.

Wie gut ist es, wenn wir weinen können. Miteinander und füreinander. Und wie würdelos ist es, ein Geschäft mit den Tränen von Menschen zu treiben. Die Tränen der Trauernden gehören niemandem als ihnen selbst.

Und wenn er der Letzte und der Einzige wäre, der dafür einsteht: Gott tut es. Er sammelt und birgt die Tränen. Er ehrt und schützt die Menschen, die sie weinen. Und wenn es nur eins wäre, was Gott von uns Menschen und unserer Gesellschaft erbittet: Dies erbittet und dies verlangt er. Um Gottes und um der Menschen willen: Achtet die Tränen. Ehrt und schützt diejenigen, die sie weinen.

Tränen fließen – und Tränen versiegen. Zurückhalten kann man sie kaum. Herbeizwingen kann man sie gar nicht. Und festhalten auch nicht. Tränen fließen – und Tränen gehen aus. Sie trocknen – und sie werden weggewischt. Zu voreilig manchmal. Und oft, gottlob, auch zärtlich.

Vergänglich sind sie, die Tränen. Und deshalb unendlich kostbar – wie das Leben selbst. Auch bei Gott. Gerade bei Gott.
Ob dann, wenn in Gottes Krug eine jede Träne gesammelt und gezählt und bewahrt ist – ob dann auch Menschen aufhören können und aufhören dürfen, über dem Unbegreiflichen zu weinen? An dieser Hoffnung will ich festhalten. Darum will ich und muss ich Gott bitten. Auch für alle, die es jetzt nicht können:
Sammle du, Gott, unsere Tränen in deinen Krug.
Halte fest, was wir nicht festhalten können – so wie du Jesus, dein Kind, unsern Menschenbruder, gehalten hast. Noch durch Sterben und Tod hindurch. Bewahre wie einen Schatz, was wir hergeben müssen.
Sammle du, Gott, die Tränen und all jene, um die sie geweint wurden. Bewahre sie, wenn ich mich müde getrauert habe und nicht mehr weinen kann. Und sollte ich eines Tages vielleicht sogar wieder lachen können, so halte die Tränen und die Beweinten weiter in Acht. Dann, Gott, werde ich gewiss sein, dass du wirklich alles neu machst und alles veränderst: mich, jede Träne und jeden Menschen. In Jesu Namen. Amen.

Gemeinsames Lied *Ich steh vor dir mit leeren Händen, Herr* (EG 382/GL 422)

Lesung II aus Kolosser 3,1–4 | *Lektorin*

Predigt II | *Rainer Maria Woelki*

Liebe Schwestern, liebe Brüder,
unwiederbringlich ist jeder Moment unseres Lebens. Gerade noch erlebt und geteilt, wird auch diese Trauerfeier heute Mittag bereits lebendige Geschichte sein, Teil des Lebens nach dem Unglück, nach dem schrecklichen Einschnitt, den dieses Ereignis vor allem für Sie, liebe Angehörige und Freunde all derjenigen bedeutet, die am 24. März um ihr Leben gekommen sind.
Jede und jeder von Ihnen, aus so vielen Ländern, in denen Menschen Menschen verloren haben, ist sicher auf ganz unterschiedliche Weise verzweifelt, tief traurig oder gar versteinert vor Schmerz. Bloße Worte sind zu schwach, Sie zu trösten. Aber dass wir alle hier sind, und dass auch so viele Menschen in diesem Moment durch die Medien mit uns zusammen Ihnen unser menschliches Mitleid und Beileid zeigen wollen, das soll Ihnen Trost sein, dass Sie nicht allein sind in diesen Stunden der Einsamkeit.
Mein Gott, mein Gott, warum hast du mich verlassen! Vielleicht werden das einige von Ihnen gedacht haben, wenn Sie überhaupt an Gott glauben. Natürlich gibt es die Erinnerungen an die geliebten Menschen, und es ist gut, diese kostbaren Erinnerungen wachzuhalten. Aber gibt es mehr als diese Erinnerungen? Wir Christen glauben das. Wir glauben an das Ewige Leben. Nicht an ein unendliches Leben, das nach dem Tod einfach so weiter läuft. Nein! Wir glauben an das Ewige Leben, das die Zeit außer Kraft setzt, das über den Tod hinausgeht, aber das wir schon

in diesem Leben erfahren können. Sie alle werden sich an Momente mit Ihren Lieben erinnern, die von einer Intensität und Intimität waren, die unzerstörbar ist. Und wir Christen, wir glauben, dass die Summe dieser Momente in Gottes Hand aufbewahrt ist – für immer. Wir glauben, dass diese 150 Menschen nicht verschwunden und nicht ins Nichts gegangen sind, als sie aus der Welt geschieden sind.

Kann man das glauben? In diesem Jahr habe ich mit ganz besonderer Aufmerksamkeit und besonderer Intensität den Karfreitag begangen. Und als dann beim Vortrag der Leidensgeschichte Jesu dessen Ausruf kam »Mein Gott, mein Gott, warum hast du mich verlassen!«, da habe ich besonders an Sie gedacht, liebe Angehörige und Freunde, denn Ihnen ist ja das Liebste in ihrem Leben genommen worden. »Mein Gott, mein Gott warum hast du mich verlassen«, das ruft nicht irgendwer. Jesus Christus ist es, der das ruft, der Sohn Gottes. Er leidet unschuldig – nicht scheinbar – sondern wirklich. Er hat sich das nicht ausgesucht. Er leidet aus Liebe. Wie Sie.

Ist es wirklich ein Trost für uns Menschen, dass Gott selbst mit unserem Leid mitleidet? Gott ist die Liebe, so sagen wir Christen. Und ist es nicht gerade die Liebe zu unseren Liebsten, die unser Leid so schmerzlich macht, aber die uns auch die Kraft gibt, es zu ertragen? Stark wie der Tod ist die Liebe, heißt es im Alten Testament. Die Liebe ist stärker als der Tod, glauben wir Christen. Die Liebe – sie bleibt. Hier stehe ich nun also, als Mensch, als Christ, als Erzbischof von Köln, und ich habe keine theoretische Antwort auf das schreckliche Unglück vom 24. März 2015. Aber ich kann auf die Antwort zeigen, an die ich selbst glaube, die meine Hoffnung ist: auf den mit-leidenden Gott am Kreuz. Und ich kann zeigen auf die Auferstehung, auf Ostern, auf das ewige Leben. Das verkündeten die Apostel, wie wir gerade hörten, und in diesem Glauben versammeln sich Christen seit mehr als 1.600 Jahren Tag für Tag genau hier an dieser Stelle in Köln, an der jetzt dieser Dom steht, in dem auch wir in dieser Stunde zusammengekommen sind.

Wir befinden uns damit also an einem Ort, an dem Menschen seit Jahrhunderten füreinander und miteinander gebetet haben und das bis heute so weiter tun, getragen von der Hoffnung, dass es ein Leben nach dem Tod gibt – für alle unsere Verstorbenen. Ich möchte Sie deshalb einladen – auch und gerade, wenn Sie nicht beten können oder nicht beten wollen, weil Sie es vielleicht nie gelernt haben, oder weil es Ihnen durch den Verlust des geliebten Menschen im Moment nicht möglich zu sein scheint – ich möchte Sie einladen hier und jetzt, sich tragen zu lassen von all denen, die für Sie und mit Ihnen für Ihre Lieben beten.

Das Band des Miteinanders – wie es unser Bundespräsident so einfühlsam bezeichnete – dieses Band des Miteinanders, das in den Tagen nach dem Unglück in Gottesdiensten und Trauerbekundungen und durch die Solidarität so vieler Menschen über Grenzen hinweg entstanden ist, ist ein Band, das ins Leben zurückführen will. Denn der Mensch lebt nicht vom Brot allein ... Menschlichkeit und Annahme genau dort, wo die Trauer Menschen versteinern lassen will, – Menschlichkeit und Annahme sind das, was wir Menschen einander schenken können: durch Zärtlichkeit und Zuwendung, durch Zuhören und Zutrauen.

Ein Engel – für dich. Halten und gehalten werden | 123

Persönlich bin ich davon zutiefst überzeugt: Wenn wir einmal selbst unsere Augen schließen werden, dann werden wir auf ewig mit unseren Lieben gemeinsam sehen, dass Gott alle Tränen abgewischt hat, und dass die eigene, einzigartige Welt jedes einzelnen Menschen, sein erster Kuss und ihr erster Schnee, seine Hoffnungen und seine Narben, niemals dem Vergessen preisgegeben, sondern von Gott auf ewig aufgehoben, gehütet und beschützt sind. Denn: Er bewahrt das Andenken – an unsere Angehörigen und dereinst auch an uns selbst. Ganz sicher.
Amen.

Musik Gabriel Fauré, Requiem: *Pie Jesu Domine* | *Solistin/Orchester/Orgel*

(Die Solistin von der Deutschen Oper am Rhein hatte bei dem Absturz zwei Kollegen verloren.)

Übergabe der Handengel

Zwei Notfallseelsorger treten aus dem Chorgestühl an den Ambo, Präses Kurschus und Kardinal Woelki an ein Mikrofon vor dem Altar. Zwei weitere Notfallseelsorger übergeben die Handengel an die jeweils angesprochenen Personen.

Notfallseelsorger
Einen kleinen Engel haben Sie auf Ihrem Platz gefunden. Er ist aus Holz und liegt leicht in der Hand. Er soll stärken, ermutigen, Halt geben. Er lädt ein, inmitten von allem, was zur Sorge, zur Klage und Trauer Anlass gibt, nach Quellen der Kraft und Bestärkung zu suchen. Menschen brauchen Engel, die ihnen den Weg zeigen und ihnen zur Seite sind.

Notfallseelsorgerin
Engel müssen nicht Wesen mit Flügeln sein. Auch Menschen können einander zum Engel werden. Diese kleine Holzfigur soll Sie einladen, nach den Engeln rings um uns her zu suchen und sie wahrzunehmen. Von vermissenden und trauernden Menschen habe ich als Notfallseelsorgerin viele Geschichten gehört. Manche handeln von Engeln, die ihnen neue Dimensionen zeigen. Einige sagen, dass die positive Kraft eines geliebten Menschen sie seither wie ein Engel begleitet. Andere sagen, dass sie in schweren Zeiten Menschen getroffen haben, die ihnen zum Engel wurden.

Notfallseelsorger
Uns hier im Dom verbindet das Unglück in den französischen Alpen. Hier sind die Angehörigen, die seit dem 24. März ihre Lieben vermissen. Es sind aber auch viele hier, die sie seither begleiten und sich für sie einsetzen. Es sind viele Helfer hier: Betreuungskräfte, Einsatzkräfte aus der Polizei und den Rettungsdiensten, diejenigen, die am Flughafen gearbeitet haben.

Notfallseelsorgerin
Dieser Engel soll uns alle, die wir heute hier im Dom versammelt sind, ermutigen, nach Quellen der Bestärkung und der Zuversicht für uns ganz persönlich zu suchen. Nach Menschen, die uns guttun, nach Dingen, die uns kostbar sind, und nach Orten, die uns Kraft und Zuversicht schenken.

Notfallseelsorger
Viele, die von diesem Unglück betroffen sind, können heute nicht hier sein. Halten und gehalten werden, das knüpft ein Band zu denen, die an anderen Orten mit uns verbunden sind.

Notfallseelsorgerin
Daher möchten wir dieses Symbol weiterreichen. Weiterreichen an Angehörige, die heute nicht hier sein können. Weiterreichen an Vertreter der Helfer und Einsatzkräfte, die da waren, um Halt zu geben. Weiterreichen an Menschen, die an anderen Orten Halt brauchen.

Rainer Maria Woelki
Liebe Sarah, Ihnen als einer betroffenen Angehörigen geben wir diesen Engel stellvertretend für alle Angehörigen der Opfer des Flugzeugunglücks aus Deutschland. Er soll Ihnen und allen anderen Angehörigen ein Zeichen des Trostes und der Zuneigung sein.
Herr Minister Fernández Díaz, wir geben Ihnen als dem spanischen Innenminister diesen Engel stellvertretend für die Angehörigen der in Spanien verunglückten Passagiere als Zeichen unserer Verbundenheit mit ihnen.

Annette Kurschus
Herr Bundespräsident Gauck, nehmen Sie diesen Engel stellvertretend für alle Angehörigen der Verunglückten aus all den anderen verschiedenen Staaten, als Zeichen unserer Anteilnahme und unseres Mitgefühls.
Herr Minister Vidalies, nehmen Sie als der für Verkehr zuständige französische Staatsminister diesen Engel stellvertretend für die vielen Menschen, die den betroffenen Angehörigen in den französischen Alpen zur Seite gestanden und geholfen haben, als Zeichen der Dankbarkeit.

Rainer Maria Woelki
Frau Ministerpräsidentin Kraft, Ihnen geben wir diesen Engel stellvertretend für alle Einsatzkräfte, die bei der Bergung und Identifizierung geholfen oder seelisch betreut und begleitet haben, als Zeichen der Zuversicht und Hoffnung.
Ihnen Herr Winkelmann geben wir diesen Engel stellvertretend für die Mitarbeiterinnen und Mitarbeiter aller Fluggesellschaften, als Zeichen der Ermutigung und Bestärkung.
Halten und Gehaltenwerden in dieser Stunde, vor Gott, der da ist, und dessen Kraft und Stärke wir brauchen.

Orgelmusik Wolfgang Amadeus Mozart, *Adagio g-Moll* (KV 516)

Fürbitten mit muslimischer und jüdischer Beteiligung

Rainer Maria Woelki
Du Gott bei den Menschen, du kennst unsere Not und Verzweiflung. Wohin sollen wir gehen, wenn nicht zu dir? An wem sollen wir uns festhalten, wenn nicht an dir? Dir tragen wir unsere Bitten vor:

Lektorin 1
Wir bitten für alle Opfer des Flugzeugunglücks. Bewahre Sie in deiner Hand und in deiner Liebe. Vollende ihr Leben in deinem Reich, wo es keine Trauer und keinen Schmerz mehr gibt.

Chor/Alle: *Du sei bei uns in unsrer Mitte, höre du uns, Gott* (GL 182,2)

Lektorin 2
(Die Lektorin war die Schwester einer Schülerin, die bei dem Flugzeugabsturz ums Leben gekommen war. Sie wurde von einer Notfallseelsorgerin begleitet.)
Ich bitte für alle Angehörigen und Freunde der Passagiere und der Crew, die ihre Lieben schmerzhaft vermissen und in Ungewissheit sind über die kommenden Schritte. Herr, ich bitte dich: Trockne unsere Tränen, stärke die schönen Erinnerungen und schenke uns allen neuen Lebensmut. Gib allen Angehörigen aus Deutschland, Spanien und den anderen Nationen treue Begleiter auf ihrem weiteren Weg, die sie verstehen und ihnen ein Halt sind. Lass die Liebe inmitten der Trauer stärker sein als die Verzweiflung. Lieber Gott, gib unseren verunglückten Verwandten und Freunden ein neues Zuhause und pass immer auf sie auf.

Alle: *Du sei bei uns in unsrer Mitte, höre du uns, Gott.*

Lektorin 1
Wir bitten für alle Mitarbeiterinnen und Mitarbeiter bei den Fluggesellschaften, auf denen Verantwortung ruht für das Wohl ihrer Fluggäste. Schenke ihnen Kraft für ihre Arbeit.

Alle: *Du sei bei uns in unsrer Mitte, höre du uns, Gott.*

Lektorin 3
(Die Lektorin war eine muslimische Notfallbegleiterin, die sich um die in Deutschland lebenden Angehörigen eines Opfers aus Marokko gekümmert hat.)
Wir bitten für alle Helferinnen und Helfer beim Einsatz vor Ort in Frankreich und bei den Angehörigen zuhause. Schenke ihnen in ihrem Dienst das rechte Wort und selber Halt, um anderen Menschen ein Halt zu sein.

Alle: *Du sei bei uns in unsrer Mitte, höre du uns, Gott.*

Lektorin 1
Wir bitten für all diejenigen, die sich Vorwürfe machen, versagt zu haben, etwas falsch gemacht oder unterlassen zu haben. Lass die Bereitschaft zur Versöhnung wachsen und schenk Mut zur Vergebung, damit Friede in ihr Leben einkehrt.

Alle: *Du sei bei uns in unsrer Mitte, höre du uns, Gott.*

Lektor 4
(Die Fürbitte trug ein Mitglied einer jüdischen Gemeinde vor, da unter den Opfern des Flugzeugunglücks auch ein israelischer Staatsbürger jüdischen Glaubens war.)
Wir bitten für uns alle, die wir verunsichert sind, wenn ein Unfall, eine Katastrophe und Leid in unserem Leben geschehen. Unsere Vorstellung von Leben zerbricht. Lass uns nicht vom Zweifel am Sinn unseres Lebens zerrieben werden. Sondern schenke uns Hoffnung und Zuversicht, wenn wir unsere Welt und unser Leben gestalten.

Alle: *Du sei bei uns in unsrer Mitte, höre du uns, Gott.*

R. M. Woelki
Guter Gott, komm Du uns zu Hilfe bei unserem Bemühen, in dieser Welt so zu leben, dass uns das Leid und die Trauer nicht gefangen halten, sondern wir füreinander Zeichen der Hoffnung werden. Um all dies und auch um das viele Unausgesprochene bitten wir dich, du Gott bei den Menschen.

Alle: *Amen.*

Vaterunser | *Annette Kurschus*

Schlussgebet | *Rainer Maria Woelki*

Lasset uns beten.
Du unser Gott: Wir haben dein Wort gehört und vor dir unsere Klagen und Bitten ausgebreitet. Bleibe du an unserer Seite, damit diese Stunde des Haltens und Gehaltenwerdens uns weiterträgt, unserer Vollendung entgegen mit all unseren Verstorbenen. Darum bitten wir dich, du gegenwärtiger und barmherziger Gott, durch Christus unseren Herrn.

Alle: Amen.

Gemeinsames Lied *Bewahre uns Gott, behüte uns Gott* (EG 171/ GL 453)

Segen

Annette Kurschus
Der Herr segne euch und behüte euch.
Der Herr lasse sein Angesicht leuchten über euch und sei euch gnädig.
Der Herr erhebe sein Angesicht auf euch und gebe euch Frieden.

Rainer Maria Woelki
Das gewähre euch der dreieinige und liebende Gott:
der Vater + und der Sohn und der Heilige Geist.
Alle: Amen.

Auszug

Musik zum Ausgang J. S. Bach; *Johannes-Passion* (BWV 245), Schlusschoral | *Ach Herr, lass dein lieb Engelein* | *Chor a capella*

Auf den Gottesdienst folgte der staatliche Trauerakt, der ebenfalls im Dom stattfand. Es sprachen die Ministerpräsidentin des Landes Nordrhein-Westfalen, Hannelore Kraft, Bundespräsident Joachim Gauck, der spanische Innenminister Jorge Fernández Diaz und der französische Staatsminister für Verkehr Alain Vidalies, begleitet durch musikalische Darbietungen. Der Trauerakt schloss mit dem Trauergeläut und einer Orgelimprovisation.

Verantwortlich: Landespfarrerin Petra Schulze
Evangelische Rundfunkbeauftragte beim Westdeutschen Rundfunk
Kaiserswerther Str. 450, 40474 Düsseldorf

Verbunden in der Trauer

Ökumenischer Gottesdienst mit muslimischer Beteiligung nach dem Attentat von Nizza | Berliner Dom am 18. Juli 2016

Am Abend des 14. Juli 2016, während eines Festes zum französischen Nationalfeiertag, fuhr Mohamed Lahouaiej Bouhlel auf der Strandpromenade von Nizza mit einem Lkw durch die Menschenmenge. Mindestens 86 Personen wurden getötet und mehr als 400 zum Teil schwer verletzt. Unter den Toten waren auch zwei Schülerinnen und eine Lehrerin des Berliner Paula-Fürst-Gymnasiums. Vier Tage später fand im Berliner Dom ein ökumenischer Gedenkgottesdienst statt. Da der Tod der drei Berliner Opfer bis zu diesem Zeitpunkt noch nicht amtlich bestätigt worden war, konnten sie in der Trauerfeier und in der Predigt nicht namentlich genannt werden; die entsprechenden Passagen sind daher eingeklammert.

Mitwirkende

Propst Dr. Christian Stäblein, EKBO
Weihbischof Matthias Heinrich, Erzbistum Berlin
Domprediger Michael Kösling
Imam Kadir Sanci, Universität Potsdam
Schülerinnen und Schüler
Domorganist Andreas Sieling, Orgel
Christiane Elbe, Sopran

Ablauf

Orgelvorspiel Louis Vierne (1877–1937) *Symphonie Nr. 3 fis-Moll op. 28, Adagio* | *Andreas Sieling*

Begrüßung | *Michael Kösling*

Im Namen Gottes, Ursprung und Ziel unseres Lebens.
Im Namen Jesu Christi, Grund unserer Hoffnung.
Im Namen des Heiligen Geistes, Spender von Trost und Kraft.

Wir sind hier, weil der Tod ins Leben eingebrochen ist. Und er hat es gemacht wie so oft in letzter Zeit: plötzlich, grausam und erbarmungslos. Wir sind hier. Fassungslos. Tieftraurig. Mit einem Rest Hoffnung im Herzen und einer schrecklichen Gewissheit im Nacken, die uns ergriffen hat und nicht von uns lässt. [Fassungslos über den Tod von: N.N., N.N., N.N.] Schülerinnen und Schüler mit euren Lehrern und Lehrerinnen. Angehörige. Unser Regierender Bürgermeister mit dem französischen Botschafter. Senatoren und Abgeordnete. Bürgerinnen und Bürger unserer Stadt. Wir sind hier. Wir beklagen die Toten von Nizza. Unsere aufgeschreckten Seelen. Müde sind wir und wütend. Ratlos und verzweifelt. Es fühlt sich alles falsch an. Es ist alles falsch.
Trotzdem. Wir sind hier. Dass sich in allem Durcheinander, in aller Unklarheit Gott einfindet, sich finden lässt und uns beschenkt mit seiner Nähe. Eine zarte Sehnsucht. Wir sind hier.
Lasst uns Gott in unsere Mitte herabsingen.

Gemeinsames Lied *Da wohnt ein Sehnen tief in uns* (freiTöne 25)

Psalm 69

Auszüge nach der Übersetzung von Kurt Marti, im Wechsel der Stimmen

Rette mich, Gott, denn schon kommt
mir das Wasser bis an die Kehle.
    Versunken bin ich in tiefem Schlamm
    und finde keinen Halt.
In Tiefen des Wassers bin ich gekommen,
der Schwall spült über mich her.
    Ich habe mich müde geschrien,
    meine Kehle brennt.
Meine Augen verzehren sich im Harren auf Gott.
    Ich aber bete zu dir, Herr,
    zur Stunde, da es dir wohlgefällt, Gott!
In deiner großen Huld erhöre mich
mit der Treue deiner Hilfe.
    Reiße mich aus dem Schlamm,
    damit ich nicht versinke.
Zieh mich empor aus der Tiefe des Wassers!
    Nicht spüle der Wasserschwall mich hinweg,
    nicht verschlinge mich die Tiefe,
nicht schließe der Brunnen über mir seinen Mund.
    Erhöre mich, Herr, nach der Güte deiner Huld.
    Wende dich zu mir nach deinem großen Erbarmen.

Orgelimprovisation | *Andreas Sieling*

Klagegebet | *Matthias Heinrich, Christian Stäblein*

Wir bringen unsere Klage vor dich, Gott, über die ungelebten Jahre und die unerfüllten Möglichkeiten. Über die Beziehungen und die Liebe, die nicht mehr gelebt werden kann. Besonders fühlen wir mit den Familien, Freunden und Angehörigen. Wir klagen dir das Leid derer, die nicht mehr ein noch aus wissen und keinen Sinn finden in dem, was geschehen ist.
Wir bitten dich: Erbarme dich ihrer!

Gemeinde: Herr, erbarme dich.

Wir bringen unsere Klage vor dich, Gott, über die Welt, die immer mehr aus den Fugen zu geraten scheint, über die Unsicherheit und Angst, die sich ausbreitet. Wir klagen dir unseren Schmerz und nennen vor dir unsere Angst. Wir bitten dich: Erbarme dich unser!

Gemeinde: Herr, erbarme dich.

Gott, zu dir rufen wir an diesem Tag:
Hilf uns beten und unsere Gedanken sammeln zu dir; wir können es nicht allein.

Gemeinde: Herr, erbarme dich.

In mir ist es finster, aber bei dir ist das Licht; ich bin einsam, aber du verlässt mich nicht; ich verstehe deine Wege nicht, aber du weißt den Weg für mich.
Amen.

Chormusik Josef Gabriel Rheinberger (1839–1901), *Kyrie aus: Missa puerorum, op. 62*

Lesung Offenbarung 21,1–5a+6b–7

Gemeinsames Lied *Fürchte dich nicht* (EG 595)

Ansprache | *Christian Stäblein*

Der Friede Gottes sei mit euch!
Siehe, in meine Hände habe ich dich gezeichnet, so heißt es beim Propheten Jesaja in der Bibel (Jesaja 49,16). So spricht Gott dort: *Siehe, in die Hände habe ich dich gezeichnet.*
Liebe Gemeinde, eine Hand, die hält; eine, die beruhigt; eine, die uns spüren lässt, wir sind nicht allein; eine, die uns festhält und in die wir unsere Hand legen können. Gut, wenn die da ist, eine solche Hand, jetzt, wo alles immer noch schwer und kaum zu fassen ist. Da sind die unerträglichen Bilder des Schreckens; da ist dieser furchtbare Schrecken selbst, der Ihnen und Euch in Nizza widerfahren ist. Das entsetzliche Töten, das Grund und Halt geraubt hat. Die quälende Angst und Ungewissheit: Was ist mit den Verletzten? Wer wird vermisst? Und da ist die

furchtbare Tatsache: So viele Menschen sind tot, 84. Tote in nächster Nähe. Auch in unserer nächsten Nähe.

»Wie sollen wir das aushalten, Gott?«, fragen wir hier in diesem Raum. Wir möchten schweigen und reden zugleich. Wir möchten allein sein und doch zusammen. Wir möchten Antworten hören und doch niemand hören müssen, der meint, er hätte eine Antwort auf all das. Wir suchen einen Raum für das Unfassliche und schwer Sagbare; wir suchen den Raum auch hier in der Kirche vor Gott. Wir wollen keine frommen Sprüche hören, die darübergegossen werden. Wir suchen einen Gott, der das hält, der uns hält. Und wir fragen uns, wo dieser Gott sein kann.

Siehe, in meine Hände habe ich dich gezeichnet, spricht Gott. So hört es der Prophet Jesaja: Hände, die uns festhalten, die uns spüren lassen, wir sind nicht allein – manchmal haben sie etwas von jenen Händen, von denen Gott spricht. Hand in Hand bleiben können – das soll sein Versprechen sein.

Siehe, in meine Hände habe ich dich gezeichnet. In Gottes Hand und aus Gottes Hand kommt das Leben, sagen wir in diesem Raum. Und doch: Aus der Hand ist es uns jetzt genommen, das Leben. Uns aus der Hand geschlagen, verletzt, getötet. Wo ist das Glück, mit dem Sie, mit dem Ihr vor Tagen auf die Fahrt aufgebrochen wart? Wo ist das Vertrauen des gemeinsamen Lebens? Wo ist die Liebe hin, der geliebte Mensch – wieso ist das alles aus der Hand jetzt genommen? Gott, wir schauen auf deine Worte, auf deine Hände, in die das Leben, so sei es gesagt, geschrieben und gezeichnet ist. Da gehen Linien ins Leere. Da ist die Angst, was fehlen wird an Gemeinschaft, Lachen, Lieben, Planen, Wärme, Lebenslicht, Gesichter, Hände. In Deine Hände, Gott, gezeichnet, geschrieben?

In Gottes Händen – das sehen wir in diesem Raum der Kirche vorne am Kreuz – in Gottes Händen am Kreuz sind die Wunden der Nägel, die in ihn geschlagen wurden. In diesen Wunden, so glaube ich, ist Gottes Mitgehen, Mitfürchten, Mitleiden mit den Verwundeten dieser Tage und Stunden. In seinen Händen eingeschrieben auch das Leid, die Angst, die Fragen. Aus seinen Händen das Versprechen, da zu sein, gerade dann da zu sein. Gerade dann will er da sein. Und uns so in unsere Hände legen, dass wir beieinander bleiben. Mit unseren Sinnen, mit unserem Suchen. Mit unserem Verstand, mit unserer Klugheit. Mit dem Trost, den wir geben können, wollen. Mit dem Dank, der da ist: an die Helfer, an die, die dem Schrecken ein Ende bereitet haben. An die, die uns eine Decke umgelegt haben. An die, die waren und sind: Betreuer, Seelsorger, Psychologen, Helfer, Freunde.

Gott legt uns in die Hände, dass wir beieinander bleiben mit unserer Sehnsucht nach Frieden gerade auch untereinander. Der furchtbare Anschlag macht wütend, er provoziert unsere Hände, zu Fäusten zu werden – umso mehr müssen wir unseren Wunsch nach Frieden festhalten, mit allen Fingern, aller Kraft umschließen. Gemeinsam, mit allen, die das auch wollen, ökumenisch verbunden und verbunden mit Ihnen, verehrter Imam. Behalten wir in Hand und Herz: Gott will das Leben, unser Leben, Gott will, dass wir gemeinsam – friedlich – in Respekt vor dem Glauben der anderen miteinander leben. Dass wir so das Leben schützen, unsere Freiheit, die Freiheit des Glaubens.

Gott ist ein Gott des Friedens. Das darf uns niemand ausreden oder austreiben. Ich bin dankbar, Euch und Ihnen, dass wir gemeinsam dieses Zeichen des Miteinanders setzen. Ich wünsche uns, dass es ein Zeichen ist, das trägt über die Stunde, über den Ort, über die Stadt hinaus – Hand in Hand mit dem französischen Volk.
Siehe, ich habe dich in meine Hände gezeichnet, verspricht Gott beim Propheten Jesaja. Mit dem »*dich*« ist bei Jesaja damals eine ganze Stadt gemeint. Wir denken heute an Nizza. Und an diese Stadt, an Sie und euch. Wir heben unsere Hände zum Himmel, zu Gott. Wir tasten mit unseren Händen nach Händen, die uns halten. In denen wir hoffentlich das spüren, was Gott verspricht. Wir hoffen auf seinen Segen, sein Versprechen, seine Hände, in denen er halten will. Die Toten, die wir bei ihm glauben. Und uns Lebende.
Amen.

Hinführung zum Gedenken

Seit jeher und immer schon vertreibt das Licht die Finsternis; und über denen, die im Dunkel sitzen, soll es hell scheinen. Wir entzünden Kerzen. Wir schauen ins Licht. Wir bitten, dass es aufklart in uns und um uns. Wir bergen uns und die, um die wir uns sorgen im Licht. Das Licht umfängt Lebende und Tote. Gemeinsam legen wir uns Gott ans Herz.

Entzünden von Kerzen

Schülerinnen und Schüler, Lehrerinnen und Lehrer, ein Imam, der französische Botschafter, der regierende Bürgermeister u. a. zünden nacheinander Kerzen an und stellen sie auf ein Bänkchen vor dem Altar.

- Ein Licht für die, die aus unserer Mitte gerissen sind und die wir vermissen: [N.N., N.N.,N.N.]
- Ein Licht für die vielen Toten, die Kinder, Frauen und Männer.
- Ein Licht für die an Leib und Seele Verletzten in den Krankenhäusern, auf den Intensivstationen.
- Ein Licht für die verzweifelten und trauernden Familien.
- Ein Licht für die Freundinnen und Freunde in der Schule, für die Lehrerinnen und Lehrer.
- Ein Licht für die Stadt Nizza und die Menschen in Frankreich.
- Ein Licht für die Länder, die Menschen und Familien, die immer wieder von Anschlägen heimgesucht werden.
- Ein Licht für das, was unbegreiflich bleibt.
- Ein Licht für Gottes unbegreifliche Barmherzigkeit, von der uns gesagt wird: »Sie gilt allen.«
- Ein Licht dafür, dass wir zusammenstehen, trotz allem.
- Ein Licht dafür, dass Gott uns niemals alleine stehen lässt, trotz allem.

Schweigeminute

Nach jedem Entzünden eines Lichtes stehen diejenigen, die es entzündet haben, beisammen. Nach der letzten Kerze fassen sie sich an den Händen und schließen einen Kreis mit der versammelten Gemeinde. Es folgt eine Minute des Schweigens, das Domprediger Kösling auflöst.

Gebet | *Kadir Sanci*

Der Tod und der Schrecken haben nicht Halt gemacht vor dem Glauben der Einzelnen. Wir vermissen Muslima N.N. in unserer Mitte. Wir beklagen muslimische Opfer. In der Trauer sind wir verbunden als Menschen, die sich und ihr Leben Gott verdanken. Und so können wir beten. Ein jeder in seiner Sprache. Ein jeder in den Worten seiner Religion. So stehen wir nebeneinander vor dem Geheimnis Gottes.

Vaterunser

Christian Stäblein
Im Lukasevangelium heißt es: *Gott, auf den wir vertrauen, ist nicht ein Gott der Toten, sondern der Lebenden, denn ihm leben sie alle* (Lukas 20,38).

Matthias Heinrich
In dieser Hoffnung bleiben wir verbunden, auch über die Grenze dessen hinaus, was wir verstehen können. Wir bleiben verbunden und beten miteinander:

Gemeinde
Vater unser im Himmel

Musik John Rutter (* 1945), *The Lord bless you and keep you* | *Andreas Sieling, Christian Elbe*

Segen | *Christian Stäblein, Matthias Heinrich*

Orgelnachspiel J. S. Bach (1685–1750), *Fantasie c-Moll, BWV 537*

In Trauer und Schmerz zusammenstehen

Ökumenischer Gottesdienst mit muslimischer Beteiligung
nach dem des Anschlag auf den Weihnachtsmarkt am Berliner
Breitscheidplatz | Kaiser-Wilhelm-Gedächtniskirche Berlin am
20. Dezember 2016

Am Abend des 19. Dezember 2016 fuhr der Tunesier Anis Amri mit einem Lkw, dessen polnischen Fahrer er zuvor erschossen hatte, in den Weihnachtsmarkt auf dem Breitscheidplatz an der Kaiser-Wilhelm-Gedächtniskirche. Auf diese Weise tötete er elf weitere Menschen und verletzte 55, einige davon lebensgefährlich. Nach dem Anschlag flüchtete Amri zunächst, bevor er zwei Tage später in Mailand von einer Polizeistreife erschossen wurde.

Am Abend nach dem Anschlag wurde in der Kaiser-Wilhelm-Gedächtniskirche ein ökumenischer Gottesdienst gehalten, an dem unter anderem Bundespräsident Joachim Gauck, Bundeskanzlerin Angela Merkel und weitere Kabinettsmitglieder teilnahmen. Neben evangelischen, katholischen und orthodoxen Geistlichen wirkten auch muslimische Vertreter in der Feier mit, insbesondere beim gemeinsamen »Zeichen des Zusammenhalts und der Verbundenheit« mit je persönlichen, kurzen Statements. Der Gottesdienst wurde live im Ersten Programm der ARD und vom Rundfunk Berlin-Brandenburg (rbb) übertragen.

Mitwirkende

Bischof Dr. Markus Dröge, EKBO
Erzbischof Dr. Heiner Koch, Erzbistum Berlin
Generalsuperintendentin Ulrike Trautwein, EKBO
Imam Kadir Sanci
Imam Ferid Heider
Rabbiner Andreas Nachama
Archimandrit Emmanuel Sfiatkos
Präses Irmgard Schwätzer, EKD
Präses Sigrun Neuwerth
Pfarrer Martin Germer
KMD Helmut Hoeft, Orgel
Prof. Dr. Hartmut Rohde, Bratsche
Jocelyn B. Smith, Flügel und Gesang

Orgelmusik | *Helmut Hoeft*

Eröffnung und Begrüßung | *Martin Germer*

> Wir sind zusammengekommen, um vor Gott unser Erschrecken, unsere Trauer, unsere Fragen zu tragen.
> Wir feiern diesen Gottesdienst
> im Namen Gottes, der den Ohnmächtigen Halt gibt;
> im Namen Jesu, der die Elenden aufrichtet;
> im Namen des Heiligen Geistes, der Kraft, die uns zum Frieden Mut macht.
> Wir feiern Gottesdienst im Advent.
> So lasst uns miteinander ein Adventslied singen, das die Not und die Jammerlast dieser Welt vor Gott bringt: »Wie soll ich dich empfangen?«

Gemeinsames Lied *Wie soll ich dich empfangen* (EG 11,1+5+6)

Psalm 69

Musik | *J. S. Bach*

Sarabande (Bratsche) | *Hartmut Rohde*

Gebet | *Ulrike Trautwein*

> Wie soll ich dich empfangen? Wie soll es weitergehen, jetzt und hier, wenige Tage vor Weihnachten, direkt am Breitscheidplatz und in der Gedächtniskirche. In Berlin. Und in dieser Welt?
> Gott, wir spüren unsere Ratlosigkeit, Ohnmacht und Trauer. Wir bringen unsere Klage um die Opfer vor dich, Gott, über die ungelebten Jahre und die unerfüllten Möglichkeiten, über die Beziehungen und die Liebe, die nicht mehr gelebt werden kann. Besonders fühlen wir mit den Familien, Freunden und Angehörigen. Wir klagen dir das Leid derer, die nicht mehr ein noch aus wissen und keinen Sinn finden in dem, was geschehen ist. Wir bringen vor dich die Schmerzen der Verletzten. Das Entsetzen derer, die dabei waren. Wir bitten dich: Erbarme dich ihrer!
> **Gemeinde:** *Herr, erbarme dich* (EG 178.10)

> *Emmanuel Sfiatkos*
> Gott, wir wollen dir von unserer Angst erzählen: Wir haben Angst um diese Welt. Angst vor den vielen Bedrohungen des Lebens, weil es keine Sicherheit zu geben scheint. Gott, wir spüren unsere Ohnmacht und Trauer. Wir bringen unsere Klage vor dich, Gott, über die Welt, die immer mehr aus den Fugen zu geraten scheint, über die Gewalt, die sich hemmungslos Bahn bricht, über die Unsicherheit und Angst, die sich ausbreitet. Wir klagen dir unseren Schmerz und nennen vor dir unsere Angst. Und wir bitten dich: Erbarme dich unser!

> **Gemeinde:** *Herr, erbarme dich.*

Heiner Koch
In mir ist Trauer und es ist dunkel, aber bei dir ist das Licht; ich bin einsam, aber du verlässt mich nicht; ich verstehe deine Wege nicht, aber du weißt den Weg für mich. [Kurze Stille] Gott, zu dir rufen wir an diesem Tag: Hilf uns beten und unsere Gedanken sammeln zu dir; wir können es nicht allein.
Amen.

Lesung I aus Jesaja 57,15–19 | *Heiner Koch*

Persönliches Wort an die versammelte Gemeinde | *Heiner Koch*
(frei gesprochen)

Es war Nacht, gestern Nacht hier in Berlin. Die Nacht des Terrors, der Angst, des Sterbens, der Verzweiflung, der Ohnmacht, der Wut. Es war Nacht.
Es ist Nacht: in Aleppo und an so vielen Orten dieser Welt. Nacht der Ohnmacht, des Todes, des Hungers. Nacht, die nicht mehr weiterweiß.
Es war Nacht, damals in Bethlehem, als mitten in der Nacht Gott Mensch wurde. Jesus: ein Mensch der Nacht, eine Nummer, ohne Platz in der Stadt und bald schon auf der Flucht. Ein Gott wird Mensch der Nacht.
Aber weil Gott mitten in der Nacht war und all denen in der Nacht sagte: »Ich lasse euch nie allein, im Leben nicht und nicht im Tod!«, deshalb stand über der Nacht ein Stern am Himmel. Ein Stern mit der kleinen Hoffnung, mitten in der bleibenden Nacht, dass die Mitte der Nacht doch wieder der Anfang eines neuen Tages ist. Ein Stern, der den Weg weist, miteinander weiterzugehen, nicht auszugrenzen, nicht abzusetzen. Miteinander gingen sie aus fernen Ländern mit ihren Lebenserfahrungen zum Kind. Wir bleiben in der Nacht auf dem Weg und lassen einander nicht los.
So wurde aus dem Stern ein Stern des Segens, mitten in der Nacht. So wurde Weih-Nacht, mitten in der Nacht. Damals in Bethlehem und hoffentlich, sicher auch in Berlin, damals und heute, mitten in der Nacht.

Gospelmusik | *Jocelyn B. Smith*

Ansprache | *Markus Dröge*

Liebe trauernde Mitbürgerinnen und Mitbürger,
liebe Schwestern und Brüder!
I. Grausam wurden wir gestern Abend aus der vorweihnachtlichen Stimmung gerissen. Während hier in der Kaiser-Wilhelm-Gedächtniskirche der Bachchor seine Stücke für das Weihnachtsfest geprobt hat, haben auf dem Weihnachtsmarkt durch eine Terrortat Menschen das Leben verloren oder sind verletzt, zum Teil schwer verletzt worden.
Wir sind heute hier zusammengekommen, um der Opfer zu gedenken und den Trauernden zu zeigen: »Ihr seid nicht alleine in eurer Trauer! Wir stehen an Eurer Seite in Eurem tiefen Schmerz.« Wir sind hier ver-

sammelt, um den Verletzten ein Zeichen der Hoffnung zu schenken: »Wir beten für euch.« Aber wir können auch unsere Fragen nicht unterdrücken: Was ist genau geschehen? Warum konnte das passieren? Wer steckt hinter der Tat?

In all dem Schrecken des gestrigen Abends bin ich dankbar, dass die Sicherheitskräfte, die Rettungsteams und die Notfallseelsorge so schnell und umsichtig reagiert haben. Sie haben Hilfe geleistet, dafür gesorgt, dass keine Panik ausbricht, haben sich an die Arbeit gemacht, um die Fragen nach dem Was und nach dem Warum zu beantworten. Das ist wichtig. Es wird aber Zeit brauchen, diese Fragen zu beantworten. Und manches wird vielleicht auch offen bleiben.

II. »Wie soll ich dich empfangen und wie begegne ich dir?«, haben wir gesungen. Jetzt in den Tagen vor Weihnachten fragen wir: Wie soll es denn jetzt überhaupt noch Weihnachten werden? In den Familien, die gestern einen lieben Menschen verloren haben? Oder für diejenigen, die den Schrecken des gestrigen Abends nun nicht mehr loswerden? Ich bete für die Familien und Angehörigen. Ich bin in Gedanken bei den Verletzten, den Trauernden und den Hoffnungslosen. Seit gestern Abend gehen sie mir nicht mehr aus dem Herzen. Und ich glaube, so geht es vielen. Wir fragen: Wie soll es nur weitergehen angesichts von Leid und Schmerzen, angesichts einer Welt, die durch Krieg und Zerstörung immer größere Wunden aufweist? Wie können wir unsere Freiheit und Offenheit bewahren, unsere Lebensfreude und Menschenliebe?

Eine vorläufige, verletzliche Antwort ist dieser Ort selbst: die Kaiser-Wilhelm-Gedächtniskirche mit ihrem Turm, mit der offenen Wunde mitten in dieser Stadt. Berlin lebt mit dieser Wunde, die durch Gewalt und Krieg entstanden ist. Diese Kirche ist ein Mahnmal. Sie zeigt uns, was passiert, wenn Menschen ihrem Hass freien Lauf lassen, wenn sie die Wege der Gewalt bis zu Ende gehen. Diese Wunde wurde hier in Berlin nicht zugedeckt, nicht versteckt, sondern sichtbar gemacht. Und das ist jetzt für uns alle wichtig, für uns alle, die wir Trauer, ja auch Wut in unseren Herzen tragen.

Über solche Wunden kann kein Mensch schnell hinweggehen. Deshalb bringen wir sie heute gemeinsam zum Ausdruck und stehen als trauernde Gemeinschaft zusammen und halten zusammen. Wir geben dem Terror nicht dadurch Recht, dass wir uns entzweien lassen, nur weil wir aus unterschiedlichen Kulturen stammen oder auf verschiedene Weise unseren Glauben leben oder unsere Weltanschauung pflegen.

III. In den Weihnachtsgottesdiensten, die in den Kirchen am kommenden Wochenende gefeiert werden, wird für die Gestorbenen, Verletzten und Trauernden gebetet werden. Und es wird die Botschaft von der Menschlichkeit Gottes neu erklingen. Denn wir lassen uns nicht zur Unmenschlichkeit verführen. Auch dafür steht die Kaiser-Wilhelm-Gedächtniskirche. Sie gehört zur weltweiten Bewegung der Nagelkreuzgemeinschaft: In der dunkelsten Stunde der Stadt Coventry in England, als sie im zweiten Weltkrieg zerbombt wurde, als Hass und Vergeltungswünsche die Herzen der Menschen bewegte, hat ein Pfarrer mitten in der zerstörten Kathedrale aus herumliegenden Zimmermannsnägeln ein Kreuz geformt, als Zeichen dafür, dass die Kraft der Versöhnung stärker ist als der Hass: das Kreuz von Coventry. Die Kaiser-Wilhelm-Gedächtniskirche ist Teil der weltweiten Nagelkreuzgemeinschaft und hat sich damit der Versöhnung und dem Frieden verschrieben. Sie hat es sich zur Aufgabe gemacht, angesichts von Krieg und Gewalt, mit Versöhnung und Frieden zu antworten.

IV. Mit dem gestrigen Abend wurde dem Breitscheidplatz, der Kaiser-Wilhelm-Gedächtniskirche und unserer Gesellschaft eine Wunde zugefügt. Und der Schmerz brennt. Aber die Kaiser-Wilhelm-Gedächtniskirche wird weiter ihre Botschaft in die Welt tragen. Sie wird gerade jetzt wieder neu mahnen und zeigen, wohin es führt, wenn Menschen sich der Gewalt hingeben. Und sie wird unbeirrt bezeugen, dass die Kraft der Versöhnung stärker ist als der Hass. Diese Botschaft ist unser Trost. Mit dieser Botschaft können wir leben und werden wir leben und werden die Gewalt überwinden. Amen.

Gemeinsames Lied *Noch manche Nacht wird fallen* (EG 16,4)

Zeichen des Zusammenhalts und der Verbundenheit

Martin Germer
Wir stehen hier zusammen, weil es allein nicht zu fassen ist. Ich denke an die jungen und alten Menschen, die gestern noch hier, gleich nebenan auf dem Weihnachtsmarkt fröhlich gefeiert haben. Ich denke auch an all die Menschen, deren Beruf es ist, auf dem Weihnachtsmarkt anderen Menschen Freude zu bereiten, und in deren Leben das nun hereingebrochen ist.

Ulrike Trautwein
Wir stehen hier zusammen, weil wir einander brauchen. Wir brauchen einander, um uns nicht von Angst und Schrecken bezwingen zu lassen.

Andreas Nachama
Wir stehen hier zusammen, damit die Welt in ihrem täglichen Kampf gegen Grausamkeit, gegen Verfolgung, gegen Vorurteile aus dem Tod dieser unschuldigen Menschen Kraft schöpft – Kraft schöpft für ein Zusammenleben in Frieden und in gegenseitigem Respekt.

Sigrun Neuwerth
Wir stehen hier zusammen, weil wir in Gottes Namen alle Schwestern und Brüder sind.

Heiner Koch
Wir stehen hier zusammen, weil wir gerade in der Nacht einander nicht loslassen und weil die Mitte der Nacht der Anfang eines neuen Tages ist.

Kadir Sanci
Aus dem Ort und der Zeit der Feier ist Trauer geworden, und in dieser Situation brauchen wir uns, und wir können es nicht alleine schaffen. Wir müssen zusammenhalten, damit sich so etwas nicht wiederholen kann.

Markus Dröge
Wir stehen hier zusammen, weil wir miteinander glauben, dass die Kraft der Versöhnung stärker ist als jeder Hass.

Ferid Heider
Wir stehen hier zusammen, um ein klares und deutliches Zeichen in die Welt auszusenden, dass uns Hass, Terror und Gewalt nicht auseinanderbringen können. Unser Zusammenhalt ist stärker als jeder Hass.

Emmanuel Sfiatkos
Wir stehen hier zusammen, weil wir gemeinsam über die Grenzen von Konfessionen und Religionen hinaus ein gemeinsames Zeichen des Friedens setzen wollen. Hass und Gewalt werden unsere Herzen nicht überwältigen, denn unser aller Gott ist ein Gott des Friedens.

Irmgard Schwätzer
Wir stehen hier zusammen, weil wir gewiss sind, dass nichts uns trennen kann von der Liebe Gottes. Darum halten wir zusammen und lassen uns nicht einschüchtern. Nicht die Gewalt, nicht der Tod – die Liebe Gottes hat das letzte Wort.

Martin Germer
Wir stehen hier zusammen. Wir halten inne. In einer Minute der Stille halten wir uns bei den Händen und sind verbunden miteinander.

Schweigeminute

Gospelmusik | *Jocelyn B. Smith*

Gebet | *Ulrike Trautwein*

Gott, wir spüren die Wunden unserer Welt, die vielen Orte, die unter Terror und Gewalt leiden. Wir betrachten diese Wunden mit Angst und Sorge, haben Angst, dass sie sich ausbreiten, statt zu heilen. Wir kommen damit zu dir, Gott, und bitten dich um deinen Beistand.
Wir bitten für die Trauernden, Verzagten und Hoffnungslosen.
Wir bitten für eine Welt der Menschlichkeit, in der Respekt, Freiheit und Vielfalt Raum gewinnen kann, in der wir aufeinander zugehen und einander Schutz gewähren, in der wir Leiden miteinander aushalten und das, was wir haben, miteinander teilen.
Gemeinsam lasst uns beten:

Vaterunser

Gemeinsames Lied *Verleih uns Frieden* (EG 421)

Segen | *Markus Dröge*

Orgelnachspiel | *Helmut Hoeft*

Weint mit den Weinenden

Multireligiöse Trauerfeier für im Auslandseinsatz ums Leben gekommene Soldatinnen und Soldaten

Dr. Stephan Goldschmidt, Hannover

Bei dem hier vorgestellten Formular handelt es sich – anders als bei den anderen Texten dieses Buches – nicht um eine bereits stattgefundene Feier. Sie entstammt der Handreichung »Öffentliche Trauerfeiern für Menschen unterschiedlicher Religionszugehörigkeit« (Binder u. a., Hildesheim 2016). Eine vom »Zentrum für Qualitätsentwicklung im Gottesdienst« am Michaeliskloster Hildesheim ins Leben gerufene Arbeitsgruppe hat unterschiedliche Liturgien für Trauerfeiern entwickelt, in denen Soldatinnen und Soldaten gedacht wird, die im Auslandseinsatz ums Leben gekommen sind. Diese Modelle können auch als Vorlage für die Gestaltung multireligiöser Trauerfeiern in zivilen Kontexten dienen.

Wie Trauerfeiern für im Auslandseinsatz gestorbene Soldatinnen und Soldaten gestaltet werden können, war zu Beginn des Auslandseinsatzes der Bundeswehr in Afghanistan noch völlig ungeklärt. Schon die Formulierung zeigt das Dilemma auf, die offensichtlich Kriegsassoziationen zu vermeiden suchte. Auf der anderen Seite ist sie aber der Situation angemessen, weil sie berücksichtigt, dass Soldaten bei einem Auslandseinsatz nicht allein bei Kriegshandlungen ums Leben kommen. Am 22. April 2010 erinnerte der STERN an die 43 Soldaten, die bis dahin in Afghanistan gestorben waren: »Sie starben bei Hubschrauberabstürzen, Patrouillenfahrten, Minenexplosionen, beim Bombenentschärfen, durch Selbstmordattentate. Und im Gefecht. Der Krieg ist in Deutschland angekommen. Auch wenn der Krieg nicht Krieg heißen darf.« Der ehemalige Wehrbeauftragte Reinhold Robbe blickte dabei auf die Anfangszeit der öffentlichen Trauerfeiern zurück: »Am furchtbarsten war die Zeit, als die Särge in einem riesigen, leer geräumten Hangar auf dem Kölner Flughafen unter Trommelwirbel über Hunderte Meter rein- und rausgetragen wurden. Schwer erträglich für alle Anwesenden. Unerträglich für die Angehörigen.« Seither hat sich viel getan. Inzwischen werden Trauerfeiern in der Regel als mit einem Staatsakt verbundene und doch voneinander unterschiedene Zeremonien begangenen. Als Ort haben sich Kirchengebäude bewährt. Sie liegen meist in der Nähe der Militärstützpunkte der Einheiten, denen die ums Leben gekommenen Soldatinnen und Soldaten angehörten. Es erscheint der Situation angemessen, dass der Staatsakt unter Beteiligung und Mitwirkung hochrangiger Repräsentanten aus Staat und Militär begangen wird.

Die zunehmende Multireligiosität unserer Gesellschaft spiegelt sich auch in der Zusammensetzung der Bundeswehr wider. Die stellt die Leitung solcher Trauerfeiern durch Vertreter der evangelischen und katholischen Militärseelsorge in Frage. Die gesamtgesellschaftliche Bedeutung solcher Feiern bedarf einer Weitung, vor allem dann, wenn die Verstorbenen Angehörige anderer Religionen oder konfessionell nicht gebundenen waren. Diese Herausforderung reflektiert die erwähnte Handreichung, um anschließend mehrere Modelle und Liturgien darzustellen, die exemplarisch den Kasus von im Auslandseinsatz ums Leben Gekommenen in den Blick nimmt. Dabei wird zwischen zwei Grundformen unterschieden, der liturgischen Gastfreundschaft (G) und der multireligiösen Feier (M), die beide noch weiter differenziert werden:

- *G1 Christlicher Gottesdienst mit Anwesenheit von Vertreterinnen oder Angehörigen anderer Religionen*
- *G2 Christlicher Gottesdienst mit Beteiligung von Vertreterinnen und Vertretern anderer Religionen bei nicht-liturgischen Elementen*
- *G3 Christlicher Gottesdienst mit liturgischer Beteiligung von Vertretern anderer Religionen*
- *M1 Multireligiöse Feier, wenn die Verstorbenen unterschiedlichen Religionen angehörten, mit in sich abgeschlossenen Teilen*
- *M2 Multireligiöse Feier, wenn die Verstorbenen unterschiedlichen Religionen angehörten, mit verschränkten Elementen*
- *M3 Multireligiöse Feier, wenn die Verstorbenen einer anderen Religion angehörten, die Trauergemeinde aber überwiegend christlich geprägt ist, so dass Christen gebeten wurden, die Feier mitzugestalten*

Zudem wird ein Modell für eine religiösen Feier mit Konfessionslosen (K) präsentiert.

Exemplarisch wird im Folgenden eine öffentliche Trauerfeier für im Einsatz getötete Soldaten nach dem Modell G1 dargestellt, unter denen sich sowohl Christen als auch Muslime befinden. Eingeschoben werden Gestaltungsvarianten für die Modelle G1 und/oder G2.
Die Trauerfeier findet in einer Kirche statt.

Ablauf

Musik zum Eingang

Einzug

Die Angehörigen ziehen mit den Liturgen/den Liturginnen ein. Angehörige oder Vertreter der Gastreligion können mit einziehen, wenn dies von den Angehörigen gewünscht wird oder aus seelsorglichen Gründen sinnvoll erscheint.
G2/G3: Vertreter der Gastreligion, die später im Gottesdienst mitwirken, sollten mit einziehen.

Liturgischer Gruß

Liturg/Liturgin:
Gott gebe euch viel Barmherzigkeit und Frieden und Liebe!
oder:
Der Gott allen Trostes sei mit uns!

Begrüßung und Einstimmung

Liturg/Liturgin
Liebe Familien, liebe Kameraden und Freunde,
N.N. und N.N. sind tot. Im Einsatz [für unsere Gemeinschaft] haben sie das Leben verloren. Wir sind zutiefst erschrocken über ihren Tod und können nicht verstehen, dass sie von nun an nicht mehr Teil unseres Lebens und unserer Gemeinschaft sind. N.N. und N.N. – der eine Christ, der andere Muslim – waren gute Kameraden. Sie achteten einander, auch in der Verschiedenheit ihrer religiösen Überzeugungen.
In diesem Gottesdienst nehmen wir gemeinsam von beiden Abschied. Dazu sind Menschen aus beiden Glaubensgemeinschaften in dieser Kirche zusammengekommen.
[G3: Imam N.N. wird als Vertreter der muslimischen Gemeinde in diesem Gottesdienst einige Gebete und Worte des Trostes sprechen.]
In unserer Trauer suchen wir gemeinsam nach Trost. Als Christen glauben wir, dass der Tod nicht das Ende ist. Wir erwarten das ewige Leben. In dieser Hoffnung suchen wir Gottes Nähe.
So spricht Gott, der Herr: *»Fürchte dich nicht, denn ich habe dich erlöst; ich habe dich bei deinem Namen gerufen; du bist mein!«* (Jes 43,1)

G2: Vertreter der Gastreligion können eine kurze Begrüßung sprechen.

Lied *Meine Zeit steht in deinen Händen* (EG Pfalz 644)

Psalm 31

Liturg/Liturgin
Lasst uns beten mit Worten des 31. Psalms:

Gemeinde
Du bist mein Zufluchtsort, ich berge mich in deiner Hand.

Liturg/Liturgin
Gott, auf dich traue ich, lass mich nimmermehr zuschanden werden, errette mich durch deine Gerechtigkeit!
Neige deine Ohren zu mir, hilf mir eilends!
Sei mir ein starker Fels und eine Burg, dass du mir helfest!
Denn du bist mein Fels und meine Burg,
und um deines Namens willen wollest du mich leiten und führen.

Gemeinde
Du bist mein Zufluchtsort, ich berge mich in deiner Hand.

Liturg/Liturgin
In deine Hände befehle ich meinen Geist;
du hast mich erlöst, HERR, du treuer Gott.
Du nimmst dich meiner an in Not,
du stellst meine Füße auf weiten Raum.
Gott, sei mir gnädig, denn mir ist angst!
Mein Auge ist trübe geworden vor Gram,
matt meine Seele und mein Leib.
Ich bin geworden wie ein zerbrochenes Gefäß.
Ich aber, HERR, hoffe auf dich und spreche: Du bist mein Gott!

Gemeinde
Du bist mein Zufluchtsort, ich berge mich in deiner Hand.

Liturg/Liturgin
Gott, meine Zeit steht in deinen Händen.
Lass leuchten dein Antlitz über deinem Knecht;
hilf mir durch deine Güte!
Wie groß ist deine Güte, HERR,
die du bewahrt hast denen, die dich fürchten,
und erweisest vor den Leuten
denen, die auf dich trauen!
Seid getrost und unverzagt alle,
die ihr des HERRN harret!

Gemeinde
Du bist mein Zufluchtsort, ich berge mich in deiner Hand.

Eingangsgebet

Liturg/Liturgin
Gott, wir sind ratlos und verzweifelt.
Lass uns jetzt nicht allein und hilf uns zu beten.
Verbirg dich nicht, sondern komm und rede zu uns,
dass wir hoffen können und unsere niedergeschlagenen Herzen Heilung finden.

oder:

Wir klagen dir, Gott,
dass zwei junge Männer aus unserer Mitte herausgerissen wurden.
Wir klagen über die ungelebten Jahre und die unerfüllten Möglichkeiten.
Wir klagen dir unseren Schmerz und nennen vor dir die Angst,
die uns durch den Tod von N.N. und N.N. vor Augen steht.
Wir bitten dich:

Sei nun mitten unter uns, schenke uns Kraft zum Trauern
und hilf uns loszulassen, was uns der Tod genommen hat.
Gemeinde: Amen.

G3: Vertreter der Gastreligion können ein weiteres Eingangsgebet sprechen.

Lied/Musik *Befiehl du deine Wege* (EG 361,1+6+10+12)

Lesung aus Jesaja 57,15.18–19 oder eine andere Lesung

G3: Neben die biblische Lesung kann eine Lesung aus der religiösen Tradition der Gäste treten bzw. bei nichtreligiösen Menschen die Lesung eines philosophischen, literarischen oder poetischen Textes.

Ansprache

G2: Die Ansprache kann von einem Angehörigen der Gastreligion durch eine biographische Passage ergänzt werden.

G3: Die christliche Predigt kann Gedanken oder Bilder aus beiden Lesungstexten aufgreifen und verknüpfen. Ein Vertreter der Gastreligion kann die christliche Predigt durch einen weiteren Beitrag ergänzen.

Lied/Musik *Du kannst nicht tiefer fallen als nur in Gottes Hand* (EG 533)

Gedenken

Wir nehmen Abschied von N.N. und N.N.
Wir danken für ihren Dienst an unserer Gemeinschaft.
Wir danken für das, was sie an Gutem in unser Leben gebracht haben
und was sie an Gutem empfangen haben.
Wer sie geliebt und geachtet hat, trage diese Liebe und Achtung weiter.
Wer ihnen etwas schuldig geblieben ist in Worten und Taten, bitte Gott
um Vergebung.
Und wem sie etwas schuldig geblieben sind,
vergebe ihnen, wie Gott uns vergibt, wenn wir ihn darum bitten.
So nehmen wir Abschied mit Dank und im Frieden.

*Zwischen den Impulsen sollte ein Moment der Stille eingehalten werden.
Es kann auch jeweils eine Kerze entzündet werden.*

G2/G3: Angehörige der Gastreligion können einzelne Gedenkimpulse sprechen.

Fürbittgebet

Liturg/Liturgin, ggf. zusammen mit Diakon/Diakonin
[L] Wir beten.
[D] Lasst uns in Frieden zu Gott rufen, dem Herrn über Leben und Tod,
[L] der unser irdisches Leben in seiner Hand hält und uns das ewige Leben verheißt:
[D] Für N.N. und N.N., unsere verstorbenen Kameraden, –
[L] Gott, sei Ihnen gnädig und schenke Ihnen das ewige Leben.
[D] Für alle, die trauern, deren Herz schwer und deren Welt dunkel ist, –
[L] Gott, sei ihnen nahe und tröste sie.
[D] Für alle, die trösten möchten und keine Worte finden, –
[L] Gott, schenke ihrer Liebe Mut.
[D] Für diejenigen, die den Tod unserer Kameraden verursacht haben, –
[L] Gott, schenke Ihnen Einsicht und Reue und sei ihnen gnädig.
[D] Für alle, die ihr Leben einsetzen für das Wohl der Gemeinschaft,
[L] Gott, gib ihrer Liebe Kraft und ihrem Tun deinen Segen.
[D] Für die unter uns, die als Nächstes sterben werden, –
[L] Gott, schenke ihnen ein freudvolles Leben und ein friedvolles Sterben.

G2/G3: *Angehörige der Gastreligion nennen Gebetsanliegen anstelle des Diakons/der Diakonin.*

Vaterunser

G3: *Ein Angehöriger der Gastreligion spricht ein weiteres abschließendes Gebet.*

Lied *Hilf mir und segne meinen Geist* (EG 503,13–15)

Kommendatio | *Liturg/Liturgin*

Lasst uns nun die Verstorbenen Gott anvertrauen:
Aus Gottes Hand haben N.N. und N.N. das Leben empfangen.
In Gottes Hand geben wir die Menschen, die uns lieb waren, zurück.
Gott, auf den wir vertrauen, ist nicht ein Gott der Toten,
sondern der Lebenden, denn ihm leben sie alle.
In dieser Hoffnung bleiben wir verbunden
auch mit unseren Verstorbenen.
Der Friede Gottes bewahre uns alle in Zeit und Ewigkeit.

Segen | *Liturg/Liturgin*

Der Herr segne dich und behüte dich;
der Herr lasse sein Angesicht leuchten über dir und sei dir gnädig;
der Herr hebe sein Angesicht über dich und gebe dir Frieden.

Musik zum Ausgang

C VERGEGENWÄRTIGUNGEN

Dem Fremden zum Nächsten werden

Ökumenischer Gottesdienst mit multireligiöser Beteiligung zum 25. Jahrestag der Deutschen Einheit | Marktkirche Hannover am 3. Oktober 2014

Am 3. Oktober 2014 fielen 25 Jahre Deutsche Einheit und ein Sonntag zusammen. Anlass genug, sehr energisch beides zusammenzudenken: das Geschenk der Einheit und die Verantwortung für unsere Gesellschaft, besonders angesichts der in jenen Tagen so virulenten Flüchtlingssituation.

Mit dem Ökumenischen Gottesdienst, der vom ZDF übertragen wurde, wurde der Festtag am 3. Oktober 2014, um 10.00 Uhr eröffnet. Der Gottesdienst stand in der Verantwortung der Konföderation evangelischer Kirchen in Niedersachsen mit Landesbischof Meister als dem Vorsitzenden des Rates der Konföderation und des Bistums Hildesheim für die katholischen Gemeinden in Niedersachsen. Beteiligt war auch der ACKN.

Der Gottesdienst in der Marktkirche Hannover wurde konzipiert in Zusammenarbeit mit dem Senderbeauftragten der EKD, Pfarrer Stephan Fritz, und den Beauftragten für den christlich-jüdischen und christlich-muslimischen Dialog in der Ev.-luth. Landeskirche Hannovers, Prof. Dr. Ursula Rudnick und Prof. Dr. Wolfgang Reinbold. Besonders war in diesem Gottesdienst der Friedensgruß, an dem der Landesrabbiner Sievers und Avni Altiner für die muslimischen Gemeinden beteiligt waren.

Hervorzuheben ist im Blick auf Schnittstellen: Die Vorbereitung des Gottesdienstes fand in sehr guter und enger Zusammenarbeit mit dem Protokoll der Staatskanzlei statt, das wiederum eng mit dem Protokoll Berlin zusammengearbeitet hat, da alle Verfassungsorgane des Bundes Gast in diesem Gottesdienst waren.

Mitwirkende

Landesbischof Ralf Meister, Ev.-Luth. Kirche Hannovers
Bischof Norbert Trelle, römisch-katholische Kirche,
Bistum Hildesheim
Metropolit Augoustinos, orthodox
Landesrabbiner Jonah Sievers, jüd. Gemeinde
Avni Altiner, muslimischer Landesverband Schura
KIKIMU (Projekt: Kinderkirchenmusik)
Kinderchor der Marktkirche Hannover, Leitung: Lisa Laage-Smidt
Domchor Hildesheim und Mädchenkantorei der Hildesheimer Dommusik,

Leitung: Thomas Viezens
Ulfert Smidt, Orgel
Georg Oberauer, Chororgel
Axel La Deur, Klavier
Lektoren des ACK-Statements: Frau Tran, Herr Sindermann, Quillen

Ablauf

Glockengeläut

Einzug mit Kinderchor, Lektoren und Geistlichen

Lied der Gemeinde *Lobet den Herren* (EG 447,1–3)

Statements

Frau Tran
Meine Mutter ist vor 35 Jahren aus Vietnam nach Deutschland geflohen. Wir gehörten zu den so genannten Boatpeople.
Meine Mutter hatte sieben Kinder: meine drei Geschwister und mich, dazu noch drei Kinder von zwei meiner Tanten. Die Tanten blieben in Vietnam. Sie warteten darauf, dass ihre Männer aus dem Umerziehungslager freikamen, in dem man sie festhielt.
Wir kamen nach Braunschweig und gingen dort in die Grundschule. Wir waren glücklich, hier zu sein, in einem ruhigen und friedlichen Land. Dann aber – es muss gewesen sein, als meine kleine Schwester in der dritten Klasse war – begannen die Kinder, die drei Häuserblöcke weiter wohnten, uns auf dem Schulweg aufzulauern. Immer wenn sie uns sahen, riefen sie »Ching chang chong, Chinesen im Karton«. »Ching chang chong, Chinesen im Karton«. Und dann bewarfen sie uns mit großen Steinen.
Wir hatten riesige Angst. Wir trauten uns kaum noch zur Schule. Immer dann, wenn eine von uns eins der Kinder sah, rannten wir weg, so schnell wir konnten. Wir rannten und flüchteten uns in die Bäckerei, die auf dem Schulweg lag.
Da haben wir gemerkt: Wir sind fremd hier.

Quillen
Ich heiße Quillen. Ich bin 11 Jahre alt und bin ein Jahr und ungefähr drei Monate hier in Hannover.
Und als ich zum ersten Mal hier in den Chor gekommen bin, habe ich niemand kennengelernt und hatte keine Freunde hier.
Aber danach habe ich Sönke getroffen, und dann sind wir sofort Freunde geworden.

Herr Sindermann
Fremdsein in Deutschland habe ich schon vor fast 70 Jahren erfahren.

Ich war sieben Jahre alt, als meine Familie aus Schlesien vertrieben und einem kleinen Dorf in Niedersachsen zugewiesen wurde. Mitten im Schuljahr, das hier schon Ostern begonnen hatte, kam ich im Herbst zum ersten Mal in die Schule, ins erste Schuljahr.
Ich habe nicht in Erinnerung, dass mir jemand Böses tun oder nachrufen wollte. Aber ich erinnere mich, dass ich dennoch Angst hatte: Angst vor den fremden Kindern, Angst vor den unbekannten Buchstaben und Wörtern, die die anderen Kinder schon lesen konnten.
Von unserer Wohnung aus konnte ich die Schule und die Kirchturmuhr zugleich überblicken. Ich sehe mich noch auf der Fensterbank sitzen und warten, bis der große Zeiger der Uhr nach oben zeigte. Dann war es Zeit loszulaufen, um sofort in das Klassenzimmer zu gelangen, ohne vorher mit den anderen Kindern in Berührung zu kommen. Wenige Monate später, im Winter, spielten wir bereits gemeinsam im Schnee.
Heute weiß ich aus dieser Erfahrung, was das geflügelte Wort meint: Fremde sind Freunde, die wir noch nicht kennen.

Votum und Begrüßung | *Norbert Trelle*

Diesen Tag der Deutschen Einheit zu feiern, heißt, in seine Geschichte einzutreten.
Es ist keine Siegergeschichte, die geschilderten Erfahrungen zu Beginn dieses Gottesdienstes weisen darauf hin. Schon die politischen Anfänge der Deutschen Einheit waren gespalten: Sie reichen von der Einheit als republikanischer Idee von Freiheit, Gleichheit und Bürgerrechten im Vormärz (1815–1848) bis zur nationalistischen Einheit des späten 19. Jahrhunderts. Damals wurden sie verstanden als eine Einheit gegen andere, vor allem gegen Frankreich. Deutsche Einheit – freiheitlich oder chauvinistisch?
In jedem Fall gibt uns die Geschichte der Einheit eine Frage auf: Was ist denn der innere Gehalt der Einheit? Knüpft sich diese Einheit an Ideale? Der politische Gehalt der Einheit ist das Grundgesetz. Dessen Normen sind an Realitäten stets neu auszumessen.
Ein bewegendes Beispiel für dieses Ausmessen an der Realität war die mit großem Ernst geführte Debatte um den »Asylkompromiss« im Bundesrat vor einigen Wochen. Wie auch immer man das Ergebnis politisch bewertet, klar ist doch: Die Einheit hat einen Gehalt. Sie ist nicht bloße Form und Ordnung. Wer Einheit sagt, der sagt auch Grundrechte. Wer Einheit sagt und Grundrechte verweigert, der meint in Wirklichkeit Zwietracht.
Wie ist es aber um den gesellschaftlichen Boden bestellt, auf dem solche politischen Bestimmungen bewährt werden müssen? Gewiss: Die überwältigende Mehrheit der Gesellschaft ist europafreundlich. Sie tritt für die gerechte Verteilung öffentlicher und wirtschaftlicher Güter ein. Sie ist sensibel für den Schutz der Freiheitsrechte. Sie wird die in den Sozialsystemen gestützten Solidaritäten nicht nur hinnehmen, sondern bejahen. Durch solche gesellschaftlichen Übereinkünfte wird die Einheit untermauert- auch in politischer Vielfalt. Wir können aber die Augen vor den großen inneren Gefährdungen nicht verschließen: dem zerbrechenden Zusammenhalt der Generationen und der Ausgrenzung der Fremden.

Die bewegenden Erfahrungen zu Beginn dieses Gottesdienstes berichten von Gefährdungen, die kein Recht letztlich bannen kann: die Spaltung der Gesellschaft durch die Gesellschaft selbst. Auch wenn das Recht sich den politisch Verfolgten zuwendet, fliegen dann doch große Steine. Dieser Ausgrenzung der Fremden stellen wir uns als Christen am heutigen Tag öffentlich in den Weg.
Wir wollen keine kalte Einheit, sondern eine Einheit der offenen Arme. Wir wollen eine umfassende Solidarität mit Migranten, mit denen, die aus Krieg und Hunger, aus Verfolgung und Erniedrigung geflohen sind: mit den Schwächsten zuerst. Wir setzen nicht auf wirtschaftliche Rechnungen, sondern verbinden uns mit ihren Hoffnungen. Denn was wäre der Gehalt einer Einheit, die zum Teilen nicht fähig ist?
Solche Fragen ersparen uns nicht den Blick auf die alltäglichen Probleme der Pariser Banlieue oder unserer eigenen Brennpunkt-Quartiere. Sie stellen uns aber am Tag der Einheit in die Perspektive der Verbundenheit Diese Perspektive besagt: Es sind nicht alle Plätze besetzt in dieser Gesellschaft. Die Fremden sitzen nicht in den Lücken. Es gibt unter allen Positionen und Posten, unter allen Anrechten und Pfründen, mitten in unserer Prosperität – es gibt einen leeren Stuhl! Denn wir halten einen Platz frei für euch, ihr Flüchtlinge aus Syrien und Afrika.

Wir feiern unsere Einheit und halten euch allen einen Platz frei. Das ist die moralische Substanz der Einheit.
So treten wir vor Gott, der sich Abraham, unserem Vater im Glauben, dem heimatlosen Aramäer, zugewandt hat, und bitten um sein Erbarmen.

Kyriegebet

V Herr Jesus Christus, du selbst hast das Schicksal von Menschen in der Fremde geteilt.
A *Kyrie eleison, christe eleison, Kyrie eleison,* Herr, erbarme dich.
V Du hast Menschen, die an den Rand gedrängt worden sind, in die Mitte gestellt.
A *Kyrie eleison, Christe eleison, Kyrie eleison,* Herr, erbarme dich.
V Du stiftest Versöhnung und Eintracht unter den Menschen.
A *Kyrie eleison, Christe eleison, Kyrie eleison,* Herr, erbarme dich.

Gloria Gesang lateinisch (*Mädchenkantorei und Chor, Thomas Viezens*)

Kollektengebet | *Norbert Trelle*

Allmächtiger Gott, du hast die Menschen durch ihren gemeinsamen Ursprung miteinander verbunden und willst, dass sie eine Menschheitsfamilie bilden. Die Güter der Erde hast du für alle bereitgestellt.
Gib, dass die Menschen einander achten und lieben und sich für das Wohl ihrer Schwestern und Brüder einsetzen. Hilf allen, ihre Anlagen in guter Weise zu entfalten. Lass uns alle Trennung durch Abstammung

und Sprache, Heimat und Herkunft überwinden, damit in der menschlichen Gesellschaft Recht, Gerechtigkeit und Frieden herrschen.
Darum bitten wir durch Jesus Christus, deinen Sohn, unseren Herrn und Gott, der mit dir in der Einheit des Heiligen Geistes regiert und herrscht in Ewigkeit. Amen.

Alttestamentliche Lesung aus 3. Mose 19 | *Lektorin ACK Niedersachsen*

Im dritten Buch Mose, Kapitel 19, spricht Gott mit Mose und verkündet ihm Gebote für das Zusammenleben der Menschen:

Wenn bei dir ein Fremder in eurem Land lebt, sollt ihr ihn nicht unterdrücken. Der Fremde, der sich bei euch aufhält, soll euch wie ein Einheimischer gelten, und du sollst ihn lieben wie dich selbst; denn ihr seid selbst Fremde in Ägypten gewesen.
Ich bin der Herr, euer Gott.

Musik | *Kinderchor*

Refrain:
Was soll werden, wenn die Worte fehlen,
wenn wir uns ganz einfach nicht verstehn?
Was soll werden, wenn wir ganz entgeistert
und auch hilflos voreinander stehn?

1. Gott schuf die Welt, ihr Leben, Wort für Wort,
Gott spricht in Liebesworten immerfort.

2. Gott spendet Trost und segnet, Wort für Wort.
Gott heilt und labt mit Zuspruch immerfort.

Evangelium aus Lukas 10,25–37 (Barmherziger Samariter)

Hinführung zur Lesung:
Im dritten Buch Mose, in Kapitel 19, verkündet Gott dem Mose auch das Gebot der Nächstenliebe. Doch was heißt das?
Wer ist das denn, mein Nächster? Als Jesus das einmal von einem Schriftgelehrten gefragt wird, antwortet er ihm nach dem Bericht des Lukasevangeliums wie folgt:

Credolied *Wir glauben Gott im höchsten Thron* (EG 184)

Predigt | *Ralf Meister*

Gnade sei mit euch und Friede von Gott, unserem Vater, und unserem Herrn Jesus Christus. Amen.

Liebe Gemeinde,
der Gedanke, dass wir auf dieser Welt eine Menschheitsfamilie sind, ist eine Erfindung der Neuzeit.

Jahrtausendelang sahen Menschen den anderen nur dann als Menschen an, wenn er bestimmte Bedingungen erfüllte. Er musste weiß oder schwarz sein, musste eine bestimmte Religion haben oder eine bestimmte Herkunft. Erst dann erhielt der Mensch die gleichen Rechte und Pflichten und den Zugang in die soziale Gemeinschaft. Es hat unzählige Konflikte gegeben, Diskriminierung, Verfolgung und Tod, bis sich der Gedanke einer Menschheit durchsetzte.

Doch wir müssen schmerzlich erkennen, dass diese Entwicklung bis heute nicht abgeschlossen ist. Weltweit läuft diese Abtrennung des Fremden weiter. Wir leben immer noch in einer Welt der Apartheid. Wir erleben religiöse Interpretationen und nationale Ideologien, die den Gedanken einer großen Menschheitsfamilie immer noch mit Brutalität und Gewalt bekämpfen.

Als die Theologin Dorothee Sölle einmal von einer Reise in ein »Entwicklungsland« zurückkehrte, wurde sie von einem Journalisten über den Grund ihrer Reise befragt. Er fragte: »Haben Sie denn dort Familie?« Dorothee Sölle erzählt, dass sie so überrascht gewesen sei über die Frage, dass ihr keine Antwort eingefallen sei. Erst später kam ihr die rechte Antwort auf die Frage »Haben Sie denn dort Familie« in den Sinn: »Ja sicher, Sie etwa nicht?«

Die Menschheitsfamilie erfasst die Würde des Menschen in einer besonderen Art. Familie kann man sich nicht aussuchen. Sie ist einem vorgegeben und verbindet einen mit anderen Menschen: Bruder und Schwester, Mutter und Vater, Großvater und Enkel. Jeder Mensch hat eine Familie. Und das ist nicht immer ein leichtes Geschäft. Ich sage das auch als Vater zweier pubertierender Kinder.

Aber Familie ist die tägliche Schule für Verständnis und Verpflichtung, wie sie die Menschheitsfamilie braucht. Sie ist die soziale Gemeinschaft, in der wir einen allerersten Eindruck bekommen, wie die Verantwortung für das eigene Leben immer auch eine Verantwortung für andere Menschen ist.

Die Geschichte vom barmherzigen Samariter ist per se keine Familiengeschichte, aber es ist eine Erzählung über die Begründung der Menschheitsfamilie. Sie zeigt klar, dass Religionen, verschiedene Herkunft oder fremde Abstammung nicht bestimmend sind für menschliche Begegnungen.

Zugleich zeigt diese berühmte Geschichte der Barmherzigkeit aber auch, wie wenig selbstverständlich die unmittelbare Hilfeleistung trotzdem ist. Neben dem Samariter und dem Überfallenen besteht die Geschichte aus Passanten und einem Räuber.

Erst der Dritte hilft. Reichte es, wenn eine Gesellschaft immer auf den Dritten wartet? Kann sie sich das Flanieren von zwei Drittel eigennützigen Passanten erlauben? Die vorbeigehende und vorbeischauende Passantenrolle ist keine ernsthafte politische Option in unserer Welt, die des Räubers schon gar nicht. Doch beide Haltungen kann man in der Welt erkennen.

In Niedersachsen haben nach dem Zweiten Weltkrieg fast vier Millionen Menschen eine neue Heimat gefunden. Frau Tran, Pfarrer Sindermann und Quillen sind drei von ihnen. Drei Gesichter, drei Generationen, drei sehr unterschiedliche Geschichten vom Ankommen, die uns zum Nachdenken drängen.
In großer Sorge schauen wir auf die Entwicklung der Flüchtlingssituation. Europas Humanität wird im Mittelmeer verspielt. Die Länder stehen vor konkreten Herausforderungen. Wir finden nicht ausreichend Lösungen für die Menschen in Not. Ohne neue Denkräume, ohne weiterreichende Handlungsszenarien wird sich die Lage nicht grundlegend ändern.
Die Aufgabe und die Stärke der großen Religionsgemeinschaften sind nicht, die besseren politischen Vorschläge zu machen, sondern weite Räume für solches Nachdenken zu eröffnen. Räume, in denen wir uns über unsere Mitgliedschaft in der Menschheitsfamilie verständigen. Diese Räume des Nachdenkens greifen über unsere Zeit hinaus.
Nur selten wird die Frage, die den Ausgangspunkt für die Geschichte des Barmherzigen Samariters bietet, mitgelesen. Es ist nicht die Frage: »Wer ist denn mein Nächster?« sondern, schon zuvor, die Frage eines Schriftgelehrten an Jesus: »Was muss ich tun, damit ich das ewige Leben erhalte?«
Die Antwort Jesu: »Du sollst den Herrn, deinen Gott, lieben von ganzem Herzen, von ganzer Seele und mit allen deinen Kräften und von ganzem Gemüt und deinen Nächsten wie dich selbst.«
Wer denkt darüber noch nach? Sie wirkt wie eine exotische Notiz. In dem Wahn nach dem perfekten Leben, in der Angst vor dem Tod, zerfällt die Freiheit, über sich selbst hinauszudenken. Aber Jesu Antwort an den Schriftgelehrten verbindet unlösbar die Ewigkeit mit dem Irdischen: Liebe Gott, deinen Nächsten und dich selbst. Frage nach dem Ewigen und es wird Antworten für das Irdische geben. Wenn wir nicht über uns hinausfragen, wenn unser Grundverhältnis zu Gott verschwimmt, dann irren wir im Nebel der Selbstgenügsamkeit.
Denn Ewigkeit beginnt nicht am Ende einer menschlichen Zeitlinie. Vielmehr beschreibt sie eine Beziehung, die durch die irdische Zeit hindurch und über alle Zeit hinaus wirksam ist. Die Frage nach dem ewigen Leben ist eine Frage nach unserem Vertrauen zu Gott, so dass unserer irdischen Zeit schon Ewigkeitscharakter zukommen kann.
Ein älterer Freund aus Potsdam, der heute am 3. Oktober als Ruheständler in der Uckermark predigt, beschrieb mit beeindruckenden Worten die »Wende« vor 25 Jahren: »Es war mehr, als wir mit Bitten und Verstehen erwarten konnten.« Damals wurde ein Raum eröffnet, der über die menschliche Vorstellungskraft und die menschliche Zeit hinwegreichte. Ein Raum, der mehr erfüllte, als die Sehnsucht erhoffte.
Irdische Zeit wurde als eine Zeit erfahren, die mit Gott und seiner Ewigkeit zu tun hatte. Sie ragte über jedes Bitten und Verstehen in den Alltag hinein!
Die Geschichte vom Barmherzigen Samariter ist keine ferne Weissagung, sondern erzählt mitten aus dem Leben. Die Ewigkeit, wann immer sie kommt, trifft auf gestaltende Menschen. Sie trifft auf handelnde Menschen und auf engagierte Nachbarschaften von Nationen, die nicht zu-

erst nach der Religion, nicht nach der Nationalität, der Hautfarbe oder der Ideologie fragen.
Die Ewigkeit sucht nach Haltung und Engagement in dieser Welt. Sie erinnert damit an den Ursprung der Menschheitsfamilie. Und schaut, wie achtsam wir schon jetzt dem Fremden zum Bruder und zur Schwester werden. Amen.

Gemeinsames Lied *Vertraut den neuen Wegen* (EG 395)

Fürbitten

Metropolit Augoustinos
Gott, du hast uns ewiges Leben versprochen.
Mit Sorge schauen wir auf die Not der Menschen in unserer Welt.
In den Fürbitten legen wir dir, ewiger Gott, die Anliegen unserer Zeit ans Herz.
Gemeinsam rufen wir: Erhöre uns, Gott.
Alle: Erhöre uns, Gott.

Herr Sindermann
Wir bitten dich für alle Menschen, die vor Krieg und Bürgerkrieg, vor Verfolgung und Terror fliehen müssen.
Für alle, die sich für den Frieden und die Sicherheit einsetzen.
Und auch für all diejenigen, die nur die Sprache der Gewalt kennen und anderen Menschen Gewalt antun.
Gemeinsam rufen wir: Erhöre uns, Gott.
Alle: Erhöre uns, Gott.

Frau Tran
Wir beten für alle Menschen, die wegen ihres Glaubens bedrängt oder verfolgt werden.
Für alle, die sich für die Verständigung unter den Religionen einsetzen.
Und auch für die, die andere wegen ihrer Überzeugungen unterdrücken.
Gemeinsam rufen wir: Erhöre uns, Gott.
Alle: Erhöre uns, Gott.

Herr Sindermann
Wir beten für alle Menschen, die in unserem Land an den Rand gedrängt werden.
Für alle, die sich für den Zusammenhalt unserer Gesellschaft einsetzen.
Und auch für diejenigen, die andere ausgrenzen.
Gemeinsam rufen wir: Erhöre uns, Gott.
Alle: Erhöre uns, Gott.

Frau Tran
Wir beten für die Kinder und Jugendlichen, die in Zukunft unsere Gesellschaft gestalten werden.

Für die alten Menschen, die am Aufbau unseres Landes beteiligt gewesen sind. Und für alle, die sich für ein gutes Miteinander der Generationen einsetzen.
Gemeinsam rufen wir: Erhöre uns, Gott.
Alle: Erhöre uns, Gott.

Quillen
Wir beten für alle Menschen, die einsam sind und die keine Freunde haben.
Für alle Menschen, die neu in unser Land kommen und sich nicht zurechtfinden. Und für alle, die auf andere Menschen zugehen und sie willkommen heißen.
Gemeinsam rufen wir: Erhöre uns, Gott.
Alle: Erhöre uns, Gott.

Metropolit Augoustinos
Alle unsere Bitten, jene, die wir ausgesprochen haben,
und solche, die wir still im Herzen haben,
nehmen wir hinein in das Gebet,
das Jesus uns zu beten gelehrt hat.

Vaterunser

Musik | *Kinderchor, Lisa Laage-Smidt*

1 Ja, wir können Brücken bauen,
   und uns selbst auch auf sie trauen.
   Ja, wir können uns verstehen
   und gemeinsam weitergehen.
   Refrain: Halleluja, halle-, halleluja.
2 Die neue Stadt entsteht,
   weil Gottes Geist uns weht,
   und Gottes Geist erhält
   die eine Welt.
   Halleluja, halle-, halleluja.

Friedensgruß

Norbert Trelle
Seit alters her wünschen wir uns als Christinnen und Christen im Gottesdienst gegenseitig den Frieden. Wir wollen das auch in diesem Gottesdienst tun.
Und wir wollen heute, an diesem besonderen Tag, noch einen Schritt darüber hinausgehen: In besonderer Weise wünschen wir unseren Gästen, Landesrabbiner Jonah Sievers und dem Schura-Vorsitzenden Avni Altiner, Frieden. Stellvertretend für ihre Glaubensgemeinschaften.
Wir freuen uns nun auf ihr Wort des Grußes und des Friedens an uns.

Jonah Sievers
Am heutigen Abend beginnt mit Jom Kippur, dem Versöhnungstag, der höchste jüdische Feiertag, der Höhepunkt der zehn Bußtage. Diese Zeit ist gekennzeichnet vom Willen, sich mit dem Ewigen zu versöhnen.
Am Jom Kippur werden aber nur die Vergehen des Menschen gegenüber dem Ewigen nach tätiger Umkehr vergeben. Die Vergehen, die sich zwischen uns Menschen ereignet haben, sind hiervon nicht betroffen, denn diese müssen durch sie selbst zwischenmenschlich gelöst werden.
In dieser Zeit, in der wir uns nicht nur der staatlichen, sondern auch der inneren Einheit erinnern und vergewissern, ist also der richtige Zeitpunkt, darüber nachzudenken, wie es um den Zusammenhalt in unserem Land bestellt ist.
Im vergangenen Sommer mussten wir Sprechchöre auf unseren Straßen hören, von denen man nicht glaubte, sie jemals wieder hören zu müssen. Ich stehe noch unter dem Eindruck der Kundgebung gegen Antisemitismus vor dem Brandenburger Tor vor drei Wochen, an dem die Spitzen unseres Staates und der Kirchen anwesend waren.
Ich danke allen, die uns an diesem Tag solidarisch zur Seite standen. Allerdings hätte ich mir gewünscht, dass die Initiative zu dieser Kundgebung nicht durch die jüdischen Gemeinden erfolgt wäre. Wir alle sind gefordert, da Antisemitismus an und für sich einen Angriff auf unsere gesamte Gesellschaft darstellt.
»Liebe deinen Nächsten, denn er ist wie du und ich.«
Ich wünsche uns, dass wir in uns gehen und als Gesellschaft diesen biblischen Vers mit neuem Leben erfüllen, auf dass wir erkennen:
Wir sind alle Menschen, die im Angesicht des Ewigen erschaffen wurden. Ganz gleich, welcher Religion, Weltanschauung oder Lebensweise wir angehören.

Avni Altiner
Meine sehr verehrten Damen und Herren, liebe abrahamitischen Geschwister,
ich freue mich, als Vertreter des muslimischen Landesverbandes Schura Niedersachsen zu Ihnen sprechen zu dürfen. Seit dem Herbst 1989 sind nun 25 Jahre vergangen. Das deutsche Volk lebte davor vier Jahrzehnte getrennt, als Folge des von Deutschland in die Welt getragenen, furchtbaren Krieges. In diesen Jahren der Trennung von Ost und West und in dem Vierteljahrhundert, das seither vergangen ist, hat sich das Gesicht Deutschlands gewandelt.
Neue Deutsche sind hinzugekommen, unter ihnen zahlreiche Muslime. Sie sind eingewandert und bilden heute mit ca. 4,2 Mio Anhängern einen festen Bestandteil von ca. 5 Prozent der gesamtdeutschen Gesellschaft. So ist der 3. Oktober auch ein Fest unserer gemeinsamen Einheit.
Deshalb öffnen wir Muslime heute unsere Moscheen und laden ein zum Tag der offenen Moschee, wie es Bundespräsident Herzog vor zwanzig Jahren angeregt hat. Der Tag der deutschen Einheit führt uns Muslimen vor Augen, wie wichtig die Werte der Einigkeit, Freiheit und Demokratie sind. Er führt uns auch vor Augen, dass diese Werte stets geschützt und stets neu verwirklicht werden müssen. Wir, die Muslime in Niedersachsen, verstehen uns als festen Bestandteil dieser Gesellschaft.

Wir verstehen uns als aktive Stütze der wichtigsten Säulen der Demokratie wie der Freiheit, Meinungsfreiheit und Glaubensfreiheit. Diese Verantwortung müssen wir alle übernehmen.
So grüße ich Sie herzlich mit dem Friedensgruß, wie er unter Muslimen üblich ist:
As salamu alaikum.

Norbert Trelle
Der Friede Gottes sei mit euch allen.
Gebt einander ein Zeichen des Friedens.

Danklied *Großer Gott, wir loben dich* (EG 331)

Aaronitischer Segen | *Ralf Meister*

Auszug der Mitwirkenden

Klopfzeichen

Elemente aus Gedenkgottesdienst und Gelübdemesse zum
50. Jahrestag des Grubenunglücks von Lengede

Thomas Mogge und Elisabeth Rabe-Winnen

Nach den Ereignissen von 1963, die auch unter dem Titel »Das Wunder von Lengede« bekannt wurden, gelobte der damalige Lengeder katholische Pfarrer Kemming, dass künftig an jedem ersten Sonntag im November im Gedenken an alle verunglückten sowie geretteten Bergmänner eine Messe stattfinden solle. Daher stammt der Name »Gelübdemesse«. In der Messe zum 50. Jahrestag wurde eine Predigt gehalten, die für diese Publikation mit liturgischen Elementen eines Gedenkgottesdienstes verbunden wurde, der in dialogischer Form lebendige Ökumene abbildet. Dieser Gedenkgottesdienst wurde am 24. Oktober 2013 gefeiert. An dieses Datum erinnern sich die Lengeder jährlich an der Gedenkstätte des Unglücks.

Mitwirkende

Liturgie: *Pfarrer Thomas Mogge, röm.-kath. und Pastorin Elisabeth Rabe-Winnen, ev.-luth.*
Predigt: *Pastorin Elisabeth Rabe-Winnen*

Liturgisches Votum & Einführung

Pastorin: Vor 50 Jahren geschahen die Dinge, die unseren Ort in das Bewusstsein der Welt hoben.

Pfarrer: 50 Jahre danach sind wir hier zum Gedenken.

Pastorin: Im Gedenken und Erinnern der Ereignisse, im Trauern über das Unglück, im Danken über die Rettung stehen wir nicht allein.

Pfarrer: Wir erinnern uns gemeinsam. Und einer steht bei uns: Gott. Darum soll nun auch ein Gottesdienst seinen Raum haben. Hier an diesem Ort des Gedenkens.

Pastorin: Wir feiern diesen Gottesdienst im Namen Gottes, des Vaters und des Sohnes und des Heiligen Geistes.
Alle: Amen.

Gemeinsame Liedstrophe (Melodie nach EG 322)

Gott lasse seine Lieb und Güt
um, bei und mit uns gehn,
was aber ängstet und bemüht,
gar ferne von uns stehn.

Gebet mit Psalmworten

Pastorin
Sie nannten es Wunder. Das, was vor 50 Jahren geschah. Doch unser Ort gedenkt der Ereignisse vor 50 Jahren nicht am Tag der Rettung. Unser Ort gedenkt der Ereignisse vor 50 Jahren am Tag des Wassereinbruchs. Sie nannten es Wunder. Und ja, für die Geretteten war es wunderbar. Ihre Hoffnung fand ein Ziel. Doch hier vor Ort ist es im Gedächtnis auch als Unglück. Denn es gab auch die, deren Hoffnung kein Ziel fand.

Pfarrer
Gartenzaun an Gartenzaun erlebten die Menschen hier in Lengede beides: erfüllte Hoffnung und enttäuschte Hoffnung. Wunder und Unglück. Bitterliches Leid und den Beginn eines zweiten Lebens. Beides war. Beides ist in Erinnerung. Beidem gedenken wir.

Pastorin
Das Leben ist wie ein Psalm. Ein Auf und Nieder. Grüne Auen. Finstere Täler. Die Worte der Psalmen, die wir in der Bibel finden, bilden das Leben ab.
Die Höhen und die Tiefen. Die grünen Auen und die finsteren Täler. Die Wunder und die Unglücke.

Pfarrer
Mit Worten aus den Psalmen reihen wir uns ein in die Klage an Gott über alle Unglücke und in das Lob an Gott über alle Wunder.
Not lehrt beten, sagt der Volksmund. Und es stimmt. In der Not, die unser Leben betrifft, schreit unsere Angst, weinen unsere Tränen. Und vielleicht haben auch sie, die Männer 60 Meter unter uns, vor 50 Jahren in ihrer Not gebetet. Ein »Ach!« vielleicht. Oder mit Worten, die sie im Herzen trugen.

Pastorin
Wir, 50 Jahre danach, beten nun hier gemeinsam an der Gedenkstätte, mit den bekannten Worten des 23. Psalms. Der erzählt von beidem: den grünen Auen und den finsteren Tälern. Denn unser Leben hat beides. Und in beidem verspricht uns Gott: Ich bin da. Er verspricht uns nicht: Die finsteren Täler werden Dir erspart bleiben. Er verspricht uns nicht: Es gibt immer nur grüne Weiden. Er verspricht: Ich bin da. In beidem.

Pfarrer:
So lasst uns beten mit Worten des 23. Psalms. Wer die Worte im Herzen trägt, kann sie gerne auch laut mitsprechen, wenn wir jetzt beten:

Der HERR ist mein Hirte, mir wird nichts mangeln. Er weidet mich auf einer grünen Aue und führt mich zum frischen Wasser. Er erquicket meine Seele. Er führt mich auf rechter Straße um seines Namens willen. Und ob ich schon wanderte im finstern Tal, fürchte ich kein Unglück; denn du bist bei mir, dein Stecken und Stab trösten mich. Du bereitest vor mir einen Tisch im Angesicht meiner Feinde. Du salbest mein Haupt mit Öl und schenkest mir voll ein. Gutes und Barmherzigkeit werden mir folgen mein Leben lang, und ich werde bleiben im Hause des HERRN immerdar. (*Lutherübersetzung 1984*)

Musik | *Berghornistencorps*

Predigt zu Matthäus 7,7–11 (Einheitsübersetzung) | *Elisabeth Rabe-Winnen*

Bittet, dann wird euch gegeben; sucht, dann werdet ihr finden; klopft an, dann wird euch geöffnet. Denn wer bittet, der empfängt; wer sucht, der findet; und wer anklopft, dem wird geöffnet. Oder ist einer unter euch, der seinem Sohn einen Stein gibt, wenn er um Brot bittet, oder eine Schlange, wenn er um einen Fisch bittet? Wenn nun schon ihr, die ihr böse seid, euren Kindern gebt, was gut ist, wie viel mehr wird euer Vater im Himmel denen Gutes geben, die ihn bitten?

Gnade sei mit euch von dem, der da ist, der da war und der da kommt. Amen.

Klopfzeichen! Klopfzeichen! Und die Welt hielt den Atem an. 3. November 1963, früh am Morgen: Klopfzeichen. Aus verschütteter Hoffnung wurde neuer Mut zum Leben.
Für den nächsten Tag war in der Volksschule schon eine Trauerfeier angesetzt. Die Rettungsarbeiten waren beendet. Eine letzte, allerletzte Suchbohrung. Die Hoffnung schon begraben. Und dann: Klopfzeichen! Das Rettungsteam wurde zurückbeordert. Alle überlegten. Planten. Machten. Taten. Um die Überlebenden doch noch zu retten.
Klopfzeichen! Neue Hoffnung keimte auf, bei den Rettern und bei den Männern im Alten Mann. Die Retter hatten die Hoffnung nicht aufgegeben. Und dann – in der Frühe des 3. November brach die Suchbohrung durch. Und es wurde beharrlich angeklopft. Immer wieder. Und immer wieder. Über zehn Minuten lang. Klopften sie und klopften sie und klopften sie. Und dann kamen erste schwache Antwortzeichen. Überlebende. Klopfzeichen! Hoffnungszeichen. Menschen hier vor Ort bangten und hofften. Menschen in aller Welt bangten und hofften mit.
Klopfzeichen! Und Jesus spricht: *Bittet, dann wird euch gegeben; sucht, dann werdet ihr finden; klopft an, dann wird euch geöffnet. Denn wer bittet, der empfängt; wer sucht, der findet; und wer anklopft, dem wird geöffnet.*

14 Tage unter der Erde. In der Dunkelheit. Wie die Männer sich fühlten. Unvorstellbar. Ihr Leid, so wurde mir erzählt und so können wir es zumindest auch erahnen, führte auch in das Gebet. Gebet und Beten aus tiefster Not. Die Männer klopften bei Gott an, in der Dunkelheit, im Hunger und im Durst, in tiefster Todesnot und neben ihnen vielleicht schon einer tot, beteten sie – Gebete unter Tage schickten sie in Richtung Himmel.
Sie sprachen in eigenen Worten oder mit Worten, die im Herzen wohnten. Das Vaterunser in die eine oder andere Richtung. Sie redeten durcheinander, während sie beteten. Gebete unter Tage in Richtung Himmel.
Gebete, Bitten und Bangen, hier in Lengede und auf aller Welt für die Eingeschlossenen. Und dann: tatsächlich. Klopfzeichen.
In die Todesstimmung dringt auch unter Tage Hoffnung. Hoffnung, doch noch zu leben. Weiter zu leben. In dem Film, der vor 10 Jahren gedreht wurde, ist dies der emotionalste Moment: Klopfzeichen! »Wunder von Lengede« heißt der Film. Als »Wunder von Lengede« gingen die Ereignisse vor 50 Jahren um die Welt. Die Schläge auf das Rohr der Suchbohrung. Über Tage. Unter Tage. Und dann der Ausruf: Klopfzeichen! Man nannte es Wunder und die BILD titelte: *Gott bohrte mit*.
Die Männer beteten und für 11 fand die Hoffnung ihr Ziel. Sie nannten es Wunder und erstanden auf aus der Bruchhöhle. Sie konnten ihre Lieben wieder in die Arme schließen.
Aber wenn das wirklich stimmt – Gott bohrte mit –, müsste er dann nicht zugleich verantwortlich für das Unglück sein? Und wenn er die Gebete und Bitten der Geretteten erhörte, erhörte er dann zugleich das Bitten und Flehen der Verschütteten nicht?
Ich weigere mich, das so zu glauben. Weil ich denke, dass Beten einfach nicht so funktioniert. Es kommt nicht immer das heraus, was wir konkret erbitten. Diese Erfahrung machen Menschen schon immer: Es wird nicht jede Bitte gleich erhört.
Wird die Bitte vielleicht anders erhört, als wir bitten? Weiß Gott es besser für seine Menschen? Das Leben nimmt ja manchmal andere Wendungen, als erahnt. Aber wenn das stimmte: Gott weiß es besser für uns und antwortet auf unsere Bitten anders als wir es erwarten, wäre diese Antwort allein für mich keine. Dann wäre Gott ein Zyniker. Und das Leid nicht kleiner.
Also wie denn nun? Und außerdem: Jesus sagt doch: *Bittet, dann wird euch gegeben; sucht, dann werdet ihr finden; klopft an, dann wird euch geöffnet. Denn wer bittet, der empfängt; wer sucht, der findet; und wer anklopft, dem wird geöffnet.*
Ich glaube, Gebetserhörung ist: dass Gott uns hört! Ich glaube, die Erfüllung des Gebets erfolgt im Gebet. In dem Moment, in dem ich zu Gott spreche. Weil er mich hört. Er begegnet im Gebet und diese Begegnung schon macht heil.
Bittet – so wird euch gegeben. Ich bitte. Gott. Und so ist er schon da. *Klopfet an – so wird euch geöffnet.* Ich klopfe an. Bei Gott. Und so ist er schon da. Im Gebet begegnet Gott. Hier in der Kirche. Zu Hause, bei Tisch oder wenn wir uns schlafen legen. Mitten im Alltag.

Das Gebet ist Ort der Gottesbegegnung. Auch damals, in allen Gebeten für die Eingeschlossenen, hier vor Ort und auch 60 Meter unter der Erde, an diesem finsteren Ort, inmitten dieser Todesstimmung. Ich glaube, Gebetserhörung ist: dass Gott uns hört!

Nein, so höre ich so manchen denken, das ist – ist das nicht zu wenig? Gott hört. Und das war's? Aber ich frage zurück: Ist das tatsächlich zu wenig? Gehört zu werden? Tatsächlich einen zu haben, der zuhört? Dem ich mein Klagen und Bitten entgegenschleudern kann. Und er hört es, geduldig und bis ich fertig bin mit meinem Flehen, hört er es und wird nicht müde, es zu hören. Hört es und öffnet immer wieder die Tür. Auch wenn ich mitten in der Nacht laut an seine Tür hämmere. Hört mein Bitten und auch die Worte, die ich nur schluchzen kann. Hört auch meinen Dank, wenn Wunder eintreten im Leben. Und Hoffnung eindringt.

Da ist einer, der hört. Und ich vertraue darauf, dass er da ist. Am anderen Ende der Bohrung ist er und klopft Antwortzeichen. Ich glaube, das ist sehr viel. Und ich danke Gott, dass er da ist.

Ich glaube fest: Gott war da. Bei den Männern, die beteten. Meter unter der Erde. Er war bei den Sterbenden. Und bei der Rettung. Bei Überlebenden. Bei den Rettern. Bei ihnen allen.

Ich glaube fest: Gott ist da. Auch 60 Meter unter der Erde. So dass die Männer unter Tage zu ihm sprechen konnten. Und er war da in ihrem Bitten und in ihrem Suchen und in ihrem Anklopfen.

Klopfzeichen! Hoffnungszeichen! Und das Leben bahnte sich seinen Weg. Gott hat sein helles Licht bei Nacht für uns schon angezündet. Es leuchtet im finsteren Tal. Und auch im Alten Mann. Dies Licht leuchtet seit Ostern und in jedem Herz, das zu Gott betet. Es leuchtet bei jedem Anklopfen, unter Tage, über Tage.

Klopft an – so wird euch geöffnet!

Klopfzeichen. Am 3. November in der Frühe. Und dann dauerte es ein paar Tage. Alle bangten. Hier in den Häusern. Und vor den Fernsehern unserer Republik. Und am 7. November, um 13.22 Uhr sah der erste Gerettete wieder Tageslicht. Die Bilder gingen um die Welt. Dünne Männer, Sonnenbrillen auf, steigen aus der Dahlbuschbombe. Der letzte um 14.25 Uhr. Die Ereignisse gingen als »Wunder von Lengede« um die Welt. Weil die elf Bergmänner nur durch eine Reihe von unglaublichen Zufällen überlebten.

Gott hat sein helles Licht bei Nacht für uns schon angezündet. Und dieses Licht leuchtet, so glaube ich – denen, die verstorben sind, den 29, und den Ihren. Gott hat sein helles Licht bei Nacht schon angezündet. Und es leuchtet – denen, die gerettet wurden und den Ihren. Es leuchtet – den Rettern. Und es leuchtet: uns. Amen

Musik | *Berghornistencorps*

Dialogisches Gedenken

Pastorin
Wir gedenken der Ereignisse vor 50 Jahren. Und stehen in unserem Gedenken nicht allein. Gott steht an unserer Seite. In allem Grauen. In allem Entsetzen. Steht er an unserer Seite.

Pfarrer
Gott verspricht uns, seinen Menschen, unverbrüchlich: Ich bin bei Dir – in allem, was Du tun wirst.

Pastorin
Wir gedenken der Ereignisse vor 50 Jahren. Dem Wassereinbruch. Dem Hoffen und Bangen. Der wundersamen Rettung. Dem furchtbaren Leid. Alles begann, als das Wasser eindrang. Und ging weiter, lange über 1963 hinaus.

Pfarrer
Die Menschen in unserem Ort tragen immer noch Bilder in ihren Herzen und Gefühle sind heute genauso wach wie damals.

Pastorin
Gott verspricht: Ich stehe an deiner Seite. In allem Grauen. In allem Entsetzen. In allem, was Du tun wirst. Gott verspricht nicht: Es wird keine Unglücke geben. Immer nur Wunder. Aber er verspricht: Bei allen Unglücken und in allen Wundern stehst du nicht allein.

Pfarrer
Gott spricht: Siehe, ich habe dir geboten, dass du getrost und unverzagt seist. Lass dir nicht grauen und entsetze dich nicht; denn der HERR, dein Gott, ist mit dir in allem, was du tun wirst.

Pastorin
Garant für dies Versprechen Gottes ist Jesus. Er kennt das Leid. Die Ausweglosigkeit. Schmerzen. Und sogar den Tod. Er ist durch das Dunkel gegangen. Und wieder daraus hervor. Gott hat sein helles Licht bei Nacht für uns entzündet. Und dieses Licht – es leuchtet auch im tiefsten Leid.

Pfarrer
Wir gedenken der Ereignisse vor 50 Jahren. Grubenunglücksgedenkstätte. 29 Namen sind hier zu lesen. Die Namen derer, die verstarben. Derer, deren Hoffnung kein Ziel fand.
29 Namen. 29 Rosen. Für jeden eine. Als Symbol für alles Leid der Kumpels Meter unter der Erde und das Leid ihrer Frauen und Kinder und aller Betroffenen. 29 Rosen. Als Symbol für das Leid ihre Dornen. Und zugleich ihre Blüte zum Zeichen: Sie waren nicht allein. Wir stehen nicht allein. Hier, in unserem Gedenken an Unglück und Wunder, steht einer bei uns, hier. Gott.

Pfarrer und Pastorin legen gelbe und rote Rosen nieder.
(Die Farben des Lengeder Wappens sind gelb und rot.)

Gemeinsame Liedstrophen (mit Melodie EG 322)

Solange dieses Leben währt,
sei Gott stets unser Heil,
und wenn wir scheiden von der Erd,
verbleib er unser Teil.

Er drücke, wenn das Herze bricht,
uns unsre Augen zu
und zeig uns drauf sein Angesicht
dort in der ewgen Ruh.

Gebet

Pastorin
Du, unser Gott.
Wir kommen zu dir in der Hoffnung, dass du da bist.
Wir beten zu dir im Vertrauen, dass du bei uns stehst, in allem Unglück und bei allem Wunderbaren.

Pfarrer
Wir kommen zu dir und beten für alle, die mit der Erinnerung an die Ereignisse vor 50 Jahren leben. Für alle, deren Hoffnung kein Ziel fand. Die das Unglück persönlich erlebten und deren Tränen noch heute fließen. Sie sollen spüren: Du bist da und stehst an ihrer Seite. Trage ihre Leiden mit!

Pastorin
Wir kommen zu dir und beten für alle, die mit der Erinnerung an die Ereignisse vor 50 Jahren leben. Für alle, die Retter waren. Die ihre Kumpels bargen. Lebendig. Tot. Sie sollen spüren: Du bist da und stehst an ihrer Seite. Gib ihnen Kraft!

Pfarrer
Wir kommen zu dir und beten für alle, die mit der Erinnerung an die Ereignisse vor 50 Jahren leben. Für alle, die gerettet wurden. Für die, die bangten, unter der Erde, in Todesangst waren, die die Ereignisse mit sich tragen ihr Leben lang. Und für alle ihre Angehörigen, die hofften und deren Hoffnung ein Ziel fand. Sie sollen spüren: Du bist da und stehst an ihrer Seite. Stärke sie!

Pastorin
Wir kommen zu dir und beten für alle, die der Ereignisse vor 50 Jahren gedenken. Für die, die sich erinnern können. Für die, die nachgeboren sind. Lass uns gemeinsam das Gedenken bewahren, hier an unserem

Ort. Gib uns Kraft, einander zu verstehen. Und einander beizustehen in den Gefühlen gegenüber den Ereignissen. Wir wollen spüren: Du bist da und stehst an unserer Seite.

Pfarrer
Wir kommen zu dir und beten zu dir mit allem, was uns auf dem Herzen liegt. Das bringen wir nun in der Stille vor dich.

Stille

Vaterunser

Sendung | *Elisabeth Rabe-Winnen*

Geht, immer, wenn ihr geht – in Gottes Frieden.
Geht in der Hoffnung, dass Gott mit euch geht und an eurer Seite steht.
Geht mit Seinem Segen:

Segen | *Thomas Mogge*

Es segne und behüte euch Gott, Vater, Sohn und Heiliger Geist. Amen.

Musik | *Berghornistencorps*

Kranzniederlegung an der Gedenkstätte des Grubenunglücks

Selig sind, die Frieden stiften

Ansprache im Gedenkgottesdienst zum ersten Jahrestag der Anschläge auf das World-Trade-Center | Berliner Dom am 11. September 2002

Bischof Dr. Wolfgang Huber

Der Terroranschlag am 11. September 2001 hat viel in der Welt verändert. Sätze wie: »Nichts ist mehr, wie es war«, wurden vielfach ausgesprochen. Die US-Regierung unter George W. Bush machte sich danach auf, um die »Achse des Bösen« zu brechen und die Übeltäter, u. a. den Terroristen Osama bin Laden, zu bestrafen. Als Reaktion auf die Terrorserie vom 11. September 2001 sollen die USA nach Angaben des früheren Kanzlerberaters Michael Steiner auch einen Atomschlag gegen Afghanistan erwogen haben. Wie reagieren Christen in einer solchen Situation? Im Berliner Dom fand am 11. September 2002 ein Gedenkgottesdienst statt. Bereits am Abend des 11. September 2001, unmittelbar nach den Terroranschlägen in New York und Washington, hatte ein Gottesdienst im Berliner Dom stattgefunden; die Kirche konnte nicht all die Menschen fassen, die an diesem Abend für die Opfer beten wollten und Trost suchten. Der Gottesdienst wurde ökumenisch gestaltet und von den Berliner Bischöfen Wolfgang Huber und Georg Kardinal Sterzinsky geleitet. Auch die Wiederkehr dieses Tages sollte mit einem Gottesdienst begangen werden. Als biblische Lesung wurden die Seligpreisungen der Bergpredigt gewählt; die Seligpreisung der Friedensstifter lag der Ansprache zu Grunde, die Wolfgang Huber in diesem Gottesdienst hielt.

Liebe Gemeinde!

1. »Wir müssen lernen, die Leere zu ertragen und in ihrer Gegenwart zu leben«. Simone Weil, die Philosophin und Glaubenszeugin, hat so gesprochen. *Void* ist das englische Wort für diese Leere. Daniel Libeskind hat *Voids*, Hohlräume der Leere, in sein Jüdisches Museum eingefügt: Orte der Leere, in deren Gegenwart wir lernen müssen zu leben.

Leere bleibt, wo Gewalt gewütet hat. Der 11. September war ein Tag, der plötzlich Leere in unser Leben riss. Die Sinnlosigkeit am hellichten Tag steigt wieder in uns auf: Flugzeuge, die mutwillig und absichtsvoll in Häuser gelenkt wurden, in denen Menschen ihren Aufgaben nachgingen. Andere setzten sich bis zum äußersten ein, um sie zu retten, und fanden ebenfalls den Tod.

Zurück bleibt ein Gefühl der Leere. Absolut Sinnloses ist geschehen. Die Täter verstießen gegen alles, was den Namen »Sinn« verdient. Amerikanerinnen und Amerikaner fielen dem zum Opfer, aber ebenso Menschen deutscher Herkunft. Angehörige von ihnen sind heute unter uns. Mit ihnen verneigen wir uns vor den Toten.

2. Gibt es einen Weg aus diesem Abgrund der Leere hinaus, einen Weg zu einem Sinn, der die Leere überwindet?
»Selig, die Frieden stiften; denn sie werden Söhne und Töchter Gottes genannt werden.« So heißt es in der Bergpredigt Jesu.

Oft wird dieser Teil der Verkündigung Jesu als Aufforderung dazu gedeutet, Unrecht einfach nur hinzunehmen: Halte auch die linke Backe hin, geh auch die zweite Meile mit. Doch das ist ein Missverständnis. Es entlastet uns scheinbar von den Zumutungen der Bergpredigt. Aber deren Zielrichtung gerät dabei gänzlich aus dem Blick. Sie lädt dazu ein, Möglichkeiten gewaltfreien Handelns zu erkunden. Es geht Jesus, dem Bergprediger, nicht darum, Gewalt und Unrecht passiv hinzunehmen. Beides zu überwinden, ist das Ziel.

Selig sind die Friedensstifter – nicht die Friedfertigen also, sondern die Friedensverfertiger. Das ist die entscheidende Botschaft der Bergpredigt.

Mit dem Frieden, um den es hier geht, ist gewiss mehr gemeint als die bloße Abwesenheit von Krieg – sonst wäre zum Seligpreisen kein Anlass. Und trotzdem gilt: Wer Frieden schaffen will, muss für ein Ende der Gewalt sorgen.

Das tiefe Dilemma der Friedensstifter ist uns in den vergangenen zwölf Monaten neu vor Augen getreten. Wie antworte ich auf die Gewalt, mit Gewaltverzicht oder mit Gegengewalt? Wer der Gewalt mit Gewaltverzicht begegnet, läuft Gefahr, dass er die Gewalt, die er nicht stoppen kann, gewähren lässt. Wer aber der Gewalt mit Gegengewalt entgegentritt, läuft Gefahr, dass er den Teufelskreis des Todes weiter vorantreibt.

Einen leichten Ausweg aus diesem Dilemma gibt es nicht. Auf die eine wie auf die andere Weise kann man in die Zone der Schuld geführt werden. Aber in diesem Dilemma gibt die Bergpredigt die Richtung verantwortlichen Handelns vor. Diese Richtung ist durch den Vorrang gewaltfreien Handelns vor allen Mitteln der Gewalt bestimmt. Wer dieser Richtungsangabe treu bleiben will, muss Mittel suchen, die der Gewalt auf andere Weise entgegentreten als mit bloßer Gewalt. Wer das Böse nur mit Bösem vergelten will, verlängert die Herrschaft des Bösen. Und wer das Böse nur beim andern wahrnimmt und das Gute allein bei sich selbst, verstärkt das Böse, ob er das will oder nicht.

3. Ein Jahr nach dem 11. September ist unserer Welt zu wünschen, dass es zu einer Achse des Friedens kommt. Denn auch der Frieden lässt sich in einer globalisierten Welt nur noch global sichern. Im globalen Dorf, hat Rowan Williams, der künftige Erzbischof von Canterbury, gesagt, kann das Feuer leicht und ohne Mühe von einem Dach aufs andere übergreifen. Alleingänge können darauf keine Antwort sein; eine Achse des Friedens ist nötig. Dass Gewalttäter vor ihren irdischen Richter kommen, ist dabei dringlich zu wünschen. Doch der gewaltsame Tod von Zivilisten ruft immer Ohnmacht und Leere hervor – bei dem Bauern, der in Afghanistan seine Angehörigen im Bombenhagel verlor, ebenso wie in New York.

Wer dem Recht zur Durchsetzung verhelfen will, muss die Herrschaft des Rechts auch für sich selbst gelten lassen. Die Regeln des Völkerrechts und die eigene Verfassungsordnung müssen sich gerade in dieser Hinsicht als Richtschnur für politische Entscheidungen bewähren.

In den Kirchen gibt es breite Unterstützung für alle Versuche, die Täter zu fassen und Wiederholungen unmöglich zu machen. Aber ebenso deutlich ist die Warnung vor weiteren militärischen Schritten, auch gegen den Irak. Auch kirchliche Stimmen in den USA und in Großbritannien sprechen diese Warnung aus. Sicherer wird unsere Welt durch solche Schritte nicht. Auch die Sorge um die eigene Sicherheit wird auf jeder neuen Stufe des Konflikts wachsen. Von dieser Sorge befreit werden wir nur, wenn es gelingt, Vertrauen aufzubauen.

»Selig, die Frieden stiften«. Zu den tiefen Erschütterungen des 11. September gehört, dass für die tötende Gewalt dieses Tages die Autorität Gottes in Anspruch genommen wurde. Das ist nichts anderes als Gotteslästerung. Der darin liegenden Verführung zu einem Kampf der Religionen wollen wir nicht nachgeben. Der Neigung zur Gewalt wollen wir auch im eigenen Denken widerstehen. Heute erfahren wir wie vor einem Jahr: Trost im Leiden und Ausrichtung auf den Frieden gibt der Glaube an den Gott, der ein Liebhaber des Lebens ist. Mit ihm können wir neu beginnen, an jedem Tag neu. Amen.

Gebete und Gedanken zum Frieden

Multireligiöse Gedenkfeier zum 10. Jahrestag der Anschläge auf das World-Trade-Center | Trammplatz Hannover am 11. September 2011

Verantwortlich: Prof. Dr. Wolfgang Reinbold,
ev.-luth. Landeskirche Hannovers
Beteiligte: Rat der Religionen Hannover

Die Terroranschläge des 11. September 2001 haben die Welt verändert. Auch zehn Jahre danach sind die Bilder der einstürzenden Twin Towers in Manhattan und die dadurch ausgelösten Folgen von Krieg und Terror überall präsent. Der Rat der Religionen Hannover nahm den 10. Jahrestag des 11. September zum Anlass, ein Zeichen für Frieden, Versöhnung und Dialog zu setzen. Vor dem Neuen Rathaus feierten Vertreterinnen und Vertreter der im Rat der Religionen repräsentierten Religions- und Weltanschauungsgemeinschaften eine multireligiöse Gedenkfeier. Auch der Oberbürgermeister der Stadt Hannover, Stephan Weil, nahm an der Feier teil.
Was die Form anbetrifft, entschied sich der Rat der Religionen dafür, die Fülle der Religions- und Weltanschauungsgemeinschaften zu Wort kommen zu lassen. Für die Texte zeichneten die Gemeinschaften verantwortlich. Sie wurden gebeten, nicht länger als eine Minute und dreißig zu sprechen. Zwischen den Gebeten erklang der Gong eines der buddhistischen Zentren, und ein Kind stellte eine Blume in eine Vase. Die Vase wurde im Anschluss im Foyer des Neuen Rathauses aufgestellt, als Zeichen des guten Miteinanders in einer multireligiösen und kulturell vielfältigen Stadt. Wir geben die zentrale Passage wieder.

Mitwirkende

Dr. Hilal Al-Fahad, Sprecher des Rates der Religionen (Muslim irakischer Herkunft)
Rother Baumert (Mitglied des Buddhistischen Bunds Hannover)
Hamza Dehne (deutscher Muslim, syrischer Herkunft)
Eva Glungler (ev.-luth.)
Hans-Martin Heinemann, Superintendent (ev.-luth.)
Sri Kunar, Priester (Hindu-Tempel, Hannover)
Ute Schönleiter (Humanistischer Verband)
Vanessa Salimi (Baha'i-Gemeinde)
Jonah Sievers, Landesrabbiner (Jüdische Gemeinden)
Propst Martin Tenge, Regionaldechant, Sprecher des Rates der Religionen (röm.-kath.)
Horst Vorderwülbecke, Geschäftsführer des Rates der Religionen (Liberale jüdische Gemeinde)
Dagmar Doko Waskönig, Nonne (Buddhistisches Zentrum Zen Dojo Shobogendo)

Ingrid Wettberg (Erste Vorsitzende, Liberale jüdische Gemeinde)
Stephan Weil (Oberbürgermeister der Stadt Hannover)
Herr Horst Vorderwülbecke

1 Christlicher Beitrag | Hans-Martin Heinemann

Aus dem Evangelium nach Matthäus 5,1–10 hören wir die Seligpreisungen Jesu aus der Bergpredigt:

Als er aber das Volk sah, ging Jesus auf einen Berg und setzte sich; und seine Jünger traten zu ihm. Und er tat seinen Mund auf, lehrte sie und sprach:
Selig sind, die da geistlich arm sind; denn ihrer ist das Himmelreich.
Selig sind, die da Leid tragen; denn sie sollen getröstet werden.
Selig sind die Sanftmütigen; denn sie werden das Erdreich besitzen.
Selig sind, die da hungert und dürstet nach der Gerechtigkeit; denn sie sollen satt werden.
Selig sind die Barmherzigen; denn sie werden Barmherzigkeit erlangen.
Selig sind, die reinen Herzens sind; denn sie werden Gott schauen.
Selig sind die Friedfertigen; denn sie werden Gottes Kinder heißen.
Selig sind, die um der Gerechtigkeit willen verfolgt werden; denn ihrer ist das Himmelreich.

Zur Geburtsstunde der Christenheit gehören Worte, die damals unerhört waren und so bis heute immer wieder empfunden werden. Menschen werden »selig« gepriesen, es wird mit Wertschätzung von ihnen gesprochen. Christus sagt: Wie gut, dass es sie gibt.
Entgegen aller Verdächtigungen und vieler Vermutungen, entgegen allem Augenschein seien sie auf der Spur Gottes. Sie, die Sehnsüchtigen. Sie, die Traurigen und vom Herzeleid Geschwächten. Sie alle, die augenscheinlich nichts Prächtiges hermachen.
Diese Gedanken, diese Seligpreisungen Jesu, dieser ganz und gar andere Blick auf die Welt, all das war damals unerhört und wird es wohl immer bleiben. Unerhört, weil es quer liegt zu allen scheinbar so wichtigen Ordnungen des Erfolges und der Macht, unerhört aber auch, weil man, das zu hören, kaum ertragen mag. So sehr stellt es alle die Regeln infrage, mit denen die Welt bis heute beherrschbar gehalten wird.
Auf diese Worte Jesu achtend und ihnen glaubend beten wir:
Ewiger, barmherziger Gott,
hilf uns, in der Welt nach diesen unerhörten Worten zu leben:
einem Frieden zu folgen und ihn zu suchen,
der nicht nach der Unterdrückung und dem Tod der Feinde trachtet,
sondern nach dem Leben der ganzen Schöpfung.
Mache uns mutig, sanft zu sein und ohne die Gier nach Macht zu leben.
Stärke die Traurigen und schenke uns reine Herzen.
Damit dein Friede wachsen kann in allen Ländern der Erde.
Das bitten wir dich durch Jesus Christus, der unser Bruder geworden ist,
den wir glauben als unseren Herrn durch den Heiligen Geist.
Amen.

2 Jüdischer Beitrag | *Ingrid Wettberg*

Auf drei Dingen beruht die Welt, auf Recht, auf Wahrheit und auf Frieden. Jeder einzelne soll sich sagen: »Für mich ist die Welt erschaffen worden, daher bin ich mitverantwortlich.«

3 Muslimischer Beitrag | *Hilal Al-Fahad*

Mit dem Namen Allahs, des Allgnädigen, des Gnade Erweisenden:
Es gibt keinen Heiligen Krieg,
keinen gerechten Krieg,
keinen anständigen Krieg,
keinen humanitären Krieg.
Es gibt keinen Krieg der Guten.
Kriege produzieren nur Opfer, Kriege produzieren keine Gewinner, nur Kriegsgewinnler. Kriege verursachen nur Leid, Tod und Verderben.
Die Terroranschläge vom 11. September haben die Welt verändert; sie haben unsere Welt an diesem Tag und seit diesem Tag verschlechtert. Das Zusammenleben von Menschen unterschiedlicher Religionen ist schwieriger geworden.
Aber auch heute, zehn Jahre später, bleibt eines eindeutig: Terrorismus kann durch keine Religion gerechtfertigt werden! Terrorismus ist und bleibt menschenverachtend und widerspricht den Geboten des Schöpfers allen Seins.
Lassen Sie uns daher für Frieden und Gerechtigkeit beten, für Frieden und Gerechtigkeit überall auf der Welt, wo wir, die Kinder Adams leben.
»Herr (Allah),
unsere Erde ist nur ein kleines Gestirn im großen Weltall.
An uns liegt es, daraus einen Planeten zu machen,
dessen Geschöpfe nicht von Kriegen gepeinigt werden,
nicht von Hunger und Furcht gequält,
nicht zerrissen in sinnlose Trennung nach Rasse, Hautfarbe oder Weltanschauung.«
Amen.

4 Bahai-Beitrag | *Vanessa Salimi*

Aus den heiligen Schriften der Bahai-Religion:
O ihr Menschenkinder! Der Hauptzweck, der den Glauben Gottes und Seine Religion beseelt, ist, das Wohl des Menschengeschlechts zu sichern, seine Einheit zu fördern und den Geist der Liebe und Verbundenheit unter den Menschen zu pflegen. Lasst sie nicht zur Quelle der Uneinigkeit und der Zwietracht, des Hasses und der Feindschaft werden. Dies ist der gerade Pfad, die feste, unverrückbare Grundlage. Was immer auf dieser Grundlage errichtet ist, dessen Stärke können Wandel und Wechsel der Welt nie beeinträchtigen, noch wird der Ablauf zahlloser Jahrhunderte seinen Bau untergraben.
Unsere Hoffnung ist, dass sich die religiösen Führer der Welt und ihre Herrscher vereint für die Neugestaltung dieses Zeitalters und die Wie-

derherstellung seiner Wohlfahrt erheben werden. Lasst sie, nachdem sie über seine Nöte nachgedacht haben, zusammen beraten und nach sorgsamer, reiflicher Überlegung einer kranken, schwer leidenden Welt das Heilmittel darreichen, dessen sie bedarf.
(Bahá'u'lláh, Botschaften aus Akka 11:15)

5 Buddhistischer Beitrag | *Rother Baumert*

In stiller Verbundenheit gedenken wir zu dieser Stunde der Opfer und Trauernden – aber auch der Nöte und Probleme derjenigen, die sich zu den Gewalttaten getrieben sahen und leider immer wieder getrieben sehen.

Auch nach zehn Jahren Abstand können wir den Schock und die Wunden nicht vergessen. Haben wir jedoch die Zusammenhänge und Probleme hinreichend verstanden, geschweige denn nachhaltig behoben? Zunächst müssen wir uns doch fragen: Wollen wir sie denn verstehen? Oder sehen wir keinen Sinn und haben auch keine Zeit dafür?

Seither sind Missverstandene weiterhin zu Gewalt und Terror entschlossen. Dagegen schützt auch nicht, einzelne Täter einzufangen oder unschädlich zu machen.

Wenn wir die Ursachen des Terrors nicht finden, uns auch eingestehen und aufzulösen beginnen, werden wir auf Dauer keine friedliche Zukunft finden und gestalten können.

Infolge unseres Mangels an Mitgefühl und gegenseitiger Liebe, die keine Vorleistung erwartet – auch und gerade zu diesen verirrten (oder entfremdeten?) Mitmenschen – grenzen wir uns ständig ab. Darauf weist uns auch der Dalai Lama immer wieder hin; denn hier liegt der Ursprung von Hass, Elend und Gewalt. Es gilt, diesen teuflischen Kreislauf endlich zu durchbrechen.

Mögen wir uns auf die Einheit allen Lebens besinnen, um damit wahrhaften Frieden und Mitgefühl zu allen Lebewesen zu entfalten – auch mit uns selbst. Wir leben im ständigen Wandel – darin liegt aber auch unsere dauerhafte Chance und Aufgabe zum Bewusstwerden:
Wir leben grenzenlos verbunden!

6 Humanistischer Beitrag | *Ute Schönleiter*

Es kommt nicht darauf an, welchen Glaubens man ist:
ob Moslem, ob Jude, ob Freigeist, ob Christ!
Es ist auch ganz gleich die Farbe der Haut!
Die Stimme der Herzen erschalle hier laut:

Ein Mensch, der ein Mensch ist, darf nicht mehr schweigen,
sich nicht nur vor eigenen Opfern verneigen
und nicht nur klagen: Wir klagen euch an:
Wann schafft ihr uns Frieden, ihr Herrschenden?! – WANN??!!
Nein! – Jeder fange bei SICH JETZT an!

Der Frieden ist das höchste Gut,
wenn er in unsren Herzen ruht
und Ruhe ausstrahlt in die Welt,
damit die Welt zusammen hält.

7 Muslimischer Beitrag | *Hamza Dehne*

Muslime beten fünfmal am Tag auf Arabisch ein rituelles Gebet. Außerdem beten sie frei gesprochene Bittgebete in ihrer Muttersprache. Das werde ich jetzt tun und hebe dafür meine Hände:
Oh Allah, du bist der Schöpfer aller Menschen dieser Erde.
Wir sind dankbar, dass du ein barmherziger und vergebender Gott bist.
Gib uns die Kraft, dass auch wir barmherzig und vergebend sind mit allen Geschöpfen unserer gemeinsamen Erde.
Du sagst im Koran, dass du uns Menschen hättest in Einheit erschaffen können, doch wolltest du uns unterschiedlich erschaffen, damit wir uns kennenlernen [Sure 49,13].
Darum gib uns die Weisheit, unsere Unterschiede zu verstehen, und gib uns Geduld, wenn es uns einmal schwerfällt, diese Unterschiede zu akzeptieren.
Oh Gott, es gibt Menschen, die sich vor Religionen fürchten, weil in deinem Namen Grausames getan wurde. Oh Gott, es gibt Menschen, die besonders vor Muslimen Angst haben, wenn diese täglich beten oder ein Kopftuch tragen. Bitte gib den Menschen das Vertrauen zurück, dass auch ein überzeugter Muslim ein frommer Mensch ist, der Gutes in deinem Namen wirken will.
Wir danken dir für den Frieden, den wir in dieser unserer Heimat genießen dürfen. Schenke auch den Menschen Frieden, die unter Unterdrückung oder Krieg leiden. Und gib uns den Mut gegen Unrecht das Wort zu erheben.
Wir danken dir für die Versorgung, die wir in dieser unserer Heimat genießen dürfen. Lass uns aber auch nicht die Menschen vergessen, die unter großer Not leiden, weil Menschen deine Gebote der Nächstenliebe und Gerechtigkeit missachten.
Bitte gib uns die Beharrlichkeit, das zu verändern, was verändert werden kann. Und gib uns die Geduld, umzugehen mit dem, was wir nicht ändern können.

8 Hinduistischer Beitrag | *Sri Kumar*

Ohm Shanthi!
Heute am 11. September 2011 haben wir uns hier versammelt und bitten um Shanthi in unserer Welt, in den Herzen aller Menschen. Shanthi kommt aus dem Sanskrit und heißt übersetzt innere Entspannung oder Gelassenheit, Ruhe. Aber auch Frieden.
Dieser Wunsch nach Frieden hat uns Menschen immer begleitet. Der Verlust bedroht uns sehr – wie auch am 11. September vor 10 Jahren. Es hat uns erschreckt, wozu wir Menschen fähig sind. Es hat uns auch

nachdenklich gemacht. Haben wir nicht aus der Geschichte oft genug gelernt, wie wichtig uns der Frieden ist?
Gott, wir Menschen benötigen Deine Unterstützung, dass wir friedlich miteinander sind.
Shanthi! Der Begriff sagt uns, woher der Frieden kommen kann. Aus innerer Entspannung erfolgt die Gelassenheit und Ruhe. Und daraus erfolgt der Frieden – der Frieden in meiner Umgebung.
Und dieser setzt sich fort in die Welt. Keine schrecklichen Momente sollen uns mehr belasten. Möge unser Gott uns allen die Kraft geben, in uns den Frieden zu erkennen – möge Frieden unsere Welt füllen!
Ohm Shanthi Ohm

9 Jüdischer Beitrag | *Jonah Sievers*

Im babylonischen Talmud Traktat Sanhedrin 37a wird die Frage gestellt, welche Bedeutung die Erzählung des *adam harischon*, des ersten Menschen, für uns beinhaltet.
Folgende Antworten, die für unser gemeinsames Leben unabdingbar Einsichten geben, werden gegeben:
»Um Dir zu erklären, dass derjenige, der ein Menschenleben zerstört, eine ganze Welt zerstört, und derjenige, der ein Menschenleben rettet, eine ganze Welt rettet«.
Es wird aber noch eine weitere Bedeutung gegeben:
»Es (d. h. die Geschichte vom ersten Menschen) ist dafür da, dass wenn einer wider den anderen aufsteht und erklärt: Ich bin größer als Du, ich bin mächtiger als Du, denn mein Vater war König und Dein Vater nur ein Sklave, so kann der andere antworten: Aber Dein Urgroßvater und mein Urgroßvater waren ein und dieselbe Person.«

10 Buddhistischer Beitrag | *Dagmar Doko Waskönig*

Gescholten hat man mich, verletzt,
hat mich besiegt, hat mich verlacht:
Wer solchen Sinn zu bannen weiß,
von Feindschaft lässt er eifrig ab.

Es wird ja Feindschaft nimmermehr
durch Feindschaft wieder ausgesöhnt:
Nichtfeindschaft gibt Versöhnung an;
das ist Gesetz von Ewigkeit.

Die Menschen sehn es selten ein,
dass Dulden uns geduldig macht:
Doch wer es einsieht, wer es weiß,
gibt alles Eifern willig auf.

Mögen daher immer mehr Menschen Herz und Geist ruhig, klar und ausgewogen machen, um die innere Haltung und feste Überzeugung auszubilden, dass es heute mehr denn je darauf ankommt, allein die friedfertigen Aspekte der eigenen Religion zu betonen. Mehr noch:

Mögen insbesondere die Geistlichen und religiösen Lehrer ihre Anhänger darin unterstützen anzuerkennen, dass es manch Gemeinsames, Verwandtes in den verschiedenen Religionen gibt, dass Wertvolles und Hilfreiches auch in anderen Religionen vermittelt wird und nicht zuletzt auch das Unterschiedliche ohne Gefahr für die eigene Ausrichtung mit Geduld auszuhalten ist, damit Gewalt und unendliches Leiden in der Welt vermindert werden.

11 Christlicher Beitrag | *Martin Tenge*

Herr, mach mich zu einem Werkzeug deines Friedens.
Wo Hass herrscht, lass mich Liebe entfachen.
Wo Beleidigung herrscht, lass mich Vergebung entfachen.
Wo Zerstrittenheit herrscht, lass mich Einigkeit entfachen.
Wo Irrtum herrscht, lass mich Wahrheit entfachen.
Wo Zweifel herrscht, lass mich Glauben entfachen.
Wo Verzweiflung herrscht, lass mich Hoffnung entfachen.
Wo Finsternis herrscht, lass mich Dein Licht entfachen.
Wo Kummer herrscht, lass mich Freude entfachen.

O Herr, lass mich trachten:
nicht nur, dass ich getröstet werde, sondern dass ich tröste,
nicht nur, dass ich verstanden werde, sondern dass ich verstehe,
nicht nur, dass ich geliebt werde, sondern dass ich liebe,
denn wer gibt, der empfängt,
wer sich selbst vergisst, der findet,
wer verzeiht, dem wird verziehen,
und wer stirbt, der erwacht zum ewigen Leben.

12 Beitrag des Oberbürgermeisters der Landeshauptstadt Hannover Stephan Weil (gesprochenes Wort liegt nicht vor)

Eine Welt außerhalb der Welt

Christlich-jüdischer Stationenweg in der Mahn- und Gedenkstätte
Ravensbrück, 70 Jahre nach deren Befreiung | September 2015

*Verantwortlich: Dr. Sabine Arend,
Dr. Björn Mensing, Ludwig Schmidinger*

In einem ehemaligen KZ einen Gedenkgottesdienst zu feiern, stellt eine besondere Herausforderung dar. Die Schatten der Vergangenheit sind selbst nach 70 Jahren noch präsent.

Innerhalb eines bundesweiten, ökumenischen Netzwerkes der kirchlichen Gedenkstättenarbeit gibt es unter den Mitarbeitenden nicht nur einen regelmäßigen Austausch über die Dokumentation der Verbrechen und der Opfer-Biographien und über die Gedenkstättenpädagogik, sondern auch eine ständige Kontaktpflege mit überlebenden Verfolgten und deren Angehörigen und ein Nachdenken über rituelle Formen, die Schrecken und Trost wachhalten.

Besonders eindrücklich ist das Beispiel eines liturgischen Rundgangs über das Gelände der Mahn- und Gedenkstätte Ravensbrück, der sowohl Täterinnen als auch Opfer thematisiert. Da das Gedenken auf den hohen jüdischen Feiertag Jom Kippur fiel, bekamen die jüdischen Stimmen in Biographie, Lyrik und Gebet ein besonderes Gewicht – auch wenn in Ravensbrück nur etwa 15 % der Gefangenen jüdischer Herkunft waren. Psalm 88 und das Lied »Bewahre uns, Gott« (EG 171) spielen eine zentrale Rolle. Der Charakter des Stationenwegs ist multireligiös.

Der Stationenweg wurde im Rahmen des Seminars »Rituale in der kirchlichen Gedenkstättenarbeit« am 21.–23. September 2015 von den Teilnehmenden in Arbeitsgruppen entwickelt und zum Abschluss »begangen«. Das Seminar wurde veranstaltet von der Mahn- und Gedenkstätte Ravensbrück/Stiftung Brandenburgische Gedenkstätten, der Evangelischen Versöhnungskirche in der KZ-Gedenkstätte Dachau und der Katholischen Seelsorge an der KZ-Gedenkstätte Dachau für die Arbeitsgemeinschaft kirchliche Gedenkstättenarbeit. Die Leitung lag bei Dr. Sabine Arend in Kooperation mit Dr. Björn Mensing und Ludwig Schmidinger.

Station I – Warum Gewalt?

In der Ausstellung »Im Gefolge der SS. Aufseherinnen des KZ Ravensbrück« in einem ehemaligen Wohnhaus der KZ-Aufseherinnen

Mitwirkende
Dr. *Sabine Arend (Mahn- und Gedenkstätte Ravensbrück), Jochen Proske (Gedenkstätte Lübecker Märtyrer), Pfarrer Herbert Sörgel (Evang. Gedenkstättenarbeit Flossenbürg), Annette Wodinski (Gedenkstätte für das NS-Zwangsarbeiterlager Berliner Kirchengemeinden)*

Lied von Peter Gabriel *We do what we're told* (*ins leisere Intro wird gesprochen*)

L1 (Proske): »Wir hören zu Beginn das Lied *We do what we're told* von Peter Gabriel. Es erzählt die Geschichte eines Experimentes, das erstmals 1961 in New Haven durchgeführt wurde. Der Psychologe Stanley Milgram entwickelte diesen Versuch, um die Bereitschaft durchschnittlicher Personen zu testen, autoritären Anweisungen auch dann Folge zu leisten, wenn sie in direktem Widerspruch zu ihrem Gewissen stehen. Der Versuch bestand darin, dass ein »Lehrer« – die eigentliche Versuchsperson – einem »Schüler« (ein Schauspieler) bei Fehlern in der Zusammensetzung von Wortpaaren jeweils einen elektrischen Schlag versetzte. Ein Versuchsleiter (ebenso ein Schauspieler) gab dazu Anweisungen. Die Intensität des elektrischen Schlages sollte nach jedem Fehler erhöht werden. Alle Testpersonen nutzten in der erstmaligen Versuchsanordnung das Bestrafungsspektrum bis zur maximalen Stromstärke aus.

LIED: *We do what we're told* (Wir tun, was uns gesagt wird.)

L2 (Wodinski): Sie taten, was ihnen gesagt wurde. Manche Aufseherinnen im KZ Ravensbrück taten noch mehr als das. Wir stehen dort, wo die Täterinnen gewohnt haben, die, denen ich fernbleiben möchte. Mein Herz schlägt für die, die im Konzentrationslager inhaftiert waren und gelitten haben.

Wir haben in den festen, haltbaren Häusern der Täterinnen übernachtet. Sie stehen noch immer. Und auch, wenn ich darüber nachdenke, dass in der Familie meiner Großmutter, die im benachbarten Lychen gelebt hat, überzeugte Nationalsozialisten waren, ihre Brüder als Soldaten, einer als Mitglied der Waffen-SS, in den Krieg zogen, merke ich: Die Täterinnen und Täter sind mir näher als mir lieb ist.

Bange stelle ich mir die Frage: Wie konnten die Aufseherinnen im Konzentrationslager Ravensbrück so brutal und mitleidlos Grenzen überschreiten? Wir hören etwas über eine der Täterinnen aus dem Konzentrationslager Ravensbrück.

Wie viel Brutalität steckt unentdeckt in uns? Wir können diese Frage wohl nicht beantworten, zu anders sind die Rahmenbedingungen.

Aber ich bitte Gott um Hilfe, dass er mir in allen Lebenslagen die Wachsamkeit meinen eigenen Schwächen gegenüber bewahrt, dass ich in meinem Herzen nicht Neid, Ablehnung und Hass wachsen lasse, sondern Gott meine Sinne für die Mitmenschen öffnet und mich mit ihnen fühlen lässt.

Gebet *Wachsam leben* (EG MV 823)
L 3: Ich möchte wachsam sein für deine Zeichen in meinem Leben, für die Zeichen der Warnung, der Führung, der Mahnung, für die Zeichen des Aufbruchs und der Erneuerung. Ich möchte wachsam sein für deine Zeichen an meinen Mitmenschen, für deine Zeichen der Sendung, dass mein Herz aufmerksam sei für dein Wort in den Worten, deine Tat in den Taten der Brüder und Schwestern, für die Zeichen der Bedürftigkeit, wenn mein Nächster verborgene Not leidet, für die Zeichen der herrlichen Freiheit deiner Kinder, dass ich sie nicht in der Schulbank der Unmündigkeit halte, wenn sie mündig werden zu verantwortlichem Leben vor dir. Herr, ich möchte wachsam sein für deine Zeichen. Amen.

Station II – Welt außerhalb der Welt

Am Tor zum ehemaligen Lager

Mitwirkende
Pastorin Christiane Eller (Frauenwerk der Nordkirche), Pastor Hanno Billerbeck (Kirchliche Gedenkstättenarbeit an der KZ-Gedenkstätte Neuengamme), Pfarrer Thomas Jeutner (Kapelle der Versöhnung/Gedenkstätte Berliner Mauer), Diakon Klaus Schultz (Evang. Versöhnungskirche in der KZ-Gedenkstätte Dachau)

Alle bleiben vor dem Tor stehen

Gedicht von Mascha Kaléko
L 4: Vor meinem eignen Tod ist mir nicht bang,
Nur vor dem Tode derer, die mir nah sind.
Wie soll ich leben, wenn sie nicht mehr da sind?
Allein im Nebel tast' ich todentlang
Und laß mich willig in das Dunkel treiben.
Das Gehen schmerzt nicht halb so wie das Bleiben.
Der weiß es wohl, dem gleiches widerfuhr;
– Und die es trugen, mögen mir vergeben.
Bedenkt: den eignen Tod, den stirbt man nur,
Doch mit dem Tod der andern muß man leben.

(Pause)
Hineingehen und im Zwischenbereich stehenbleiben

L5: Eingang
Kein Ausgang mehr
gefangen zwischen zwei Toren
gefangen zwischen zwei Welten
Der Blick zurück:
Häuser
mit Fensterläden
Wiese
Wege

Laternen
Kultur
so wohnen Menschen.
(Menschen, die das Lager bewach[t]en)

Der Blick nach vorn:
Ins Nichts
Bäume, die zufällig überlebt haben
Grau
Schwarz-grau
Eine Welt außerhalb der Welt.

Keine der Frauen, die hier angekommen waren, hatte an dieser Schwelle zwischen Draußen und Drinnen eine Wahl.
Die Schritte hinein bedeuteten: Du gehörst nicht mehr zu dieser Welt.
Am Häftlingsbad wurden die Frauen zum Nichts gemacht. Alle Kleidung auszuziehen ... den letzten Schutz verlieren ... es bleibt – nichts.

(Pause)
ein paar wenige Schritte hineingehen auf das Lagergelände

Psalm 88,2–10 (Bibel in gerechter Sprache)
L6: ² Adonaj, Gott meiner Befreiung!
  Tags schreie ich und nachts stehe ich dir gegenüber.
 ³ Vor dein Antlitz dringe mein flehendes Gebet.
  Neige dein Ohr meinem gellenden Schrei.
 ⁴ Übersatt an Katastrophen bin ich. Mein Leben berührt das Totenreich.
 ⁵ Ich werde zu denen gerechnet, die in die Grabhöhle hinabsteigen.
  Bin geworden wie ein entkräfteter Mensch.
 ⁶ Ausgestoßen selbst unter den Toten –
  wie Erschlagene, ins Grab geworfen, derer du nie mehr gedenkst.

Abgeschnitten sind sie von deiner Hand.
⁷ Du hast mich in den tiefsten Abgrund gestürzt,
den Grund der Dunkelheit, die Tiefe des Meeres.
⁸ Auf mich hat sich deine Glut gelegt.
Mit deiner ganzen Brandung hast du mich niedergedrückt.
⁹ Entfernt hast du mir meine Vertrauten.
Hast erreicht, dass sie Grauen vor mir empfinden.
Eingeschlossen bin ich – kein Fluchtweg.
¹⁰ Mein Auge ist abgenutzt vom Elend.
Ich schreie zu dir, Adonaj, jeden ganzen Tag,
strecke nach dir meine Handflächen aus.

(Pause)
Gehen zur Vertiefung am früheren Standort der ersten Baracke am Baum

Gemeinsamer Gesang *Bleibet hier und wachet mit mir* (EG Bay 700)

Station III Gedenken an Vera Schöne

Auf dem Areal des ehemaligen Krankenbaus

Mitwirkende
Gerlind Lachenicht (Evang. Landeskirchliches Archiv in Berlin), Hans-Joachim Ihloff (KZ-Gedenk- und Begegnungsstätte Ladelund), Pastoralreferent Ludwig Schmidinger (Kath. Seelsorge an der KZ-Gedenkstätte Dachau)

Text: Gerlind Lachenicht
L7: Wir stehen hier in einer Mulde, bedeckt mit schwarzer Schlacke, an dem Ort, wo früher eine Baracke des KZ stand. Es ist ein Ort des Verschwindens und der Leere. Von hier sind viele Inhaftierte verschwunden, mit ihrem Namen, mit ihrer Geschichte und damit auch die Erinnerung an sie. Verschwunden wie Vera Schö-

ne, die hier leben musste und deren Spuren sich hier verlieren. An sie erinnern wir hier.
Begonnen hat ihr Leben

1910   als sie in eine jüdisch-orthodoxe Familie in Berlin hineingeboren wurde. Sie war die Jüngste unter zehn Geschwistern.
Von dieser großen Geschwisterschar überlebte nur eine Schwester den Holocaust. Sie war mit einem nicht-jüdischen Mann verheiratet.
Der Vater von Vera Schöne wurde – über 80-jährig – nach Theresienstadt verschleppt und kam dort um.

Doch zurück zu ihrem kurzen Leben.

1930   brachte sie ihren Sohn Thomas zur Welt. Da war sie 20 Jahre alt und nicht verheiratet.

1936   folgte Hans, der einen anderen Vater hatte als Thomas. Unverheiratet war und blieb sie. Als Kontoristin in einer Konservenfabrik verdiente sie den Lebensunterhalt für sich und ihre Söhne.

1937   ließ sie sich zusammen mit ihren beiden Söhnen in der Messiaskapelle evangelisch taufen. Die Taufe führte zum Bruch mit ihrem jüdischen, strenggläubigen Vater.

Was ich über die dürren Daten aus verschiedenen Archiven hinaus über Vera Schöne weiß, hat mir ihr Sohn Thomas 2007 erzählt. Er beschrieb seine Mutter als Frau mit lockerem Mundwerk, das sie immer wieder in Schwierigkeiten brachte.

1938   gehörte jedoch mehr als ein lockeres Mundwerk dazu, einzuschreiten, als das Geschäft eines jüdischen Uhrmachers zerschlagen wurde. Sie war empört und ging mutig dazwischen, um ihm beizustehen. »Das ist bestimmt selbst so eine«, vermuteten Umstehende.

1939	gab sie bei der Volkszählung an, dass beide Söhne arische Väter hätten, und rettete ihnen damit vermutlich das Leben. Doch nach den Nürnberger Gesetzen, die seit 1935 galten, entsprang Hans damit einer Beziehung der sogenannten Rassenschande.
Ende 1939	verschwand Vera Schöne plötzlich. An einem Samstag wartete Thomas stundenlang vergeblich an einer Haltestelle auf sie. Sie waren verabredet, gemeinsam Hans aus dem Kindergarten abzuholen. Doch sie kam nicht. Schließlich erschien eine Frau vom Amt und brachte ihn zusammen mit Hans in ein Waisenhaus. Die Mutter sei krank, erfuhren sie bloß. Nachbarn, die auch ihre Taufpaten waren, holten die beiden aus dem Waisenhaus und ließen sie bei sich wohnen, bis der Großvater die beiden Brüder zu sich holte.
1942	kam eine Sterbeurkunde von Vera Schöne aus dem KZ Ravensbrück. Dorthin war sie wegen »Rassenschande« eingeliefert worden. Die Umstände ihres Todes sind unbekannt. Ihre Söhne überlebten die Zeit des Nationalsozialismus.
2013	Hatte ich zuletzt Kontakt zu ihrem Sohn Thomas. Hans war schon tot. Ich bat Thomas Schöne, ein Foto seiner Mutter, das er mir geschickt hatte, und ihre Geschichte veröffentlichen zu dürfen. Die Geschichte durfte erscheinen[1], aber anonymisiert, das Bild nicht. So bleibt ihr wirklicher Name verbunden mit ihrer Geschichte in der Öffentlichkeit verschwunden wie der ihrer Söhne – Vera Schöne ist ein Pseudonym. Der wirkliche Name steht jedoch nicht nur in einem Berliner Taufbuch, sondern auch hier in der Gedenkstätte Ravensbrück im Ort der Namen. Da ihr

---

[1] Vgl. Gerlind Lachenicht/Silke Radosh-Hinder/Claudia Wüstenhagen: Der Stern im Taufbecken. Berliner Christen jüdischer Herkunft und die Evangelische Kirche im Nationalsozialismus, Berlin 2013, Landeskirchliches Archiv Berlin.

Nachname selten ist, steht zu vermuten, dass es sich
bei den drei weiteren Menschen gleichen Namens um
Verwandte, eventuell sogar um Geschwister handelt,
die wie sie im KZ Ravensbrück umgekommen sind.
Thomas Schöne versteckt die Geschichte seiner Mutter
und ihrer Angehörigen vor seiner eigenen Familie.
Seine Kinder und Enkel wissen nicht, dass sie jüdische
Verwandte hatten, die im Holocaust ermordet wurden.
Aus Angst vor Judenhassern in seiner nächsten
Umgebung handelt er so.
Doch für diesen kurzen Moment ist seine Mutter hier
präsent. Wir denken an sie schweigend in Trauer.

Das Bild von Vera Schöne mit Thomas auf dem Arm wurde an der Station gezeigt und ein weiteres von Hans aus der Nachkriegszeit.

Überleitung *[Ludwig Schmidinger]*

L8: Das, was wir aus dem Leben von Vera Schöne sehen und wahrnehmen können, lässt uns vermuten, dass sie eine Frau mit einer starken Hoffnung war. Sie muss ein großes Vertrauen gehabt haben dahingehend, dass sie durch das Leben kommen würde und auch ihren Söhnen einen solchen Weg bahnen könnte. Auch dass sie sich nicht nur für ihre Kinder und sich selbst einsetzte, sondern Partei ergriff für jemanden, der ihr offensichtlich gar nicht nahestand, ist ein Hinweis oder besser Ausdruck ihrer Zuversicht.

Aus christlich-theologischer Perspektive darf man dies durchaus deuten als eine Hoffnung gegen den Tod, als Erwartung einer Zukunft, die im Hier und Heute schon begonnen hat, und die aufersteht gegen die Resignation und die Mutlosigkeit.

Solche Zuversicht finden wir auch in Versen der Psalmen, hier im Psalm 23 (Vers 4[2]):

---

[2] Psalm 22 und 23 nach: Die Schriftwerke, verdeutscht von Martin Buber, Heidelberg 1962[5], 1980, Das Buch der Preisungen (Psalmen), 35 ff.

Psalm 23,4

L 9: Auch wenn ich gehen muss
durch die Todschattenschlucht,
fürchte ich nicht Böses,
denn du bist bei mir,
dein Stab, deine Stütze –
die trösten mich.

[Die Psalmen 22 und 23 können als Ausdruck einer Erfahrung des Untergangs und der Rettung gesehen werden, theologisch als ein Weg aus dem Erleben der Verlassenheit in die Geborgenheit bei Gott, christlich gedeutet als Karfreitag und Ostern, also für den Tod und die Auferstehung Jesu, aber auch jedes Getauften.]

Station IV Sprechmotette

Am See

Mitwirkende
Raimo Alsen (KZ-Gedenk- und Begegnungsstätte Ladelund), Ulrich Kreßin und Pfarrer Michael Maillard (Ökum. Gedenkzentrum Plötzensee), Stefan Schick (Jugendreferat im Evang. Kirchenkreis Lüdenscheid-Plettenberg), Petra Vogelgesang (Gedenkstätte für das NS-Zwangsarbeiterlager Berliner Kirchengemeinden)

Sprecher*innen stehen locker am Seeufer verteilt (zwischen ihnen die übrigen Teilnehmer*innen). Nacheinander beginnen sie, die folgenden Sätze/Wörter zu sagen, die sie dann bis zum Ruf von Sprecher 7 ständig wiederholen:

S 1: Die Glocken läuten.
S 2: Die Vögel zwitschern, zwitschern …
S 3: Ruhig liegt der See.
S 4: Hundegebell!
S 5: Walze ziehen
S 6: Maschinen rattern, rattern …

Plötzlich in die Soundcollage hinein (sehr laut, im Befehlston):
S 7: Halt! Abzählen!

Mit einem Schlag verstummen alle und bleiben schweigend und unbeweglich stehen. Schließlich wird von einer Stimme der Liedtext von »Wenn das Rote Meer grüne Welle hat« gesprochen (nicht gesungen!):

L 10: Wenn das Rote Meer grüne Welle hat, dann ziehen wir frei, dann ziehen wir frei heim aus dem Land der Sklaverei.
Wenn unsre Tränen rückwärts fließen, dann bleiben wir hier, dann bleiben wir hier, weil sich das Land gewandelt hat.
Wenn der Stacheldraht rote Rosen trägt, dann bleiben wir hier ...
Wenn unsre Träume Früchte tragen, dann bleiben wir hier ...
Wenn vor jedem Kind Macht die Waffen streckt, dann bleiben wir hier ...
Wenn es dreizehn schlägt und die Zeit zerbricht, dann bleiben wir hier ...
Wenn das Land für uns eine Bleibe hat, dann bleiben wir hier.

Station V Jom Kippur

Im Zellenbau, unweit der Gedenkräume für die jüdischen Häftlinge

Mitwirkende
Gestaltung/Textauswahl: Sr. M. Elinor Grimm (für die Schönstatt-Bewegung in der KZ-Gedenkstätte Dachau), Pfarrer Dr. Björn Mensing (Evang. Versöhnungskirche in der KZ-Gedenkstätte Dachau)

Gemeinsamer Liedvers Bewahre uns, Gott (EG 171,1)

Aus dem Abendgebet für Jom Kippur[3] (*Lesung im Wechsel:*)

---

[3] Die Texte zum Jom Kippur aus: Seder hat-tefillot: das jüdische Gebetbuch, hg. v. Jonathan Magonet in Zusammenarbeit mit Walter Homolka, Band 2: Gebete für die Hohen Feiertage, Gütersloh 1997, 297 und 525; 531; 463 (Grundlage: Gebetbuch der »Reform Synagogues of Great Britain«).

L12: Unser Name

E: Jeder Mensch hat einen Namen,
den Gott ihm gegeben,
den Vater und Mutter ihm gaben.

    A: Jeder Mensch hat einen Namen,
den seine Gestalt und sein Lächeln ihm geben
und den seine Kleidung ihm gibt.

E: Jeder Mensch hat einen Namen,
den das Gebirge ihm gibt
und die Wände, in denen er lebt.

    A: Jeder Mensch hat einen Namen,
den die Sterne ihm geben,
den seine Nachbarn für ihn haben.

E: Jeder Mensch hat einen Namen,
den seine Sünde ihm gibt
und die Sehnsucht, die sein Leben prägt.

    A: Jeder Mensch hat einen Namen,
den seine Feinde ihm geben
und den seine Liebe ihm gibt.

E: Jeder Mensch hat einen Namen,
den seine Feste ihm geben,
den seine Arbeit ihm gibt.

    A: Jeder Mensch hat einen Namen,
vom Kreislauf des Jahres
und von seiner Blindheit ihm beigelegt.

E: Jeder Mensch hat seinen Namen,
vom Meer ihm gegeben
und von seinem Tod.

Gemeinsamer Liedvers *Bewahre uns, Gott* (EG 171,2)

Religiöse Praxis von jüdischen Frauen im KZ Ravensbrück

In den meisten Fällen erlaubte das Leben in den Konzentrationslagern es nicht, die jüdischen Riten und Rituale in strenger Übereinstimmung mit dem jüdischen religiösen Gesetz (Halachah) zu befolgen. Aber jene religiösen Handlungen, welche die Frauen vollziehen konnten, drückten ein Verlangen und inneres Bedürfnis danach aus, ihr Jüdischsein und ihre menschlichen Werte im Angesicht des Nationalsozialismus aufrechtzuerhalten. Die Befolgung der Tradition half ihnen, die Lagerwirklichkeit zu unterbrechen, und die Traditionsbildung der Frauen diente dazu, sie mit der Vergangenheit und der Zukunft zu verbinden. Sie fühlten sich ihren Ahnen verbunden, die vor dem Pharao und den Makkabäern gestanden hatten; auch diese hatten sich einem mächtigen Feind gegenübergesehen, den sie überwinden konnten.

Die Frauen unternahmen enorme Anstrengungen, um verschiedene religiöse Rituale zu vollziehen; dadurch versuchten sie, sich unter den Bedingungen der NS-Verfolgung mittels ihres jüdischen Glaubens und mit Gottes Willen auf das Leben zu beziehen; sie wollten an dem Sinn festhalten, den Religion bot.[4] (...)

»Ein Kernritual jüdischer Frauen ist es, die Sabbat-Kerzen anzuzünden, und viele Zeugnisse berichten von der geheimen Befolgung dieses Gesetzes. Die Frauen in den Lagern verfügten über eine scheinbar unerschöpfliche Fähigkeit, Wege zu finden, die Kerzen anzuzünden. Manchmal bohrten sie ein Loch in eine Kartoffel, füllten es mit Margarine und steckten einen Stofffetzen hinein. Mädchen, die in den Waffenfabriken arbeiteten, brachten Schrauben und füllten sie mit Maschinenöl.

Feiertage waren besondere Ereignisse in den Konzentrationslagern, die einerseits Erinnerungen und Verzweiflung hervorriefen und andererseits Hoffnungen erneuerten. Für viele waren die Feiertage ein Weg, dem Alltag zu entkommen, in einer abnormalen Situation ein Normalitätsgefühl wiederzugewinnen und stark zu werden. Die Frauen bemühten sich sehr, die Feiertage mittels der Bruchstücke von Tradition und Heiligkeit zu gestalten, an die sie sich von Zuhause erinnerten; und wenn das Fest nahte, lag immer ein Gefühl von Aufregung in der Luft.«[5]

---

[4] Liat Steir-Livny, Der Glaube im Angesicht der Hölle, in: Irith Dublon-Knebel (Hrsg.): Schnittpunkte des Holocaust: Jüdische Frauen und Kinder im Konzentrationslager Ravensbrück, Berlin 2009 (Schriftenreihe der Stiftung Brandenburgische Gedenkstätten Bd. 28), 239.
[5] A.a.O., 241.

Das Gefühl von Spiritualität und Stolz ist offensichtlich im Zeugnis von Reska Weiss, die sich an den Abend von Jom Kippur im Neumark-Frauenlager erinnert: »Der Gedanke setzte unsere schläfrigen Hirne in Flammen.« Die Frauen arbeiteten mit größerer Hingabe, »und es gab keine unter uns, die nicht durch die innere Aufregung gestärkt und ermutigt worden wäre ... Alle schienen voll Liebe und Zärtlichkeit gegenüber ihren Kameradinnen. Alle von uns, selbst jene, die Yom Kippur zu Hause nicht befolgten, beschlossen, dass dieser Yom Kippur richtig abgehalten würde. Daher aßen wir die uns zugeteilte Brotration gleich und ließen nichts für den nächsten Tag übrig. So begannen wir unser Fasten.« Ihre Anführerin forderte sie auf, zu glauben und zu hoffen, dass sie trotz allem nicht sterben würden. Als sie aufhörte zu sprechen, seufzten alle Frauen.[6]

Aus den Texten zum Mussafgebet für Jom Kippur
(Text von Hugo Gryn, geb. 1930 in der Tschechoslowakei, gestorben 1996 in London, Rabbiner:)

Ich habe diese Lektion über den Glauben nicht in einem theologischen Seminar gelernt – das kam viel später – sondern in einem elenden, kleinen Konzentrationslager in Schlesien, das groteskerweise »Liebe-Rose« genannt wurde. Es war in dem kalten Winter 1944, und obwohl wir keinerlei Kalender hatten, holte mein Vater, der dort mein Mitgefangener war, mich und einige unserer Freunde in eine Ecke in der Baracke. Er verkündigte, es sei der Abend von Chanukka. Er holte eine etwas merkwürdige geformte Tonschale hervor und begann, einen Docht anzuzünden, der in seiner kostbaren, nun geschmolzenen Margarine-Ration lag. Bevor er den Segen sprechen konnte, protestierte ich gegen eine derartige Verschwendung von Lebensmitteln. Er schaute zu mir, dann zur der Lampe, und schließlich sagte er: »Du und ich, wir haben gesehen, dass es möglich ist, bis zu drei Wochen ohne Nahrung zu leben. Einmal haben wir fast drei Tage ohne Wasser gelebt. Aber du kannst keine drei Minuten lang ohne Hoffnung leben!«

---

[6] A.a.O., 242.

Verteilen und Entzünden der Kerzen im Kreis der Teilnehmenden

Gemeinsamer Liedvers *Bewahre uns, Gott* (EG 171,3)

Aus den Texten zum Mussafgebet für Jom Kippur
(Gebet einer unbekannten Frau, gefunden auf einem Stück Einwickelpapier im Konzentrationslager Ravensbrück:)
Gott, denke nicht nur an die Männer und Frauen guten Willens, sondern auch an die mit bösem Willen. Doch erinnere dich nicht an die Leiden, die sie uns zugefügt haben. Erinnere dich an die Früchte, die wir durch dieses Leiden gebracht haben, unsere Kameradschaft, unsere Loyalität, unsere Demut, unseren Mut, unsere Großzügigkeit, die Größe des Herzens, die daraus gewachsen ist. Und wenn sie zum Gericht kommen, lass alle Früchte, die wir hervorgebracht haben, ihre Vergebung sein.

Gemeinsamer Liedvers *Bewahre uns, Gott* (EG 171,4)

Aus dem Morgengebet für Jom Kippur
(Gebet für internationale Verständigung:)
Gott, Quelle des Friedens, sei mit denjenigen, die die Geschicke der Welt lenken, damit Stolz und Prahlerei ein Ende nehmen und die Herrschaft der Arroganz aus unserer Zeit verschwindet. Gib ihnen den Mut, die Wahrheit zu sagen, und die Demut, anderen zuhören zu können.

Hilf uns allen, dass uns das Wohl unserer Mitmenschen wichtiger ist als unsere eigenen ehrgeizigen Ziele. Hilf uns, dass uns mehr an der Wahrheit liegt, auch wenn sie uns schadet, als an einer Lüge, die uns nützt. Dadurch können wir aufrecht stehen, frei und unbelastet von Furcht und Verdächtigungen und bereit, einander zu vertrauen.

Hilf jedem und jeder von uns, den eigenen Beitrag zur Verständigung und das eigene Opfer für den Frieden zu geben, damit wir in Frieden mit uns selbst und ihn Frieden mit unseren Mitmenschen leben. Dann können wir in Gelassenheit beginnen, dein

Reich in dieser Welt zu bauen, bis die Erde erfüllt ist von der Erkenntnis Gottes, wie das Meer mit Wasser gefüllt ist.

Amen.

Station VI Weg mit den brennenden Kerzen

über das Gelände der Gedenkstätte zurück zum Seminarraum dabei singen/ summen die Teilnehmenden Schalom chawerim (EG 434)

Richte unsere Füße auf den Weg des Friedens

Deutsch-französischer Gottesdienst der GEKE zum Gedenken an den Beginn des Ersten Weltkriegs | Gunsbach (Elsass) am 3. August 2014

Predigt: Kirchenpräsident Christian Krieger

Mitwirkende

Schriftführer Pastor Renke Brahms (Friedensbeauftragter des Rates der EKD), Dekan Marc Fritsch (UEPAL), Jugendliche des Friedenscamps der EKD, Kirchenpräsident Christian Krieger (UEPAL), Militärbischof Dr. Sigurd Rink, Bischof Prof. Dr. Friedrich Weber (GEKE-Präsident), Jeanne Witter (Kirchenälteste Gunsbach); französische Militärseelsorge, Pastor Daniel Muller

Musik

Bezirkskantorin Hae-Kyung Jung, Freiburg im Breisgau

Entwurf der Liturgie

Dr. Stephan Goldschmidt (EKD), Dr. Jochen Arnold (Michaeliskloster Hildesheim GEKE), Adel David (GEKE Wien)

Übersicht

Rüstgebet in der Sakristei

Glocken

Musik mit Einzug

Trinitarisches Votum | *Friedrich Weber*

Begrüßung | *Marc Fritsch*

Lied *Ich steh vor dir* (EG 382)

Psalm aus Klagelieder 5 mit Antiphon aus Psalm 22 (EG 381,1, 1. Zeile, zweisprachig)

Gestaltetes Kyrie

Eingangsgebet

Evangelium Johannes 14 | *Sigurd Rink*

Credolied *Wir glauben Gott im höchsten Thron* (EG 184)

Predigt zu Hesekiel 18 | *Christian Krieger* (aus dem Französischen übersetzt von Jochen Arnold u. Christian Krieger)

Kurze Stille

Musik

Sündenbekenntnis | *Sigurd Rink*

Beichtlied *Schaffe in mir* (EG 230)

Absolution

Lied *Let us break bread together* (Colours of Grace 47; FreiTÖne 158)

Liturgie in zwei Sprachen

Abendmahl (nach der Form der Gemeinde Gunsbach) | *Friedrich Weber, Marc Fritsch, Daniel Muller, Renke Brahms, Christian Krieger, Sigurd Rink, Kirchenälteste Gunsbach*

Lied *Ich lobe meinen Gott, der aus der Tiefe mich holt* (EG NB 595)

Fürbittengebet | *Friedrich Weber, Jugendcamp* (Zeichenhandlung Dornenzweige)

Friedensethisches Statement | *Renke Brahms* »Richte unsere Füße auf den Weg des Friedens«

Kollektenansage für ein europäisches Friedensprojekt | *Renke Brahms*

Sendung und Segen | *Renke Brahms*

Gemeinsames Lied *Deux rives, une source / Zwei Ufer, eine Quelle*

Musik und Auszug

Ablauf des Gottesdienstes in Auszügen

Glocken und Entzünden der Osterkerze

Trinitatisches Votum und Begrüßung | *Friedrich Weber*

Gerechtigkeit erhöht ein Volk; aber die Sünde ist der Leute Verderben. (Spr 14,34)

G: Amen

Begrüßung | *Marc Fritsch* (franz.)

Dreisprachiges Psalmgebet nach Klagelieder 5 und Psalm 22

Antiphon (EG 381,1; erste Zeile)
Vorsängerin: Gott, mein Gott, warum hast mich verlassen?
Alle: Gott, mein Gott, warum hast mich verlassen?

Eine/r: Gedenke, HERR, wie es uns geht;*
schau und sieh an unsre Schmach!
   Alle: Unser Erbe ist den Fremden zuteil geworden*
   und unsre Häuser den Ausländern.
Un/e: Nos pères ne sont plus là,*
Nous voilà orphelins et nos mères veuves.
   Tous: Nous ne buvons l'eau de nos puits quà prix d'argent,*
   et nous devons payer pour rentre notre bois.
One: Close onto our neck we have been pursued.*
We have grown weary. No rest has been left for us.
   All: Our forefathers are the ones that have sinned. They are no more.*
   As for us, it is their errors that we have had to bear.

Antiphon
Vorsängerin: Gott, mein Gott, warum hast du mich verlassen?*
Alle: Gott, mein Gott, warum hast du mich verlassen?

Einer: Knechte herrschen über uns und niemand ist da,*
der uns von ihrer Hand errettet.
   Alle: Wir müssen unser Brot unter Gefahr für unser Leben holen,
   bedroht von dem Schwert in der Wüste.
Un/e: Comme si nous étions dans un four,*
notre peau nous brûle, tant la faim nous tenaille.
   Tous: Notre coeur a cessé d'être heureux,*
   notre danse de joie s'est changée en deuil.
One: The crown of our head has fallen.*
Woe, now, to us, because we have sinned!
   All: On this account our heart has become ill.*

On account of these things our eyes have grown dim,
One: on account of Zion's mountain that is desolated;*
foxes themselves have walked on it.
Antiphon
Vorsängerin: Gott, mein Gott, warum hast du mich verlassen?*
Alle: Gott, mein Gott, warum hast du mich verlassen?

Alle: Aber du, HERR, der du ewiglich bleibst*
und dein Thron von Geschlecht zu Geschlecht,
    Einer: warum willst du uns so ganz vergessen*
    und uns lebenslang so ganz verlassen?
Tous: Ramène-nous à toi, Seigneur,
pour que nous revenions vraiment à toi;*
renouvelle notre vie comme autrefois.
    Un/e: Nous rejetterais-tu tout à fait?*
    Nous en voudrais-tu à ce point ?
Antiphon
Vorsänger: Gott, mein Gott, warum hast du mich verlassen?*
Alle: Gott, mein Gott, warum hast du mich verlassen?

Tous: Gloire au Père, et au Fils, et au Saint-Esprit,+
comme il était au commencement, maintenant et toujours,
pour les siècles des siècles. Amen.
Antiphon
Vorsänger: Gott, mein Gott, warum hast du mich verlassen?*
Alle: Gott, mein Gott, warum hast du mich verlassen?

Gestaltetes Kyrie Pantomimen und Kyrieruf (EG 178,12)

Eingangsgebet | *Jugendcamp EKD*

Gott, du bist ein Gott des Friedens,
wir bitten dich:
Richte uns mit Barmherzigkeit.
Lass Versöhnung wachsen,
wo Feindschaft war,
und Trost einkehren,
wo Menschen noch leiden.
Breite den schönen Glanz deines Friedens aus über Zion
und über allen Völkern der Welt.
Dies bitten wir im Namen deines Sohnes, Jesus Christus, der mit dir und
dem Heiligen Geist lebt und wirkt in Ewigkeit.

Evangelium Johannes 14,19–21 und 24–27 | *Sigurd Rink*

Gesungenes Credo *Wir glauben Gott im höchsten Thron* (EG 184)

Predigt zu Ezechiel 18,1–4 und 19–23.31 | *Präsident Christian Krieger*[1]

Liebe Freunde aus Deutschland, sehr verehrte Mitglieder der Evangelischen Kirche in Deutschland,
dear friends of the Community of Protestant Churches in Europe!

Die GEKE, die EKD und die Gemeinschaft der Protestantischen Kirche in Elsaß und Lothringen feiern diesen Gottesdienst zum 100. Jahrestag der Erklärung des Ersten Weltkriegs von Deutschland an Frankreich am 3. August 1914. Gemeinsam wollen wir das Wort Gottes hören, um »unsere Füße auf den Weg des Friedens leiten zu lassen«.
Wir tun das hier in Gunsbach, unweit der beiden Gipfel des Lingekopf und des Hartmansweilerkopf, zweier Orte, an denen sich zwei große Staaten während des ersten Weltkriegs völlig unvernünftig ineinander festgebissen haben. Es sind zwei Orte, über die eine Flut von Waffen, Blut und Feuer hereinbrach; zwei Orte, wo Tausende von jungen deutschen und französischen Soldaten auf dem Schlachtfeld sich gegenüberstanden und erst im Tod miteinander vereinigt wurden. Es sind zwei symbolträchtige Orte dieses irrsinnigen Krieges, eines der mörderischsten, welcher die Welt an den Abgrund des Nichts brachte.
Wir feiern diesen Gottesdienst hier in Gunsbach, dem Dorf, das Albert Schweitzer heranwachsen sah. In dieser Kirche war sein Vater Pfarrer, und der junge Albert spielte oft die Orgel. Gunsbach ist heute der Sitz der internationalen Albert-Schweitzer-Stiftung und somit ebenfalls ein symbolischer Ort, verbunden mit der Botschaft des Friedens und der Ethik des Respekts jeder Lebensform, wie sie der »Urwalddoktor« formuliert hat.
Wir feiern diesen Gottesdienst, um uns an die Trauer und die Dramen des großen Krieges zu erinnern. Wir feiern ihn, um diese Vergangenheit vor Gott zu bringen und einen wahrhaftigen Blick auf unsere gemeinsame Geschichte zu richten, aber auch auf uns selbst in einem international sehr schwierigen Kontext. Auf unserer Erde explodieren immer noch Bomben, die Menschen töten Menschen. Immer noch finden zivile Konflikte unter einzelnen Staaten keine andere Lösung als die der Waffen: auf dem Territorium von Israel und Palästina, in Syrien, in der Ukraine, in Libyen und an so vielen anderen Orten. Fehlender internationaler Druck nährt das allgemeine Gefühl von Gleichgültigkeit oder auch von Ohnmacht der Regierenden dieser Welt und lässt uns oft aufgewühlt und enttäuscht zurück angesichts der unerträglichen Nachrichten und Bilder, die uns täglich erreichen.
In diesem Sinne versammeln wir uns, um auf ein altes Wort zu hören, das immer wieder neu ist, weil in ihm Gott zu uns spricht, um uns auf den Weg des Friedens zu leiten. Der besagte Text findet sich beim Propheten Ezechiel im 18. Kapitel. Ich lade Sie ein, mit mir zu beten.

---

[1] Lesung und Predigt wurden auf Französisch gehalten. Die Übersetzung der Predigt stammt von Jochen Arnold, wurde aber mit dem Prediger abgestimmt. Das Original findet sich auf www.leuenberg.net/de.

Herr, gib uns deinen Geist.
Damit wir erkennen,
wohin wir gehen sollen, wenn unsere Pfade sich verlieren;
was wir tun sollen, wenn unsere Zukunft unsicher scheint,
was wir tun können, wenn wir am Rande unserer Kräfte angelangt sind.

Herr, gib uns deinen Geist,
damit wir dein Reich mitbauen,
indem wir verkündigen, heilen und lieben.

Herr unserer Hoffnung und unseres Glaubens,
wir suchen dich im Betrachten dieser alten Schrift,
beim Hören des Wortes, das Quelle unserer Erneuerung ist. Amen.

Liebe Gemeinde,
es wird Ihnen nicht entgangen sein, dass der Horizont, unter dem das Wort aus dem Propheten Ezechiel steht, dunkel ist. Die Worte »Sünde«, »Übertretung« und »Schuld« werden häufig verwendet, und für den Propheten steht fest, dass solche Verhaltensweisen einen sicheren Tod verdienen. »Wer sündigt, wird sterben.« Diese Worte werfen mit Nachdruck die Frage nach Schuld und Strafwürdigkeit auf. Wer ist für die jetzige Situation verantwortlich? Wer ist verantwortlich für diese Katastrophe? Das Volk schiebt die Schuld auf die Väter. Sie berufen sich dabei auf eine Volksweisheit, die das Volk Israel nach Belieben wiederholt:
Die Väter haben saure Trauben gegessen und den Söhnen sind die Zähne davon stumpf geworden.
Hinter dieser Maxime verbirgt sich ein fatalistisches Geschichtsverständnis. Für uns heute, beim Anlass der Feier des hundertsten Jahrestages der Erklärung des ersten Weltkrieges am 3. August 1914, klingt besonders das Echo des Nationalismus des 19. Jahrhunderts und seiner verheerenden Gewalt nach. Dieser Nationalismus hat Konflikte unter den Nationen des Ersten Weltkriegs hervorgerufen. Für uns klingt heute aber auch der Wortlaut des Waffenstillstands von 1918 mit, der anstelle eines Zeitalters des Friedens ein Zeitalter »zwischen den Kriegen« eröffnet hat.
Liebe Brüder und Schwestern, kann man in diesem ebenso dunklen wie fatalistischen Text des Ersten Testaments ein Wort finden, um unsere Füße auf den Weg des Friedens zu leiten? Ich habe zwei Friedensworte identifiziert. Um sich dies bewusst zu machen, schlage ich zuallererst vor, dass wir den Kontext und die Argumentation dieses Wortes von Ezechiel klarmachen.
Der prophetische Dienst des Ezechiel dauerte an die 22 Jahre und geschah zu Beginn des 6. Jahrhunderts vor Christus. Seine Äußerungen sind rund um den Fall Jerusalems im Jahr 587 entstanden. Dieser Fall und seine Folgen bilden das Kernereignis seiner Verkündigung. Als junger Priester lebt Ezechiel unter den Deportierten in Babylon (ab 597). An den Ufern des Flusses Kebar hat er eine Vision von der Herrlichkeit Gottes. Mit der Lichterscheinung Gottes konfrontiert, beseitigt er nunmehr die falschen Hoffnungen seines Volkes, indem er einen kritischen, ja pro-

phetischen Blick auf die Geschichte Israels wirft, aber auch auf die aktuelle Situation seines Volkes und die der Völker. Angesichts der tatsächlich erfolgten Zerstörung Jerusalems wird er sich aufmachen, die Hoffnung der Erneuerung und eines neuen Lebens zu predigen.
Das Kapitel 18 des Propheten, von dem wir Auszüge gelesen haben, argumentiert gegen diejenigen, welche die Verantwortung für ihre Situation auf die Generationen vor ihnen abwälzen wollen. Es ist ein dialektischer Text, in dem Ezechiel seine meisterliche Kunst der Rhetorik zeigt. Gegenüber der Volksweisheit, welche die Schuld den vergangenen Generationen zuschiebt, legt Ezechiel seinen wichtigsten Grundsatz vor: Gott ist gerecht. Es gibt keine Ungerechtigkeit bei Gott, schon gar nicht, wenn er verkündigt, dass der Gerechte leben und der, welcher unrecht handelt, sterben wird. Anschließend umreißt Ezechiel das Bild des Gerechten, bevor er das Prinzip auf zwei spezielle Situationen anwendet:
Zuerst geht es um das Verhältnis zwischen den Generationen. Wie ist die Schuld der Väter zu verstehen? Die eines Sohnes? Sodann fragt er, wie jemand während seines Lebens sich zum Guten oder Bösen wenden und entwickeln kann. Er beschließt seine Argumentation mit einem Ruf zur Veränderung: *Kehrt um zu Gott, lasst ab von euren Übertretungen, denn Gott hat kein Gefallen am Tod des Sterbenden.* Ich kann nicht anders, als Sie einladen, diese Argumentation zu hören und in ihrer Ganzheit zu betrachten.
Zwei Punkte sind es, von denen ich denke, dass sie etwas davon aufdecken, was unsere Schritte auf den Weg des Friedens lenken kann.

Im Angesicht der Katastrophe ruft Ezechiel zur Buße
Erstens. Ich beginne mit dem Fazit der Argumentation Ezechiels im Angesicht der Katastrophe. Der Prophet ermahnt sein Volk und jeden Einzelnen persönlich zur Umkehr. Er appelliert an jeden, einen kritischen, unbeschönigten Blick auf das eigene Leben zu richten, auf seine eigenen Entscheidungen, auf die Beziehungen zu anderen, besonders zu den Schwachen, und entsprechend das eigene Verhalten zu ändern. In allen Dingen das zu suchen, was vor Gott gerecht ist und vor den Menschen. In diesem Fall heißt das, die Andersartigkeit Gottes und jedes Menschen grundsätzlich zu respektieren, indem man sich untersagt, andere Menschen zu instrumentalisieren, auszunützen oder gar zu missbrauchen. Wer Leben misshandelt, kehre um und respektiere jede Lebensform. »*Werft weit von euch alle Übertretungen, schafft euch ein neues Herz, einen neuen Geist, erneuert das Leben.*« Brüder und Schwestern, der Weg des Friedens kann nicht ohne Veränderung, ohne Umkehr erreicht werden. Lassen wir uns verändern durch den Geist der Seligpreisungen: »*Selig sind, die Frieden stiften, denn sie werden Gottes Kinder heißen.*«
Ich habe in diesen Tagen Predigten gelesen, wie sie von vielen Kollegen, deutschen und französischen, zwischen 1914 und 1918 gehalten wurden. Eine sehr große Mehrzahl unserer Kollegen Pastoren und Theologen ist der Versuchung verfallen, in ihrer Verkündigung die Logik des Krieges zu bestärken. Die evangelischen Charaktereigenschaften Christi, des milden und leidenden Dieners, sind ersetzt worden zugunsten eines männlichen und kriegerischen Christus. Der Botschafter einer uni-

versalen Liebe wurde vergessen zugunsten eines Modellpatrioten mit exemplarischem Mut. Christus und sein Wort, besonders aber der Satz: »*Ich bin nicht gekommen, Frieden zu bringen, sondern das Schwert*«, wurden in den Dienst eines Engagements für den Krieg gestellt, das alles andere als christlich war. Pfarrer und Theologen missbrauchten Gott, und sie hatten damit Anteil an einem brutalen Missbrauch ihrer Gesellschaft.

Brüder und Schwestern, im Geist des Rufes von Ezechiel sollten wir uns an diese Irrtümer der Vergangenheit erinnern und etwas dafür tun, dass sie nicht vergessen werden, um nie wieder in sie zurückzufallen. Wir sollten annehmen, dass die Botschaft des Evangeliums mit der Forderung nach Frieden und Gerechtigkeit eine Radikalität enthält, die in der Gefahr steht, abgeschwächt zu werden. Lasst uns damit fortfahren, uns durch das Evangelium ansprechen zu lassen und uns immer wieder die Mühe geben, es zu hören, bevor wir unsere eigenen Vorgehen, Ideen und Positionen zu rechtfertigen suchen. Lassen wir uns von der Andersartigkeit der Schrift anstoßen und bewegen! Leben wir mit dieser Herausforderung als einer Quelle der Umkehr. Denn kein Krieg kann von sich behaupten ein gerechter Krieg zu sein.

Wenn die Umstände nach dem Versagen diplomatischer Bemühungen einen Krieg unvermeidlich machen, sollten wir als Christen und zugleich auch als Kirche nicht versuchen, diesen Krieg im Namen des Evangeliums zu rechtfertigen. Heute ist es leicht und schnell gesagt. Vor 100 Jahren gab es auch Pfarrer und Theologen, unter ihnen Karl Barth und Albert Schweitzer, die tatsächlich vor den Fehlern vieler ihrer Zeitgenossen bewahrt geblieben sind. Ihr beharrliches Insistieren auf einem persönlichen Gott, der sich in Jesus Christus offenbart hat und in einem persönlichen Glauben erfahren wird, hat sie wohl von der Kriegstheologie, die Rechte der Gemeinschaft über die des Einzelnen stellte, bewahrt. Dieser Vorrang eines persönlichen Gottes, der die Theologie von Barth und Schweitzer charakterisiert, spricht mich an. Frederic Rogona hat hervorgehoben, dass dieser theologische Ansatz besonders in der Achtsamkeit gegenüber jedem einzelnen Menschen zum Ausdruck kommt. Im Gegensatz zu eine Lektüre der Heiligen Schrift, die ihre Priorität auf das Anliegen des Kollektivs richtet, und deswegen in Nationalismus oder Patriotismus abzugleiten droht, entfaltet sich die persönliche Beziehung zu Gott in Achtsamkeit für jeden Einzelnen und so auch in Respekt aller Menschen. Dieses Insistieren auf der Person trägt also die universale Dimension des Evangeliums in sich.

Es ist ein Leichtes, uns an die Irrtümer unserer Väter zu erinnern, sie aber als Maßstab für unser Leben anzulegen ist eine andere Sache, weil uns so eine konkrete ethische Forderung vor Augen gestellt wird. In vielen aktuellen bewaffneten Konflikten und zivilpolitischen Spannungen werden Religion oder religiöse Vorstellungen instrumentalisiert. Es ist mehr als dringend geboten, dass alle Religionen jede Art von Instrumentalisierung zurückweisen und es somit vermeiden, dass sie den Logiken der Konflikte und Kriegen dienen. Vielmehr sollten die Religionen sich auf ihre wichtigste Aufgabe konzentrieren und in jedem Zeitalter das Gute in jedem Mensch entdecken, schützen und fördern. Zu diesem Ziel

liegt es an uns, die Lektion der Kriegspredigten wahrzunehmen und sie im Besonderen in einen anspruchsvollen Dialog mit den anderen Religionen zu übersetzen.
Ich sehe hier eine wesentliche Aufgabe für die GEKE, die KEK und die Konferenz der Kirchen am Rhein. Die Herausforderung besteht darin, an dem Beitrag zur Versöhnung und zum Frieden in Europa, den wir als Kirchen geleistet haben, weiterzuarbeiten. Europa braucht heute dringend Versöhnung und Frieden.

Die Ethik des Ezechiel
Der zweite Punkt, den ich gerne erörtern würde, weil er ein Wort enthält, das unsere Füße auf den Weg des Friedens lenken kann, besteht in der Ethik Ezechiels. Sie enthält zwei Prinzipien, das Prinzip der persönlichen Verantwortung eines jeden und die Forderung, im Jetzt zu leben.
In der Ausschau nach einem gerechten Leben vor Gott erfasst Ezechiel das Leben nicht außerhalb der persönlichen Verantwortung eines jeden. Für den Propheten ist eine verantwortliche Haltung jeden Tag gefordert. Die Kinder müssen nicht die Zeche für die Fehler der Eltern bezahlen. Sicher, das Vergangene prägt die Gegenwart mit. Aber der Mann Gottes weist die Idee des Determinismus zurück. Nein, wir sind nicht dazu verdammt, ständig wieder neu Krieg zu führen. Nein, es gibt keinen Erbfeind! Nein, kein Volk darf auf eine kriminelle Epoche seiner Geschichte reduziert werden. Nein, wir sind nicht Sklaven unserer Vergangenheit, sondern zu einem freien und verantwortlichen Leben berufen. Vor Gott ist jeder, jederzeit, verantwortlich mit seinen Entscheidungen und Taten. In der Ethik des Ezechiel klingt die des Evangeliums mit, das wir eben gelesen haben, wo Jesus sagt: »*Wer mich lieb hat, der hält meine Gebote. Und wer das tut, den wird mein Vater auch lieben ...*«
In diesem Sinne ist es einem jeden von uns anheimgestellt, auszuwählen, ob er mit Gott gehen oder ihm den Rücken zuwenden will. Gott will, dass ich lebe und das hängt nicht an mir, trotz der Fehler und Irrtümer, die ich in der Vergangenheit anrichten konnte oder die ich geerbt habe von meinen Vorfahren. Gott will, dass ich lebe und reicht mir die Hand. Er lädt mich ein, zu ihm zurückzukommen, und mein Herz verändern zu lassen und einen neuen Geist zu empfangen für ein gerechtes Leben vor ihm und mit meinen Brüdern und Schwestern.

Außerdem ist die Ethik des Ezechiel eine Entscheidung, in der Gegenwart zu leben. Der Prophet ruft dazu auf, den Moment der Entscheidung zu ergreifen, indem man sich von der belastenden Vergangenheit befreit, um sich einer neuen Zukunft zu öffnen. »*Wenn der Übeltäter umkehrt von all seinen Sünden und sich dem Recht und der Gerechtigkeit zuwendet, wird man sich nicht an all seine Vergehen erinnern, aber aufgrund dessen, dass er jetzt Gerechtigkeit tut, wird er leben.*« In seiner Argumentation bringt der Prophet Ezechiel eine Seite des Evangeliums ans Licht, indem er Linien der Heilsgeschichte Gottes reflektiert, von der auch die Verkündigung Jesu durchwirkt ist. Gott läuft im Namen seiner Gnade, seines Erbarmens und seiner Treue immer wieder los, uns zu empfangen, wenn

wir zu ihm zurückkehren (Lk 15,20), wie ein Vater den Sohn oder die Tochter, die zu ihm zurückkommt, empfängt.
Für Gott ist niemand je verloren. Niemand ist jemals auf dieser Stufe angekommen, wo Gott, weil er so schwer gesündigt hätte, nichts mehr für ihn tun könnte, oder umgekehrt, niemand ist je so ausreichend gerecht, dass er nicht riskieren würde, aufs Neue zu entgleisen. Ezechiel lehnt, übrigens ganz wie Jesus auch, eine fatalistische oder deterministische Sicht der Geschichte ab und lädt uns stattdessen ein, in die Dynamik dieses Gottes einzutreten, der uns nicht loslässt, selbst wenn die Menschen grausame Schrecken anrichten. Es ist die Dynamik eines Gottes, der die Menschen immer dort aufsucht, wo sie gerade sind, um sie anzusprechen, aufzurufen und ihre Füße auf den Weg des Friedens und der Gerechtigkeit seines Königreichs zu stellen, das in Christus angekündigt und schon gekommen ist.

Das Evangelium ruft uns, den gegenwärtigen Moment zu ergreifen, um uns Gott zuzuwenden und so die eigene Vergangenheit zu überschreiten und hinter uns zu lassen.
Dies ist die Frage, die uns die Ethik Ezechiels stellt, der Ruf, der uns sein Verständnis der Gerechtigkeit vor Gott vorhält: Leben und handeln wir in Verantwortung; so dass wir vor Gott Antwort geben können für uns und für unsere Brüder und Schwestern. Leben und handeln wir in der Gegenwart, auf der Suche, das heute zu tun, was in den Augen Gottes und vor den Menschen gerecht ist? Das also ist der Weg der Gerechtigkeit, der uns einen Pfad des Friedens öffnet, der die Umkehr eines jeden von uns fordert und zu einem verantwortlichen Leben vor Gott ruft. Und das jeden Tag aufs Neue. Amen.

O Gott, du bist, von Generation zu Generation,
die Quelle der Gnade, der Treue und inniger Liebe.
Reinige uns von der Sünde und der Unordnung, die uns niederdrückt.
Schaffe in uns ein fleischernes Herz
und gib uns einen neuen Atem,
um den Geist des Evangeliums
und der Seligpreisungen zu leben und zu teilen. Amen.

Sündenbekenntnis mit Absolution | *Daniel Muller*

Lasst uns voreinander und vor Gott bekennen, dass wir schuldig sind:

Gebet | *Sigurd Rink*

Allmächtiger Gott und Vater,
wir haben gesündigt gegen dich und unsere Mitmenschen in Gedanken, Worten und Taten,
im Bösen, das wir getan, und im Guten, das wir unterlassen haben.
Was zwischen den Völkern vor hundert Jahren geschehen ist, können wir nicht ungeschehen machen. Und doch bitten wir dich um dein gnädiges Erbarmen.

Heile, was zerbrochen ist!
Muller: Jesus Christus, unser Herr und Bruder.
Deine Liebe ist größer als unser Herz.
Vergib, wo wir träge sind/waren, den Frieden zu suchen.
Rink: Mache uns frei, uns selbst anzunehmen,
lass uns neue Menschen werden.
Heiliger Geist, unser Tröster und Beistand.
Deine Weisheit ist größer als unser Verstand.
Vergib, wo wir engstirnig nur an unsere Pläne und Ideen gedacht haben.
Muller: Hilf uns, deine Gebote zu achten und Menschen anderer Völker
und Religionen anzunehmen.
Das bitten wir dich im Vertrauen auf dein Erbarmen.

Stille zur Besinnung

Herr, wir bekennen dir unseren Mangel an Liebe und Vertrauen und singen:

Gemeinsames Beichtlied in zwei Sprachen: *Schaffe in mir, Gott, ein reines Herze* (EG 230)

Französische Fassung (Jochen Arnold – Esther Wieland-Maret)

Cré-e en moi, Dieu, un cœur can-di-de et re-nou-velle en moi un és-prit nou-veau. Ne me re-jet-te, ne me re-jet-te pas loin de ta face pas loin de ta bonne face. Et ne me re-ti-re pas ton Saint-Es-prit.

Absolution zur Gemeinde | *Daniel Muller, Sigurd Rink*

Muller: Auf dieses euer Bekenntnis verkündige ich euch
um Jesu Christi willen,
dass euch alle eure Sünden vergeben sind.
Im Namen des Vaters und des Sohnes
und des Heiligen Geistes.
Der Friede des Herrn sei mit euch allen.
Rink: So spricht Gott:
An die Sünden, die ihr getan habt, will ich nicht mehr gedenken.

Ihr sollt am Leben bleiben und einen neuen Geist und ein neues Herz bekommen.
Das verspricht euch Gott, der euch von Herzen liebt.

Abendmahlsliturgie in zwei Sprachen

Präfation

L: Der Herr sei mit euch.
G: Und mit deinem Geist.
L: Erhebet eure Herzen.
G: Wir erheben sie zum Herren.
L: Rendons grâces au Seigneur notre Dieu.
G: Cela est juste et raisonnable.

Recht ist es und wahrhaftig würdig und heilsam, dass wir dir, heiliger, allmächtiger Vater, ewiger Gott, allezeit und überall Dank sagen durch Jesus Christus, unsern Herrn.
Denn du handelst nicht mit uns nach unseren Sünden und vertilgst uns nicht nach unserer Missetat.

Béni soit ton Nom, ô Dieu, qui nous a été transmis a travers les siècles et de partout. Tellement de choses nous ont échappés, ont été prises, évaporées ou perdues sans laisser de traces à travers la violence des temps. Mais avec ton Nom tu es resté proche avec tout ce qui a été sauf gardé en lui une fois pour toute, pour chacun d'entre nous.
C'est pourquoi nous te chantons ensemble avec tout ceux qui confessent ton nom:

Sanctus

Einsetzungsworte (deutsch)

Epiklese (Bitte um den Heiligen Geist)

Souviens toi de nous, toi qui nous appelle par nos noms pour sortir des ténèbres et devenir des enfants de lumière. Soit présent par ton Esprit source de consolation et de paix. Renouvelle la face de cette terre, unis nos noms avec les noms ceux qui nous ont précédé sur le chemin de la foi, de l'espérance et de l'amour. Maintien en nous la vision de ton Royaume. Garde vivant en nous l'espoir de ce temps à venir où ton Nom sera enfin: »Tout en tous«
G: Amen.

Vaterunser in zwei Sprachen

Agnus Dei

Friedensgruß

L: Der Friede des Herrn sei mit euch.
G: Und mit deinem Geist.
L: Erkennet euch in dem Herrn als Schwestern und Brüder.
Vergebt euch untereinander. Wie der Herr euch vergeben hat, so vergebt auch ihr.
Gebt einander ein Zeichen des Friedens und der Gemeinschaft.

Einladung

Kommt, es ist alles bereit. Schmecket und sehet, wie freundlich der Herr ist. Wohl dem, der auf ihn trauet.

Austeilung mit Musik *sub communione*

Gemeinsames Lied *Ich lobe meinen Gott, der aus der Tiefe mich holt* (EG NB 585)

Fürbitten | *Friedrich Weber, Jugendliche des Friedenscamps und andere*

Auf dem Altar steht eine Vase. Neben ihr liegen zu Beginn des Fürbittengebets auf der einen Seite tote Dornenzweige, auf der anderen Seite Rosen.

L1: Ewiger Gott, vor dir gedenken wir und blicken zurück.
Wir halten inne und bitten dich, dass du uns leitest.
Wir denken an die Menschen,
die in Kriegen ums Leben gekommen sind
und die andere getötet haben.
Menschen aus allen Völkern Europas
und aus vielen Teilen der Welt.
Alle: Kyrie eleison ... (EG 178.9)
Ein toter Dornenzweig wird in die Vase auf dem Altar gesteckt.

L2: Nous pensons aux familles des victimes de la
guerre, de la violence, de la terreur.
Alle: Kyrie eleison ... (EG 178.9)
Ein toter Dornenzweig wird in die Vase auf dem Altar gesteckt.

L3: Wir denken an die Menschen,
die gegen Gewalt Widerstand geleistet haben
und dabei ihr Leben gelassen haben.
Alle: Kyrie eleison ... (EG 178.9)
Ein toter Dornenzweig wird in die Vase auf dem Altar gesteckt.

L4: Nous pensons aux espoirs de paix et de justice de ceux qui sont piétinés par les bottes des puissants, de ceux qui sont abattus par les fusils.

Des espoirs que nous pouvons faire les nôtres.
Alle: Kyrie eleison ... (EG 178.9)
Eine Rose wird in die Vase auf dem Altar gesteckt.

L1: Wir denken an die, die es schaffen,
ihren Feinden die Hand zu reichen,
und den Kreislauf der Gewalt durchbrechen.
Alle: Kyrie eleison ... (EG 178.9)
Eine Rose wird in die Vase auf dem Altar gesteckt.

L2: Nous pensons à ceux, qui osent dire »non« quand on leur donne l'ordre de tuer.
Alle: Kyrie eleison ... (EG 178.9)
Eine Rose wird in die Vase auf dem Altar gesteckt.

L3: Wir denken an die, die sich für Frieden einsetzen, –
auch dort, wo es aussichtslos scheint.
Alle: Kyrie eleison ... (EG 178.9)
Eine Rose wird in die Vase auf dem Altar gesteckt.

L4: Examine-nous à fond, ô Dieu, et connais nos cœurs!
Sonde-nous, et connais nos préoccupations!
Regarde si je suis sur une voie mauvaise,
Et conduis-nous sur la voie de toujours!
Alle: Kyrie eleison ... (EG 178.9)
Eine Rose wird in die Vase auf dem Altar gesteckt.

Sendungswort | *Renke Brahms*

Hört das Sendungswort aus dem Matthäusevangelium im 5. Kapitel:
Selig sind die Friedensstifter, denn sie werden Gottes Kinder heißen.
Gehet hin im Frieden des Herrn.

Friedensethisches Statement[2]

Im Sommer des Jahres 1914 taumelte Europa in den Abgrund des Ersten Weltkrieges. »In ganz Europa gehen die Lichter aus« – so drückte der britische Außenminister Sir Edward Grey am 3. August 1914 seine düstere Erwartung aus; und sie sollte sich bewahrheiten: Dieser Weltkrieg wurde der erste totale Krieg der Geschichte. Millionen von Opfern und verwüstete Länder waren sein schreckliches Ergebnis. Es gab in Europa und in Deutschland auch die Stimmen des Friedens und der Versöhnung, aber sie waren zu schwach. Die Saat von Hass und Gewalt wirkte weiter. Ein weiterer Weltkrieg und die ungeheuren Verbrechen der Shoah waren furchtbare Früchte auch dieser Saat. Man spricht vom Ersten

---

[2] https://www.ekd.de/ekd_de/ds_doc/20140616_wort_des_rates_der_ekd_zum_ersten_weltkrieg.pdf

Weltkrieg als der »Urkatastrophe« des 20. Jahrhunderts. Denn dieses ungeheure Ereignis bedeutete nicht nur das Leiden und Sterben von Millionen von Menschen, sondern es stellte die Errungenschaften von Aufklärung und Moderne, die Bemühungen um Humanität und Einhegung der Gewalt in Kriegen radikal in Frage. Der tiefliegende Schaden von Kirche und Theologie in Deutschland wurden durch diesen Krieg deutlich sichtbar. Sie versagten im Hinblick auf die im Wort Gottes gegründete Aufgabe, zu Frieden und Versöhnung oder auch nur zur Gewaltbegrenzung beizutragen und sich zu Anwälten der Menschlichkeit und des Lebens zu machen. Ihr Glaube an den liebenden und versöhnenden Gott, ihre Verbundenheit im einen Leib Christi mit anderen Kirchen und die Universalität ihres Glaubens hat sie 1914 nicht vor Kriegsbegeisterung und -propaganda bewahrt, noch vor der Rechtfertigung nationaler Kriegsziele bis zum Ende. So konnten sie nach Kriegsende auch nicht zur Versöhnungskraft werden und sich 1933 nicht dem Gift des wieder aufkommenden Nationalismus entziehen. Zu sehr dem nationalistischen Zeitgeist verhaftet war ihre Theologie und zu schwach war ihr ökumenisches Bewusstsein. Dies gilt in besonderer Weise für den deutschen Protestantismus – jedenfalls in seiner Mehrheit: Die wenigen Mahner aus seinen Reihen wurden mundtot gemacht.

Dieses Versagen und diese Schuld erfüllen uns heute mit tiefer Scham. Daraus müssen und wollen wir Lehren ziehen. Wie können wir solchen Verirrungen in Zukunft entgegentreten? Nach 1945 hat die evangelische Kirche in Deutschland Schritte auf einem langen Weg der Veränderung getan. Sie ist zu einem lebendigen Mitglied der weltweiten und der europäischen Ökumene geworden und tritt aktiv für humanitäre Prinzipien und Anliegen ein. Sie hat gelernt, die Friedensbotschaft des Evangeliums von Jesus Christus neu mit befreiender und verpflichtender Kraft zu hören. Sie versteht sich heute als Anwältin des gerechten Friedens, und sie bekennt mit den Worten der weltweiten Christenheit: »Krieg soll nach Gottes Willen nicht sein.« (Ökumenischer Rat der Kirchen Amsterdam 1948) Die Völker Europas leben heute weitgehend in Frieden zusammen. Diese europäische Friedensordnung aber ist nicht selbstverständlich wie wir in diesen
Monaten mit Schmerzen erfahren. Sie ist gefährdet. Wir stehen in der Verantwortung für ihren Erhalt. Noch fragiler ist der Frieden außerhalb Europas. Gewalt bekommt in vielen Regionen ein dramatisches, neues Gesicht und kann sich neuer, erschreckender Technologien und Ideologien bedienen. Umso dringender ist unser uneingeschränkter Einsatz für das humanitäre Völkerrecht, für die Bekämpfung der Konfliktursachen, für zivile Konfliktbearbeitung und Versöhnung. Darum bitten wir Gott heute, 100 Jahre nach dem Beginn des Ersten Weltkrieges: »Richte unsere Füße auf den Weg des Friedens.« In dieser Bitte und in dem Auftrag, dem Geist der Gewalt zu widerstehen und für den Frieden einzustehen, sind wir zutiefst verbunden mit unseren Schwestern und Brüdern in den Kirchen Europas. So macht sich der Rat der EKD das Wort der Gemeinschaft Evangelischer Kirchen in Europa (GEKE) u www.leuenberg.eu Weltkriegsgedenken ausdrücklich zu eigen und unterstützt den Vorschlag einer Schweigeminute im Gedenken an.

Aaronitischer Segen

Gemeinsames Lied

1. Deux rives, une source, deux peuples, une Eglise, L'espérance; un seul Père, un baptême, une foi! Que s'élèvent nos louanges au Dieu Père des humains. Dieu nous aime, alléluia! Son amour est éternel!

1. Zwei Ufer eine Quelle, zwei Völker, eine Kirche, eine Hoffnung und ein Glaube, eine Taufe, und ein Herr. Lasst uns loben Gott, den Vater aller Menschen dieser Welt! Fröhlich singen, Halleluja! Gottes Liebe hat kein End.

Nicht als Götter, sondern als Menschen

Ökumenischer Wort-Gottesdienst anlässlich des 70. Jahrestags der Zerstörung Hildesheims | Marktplatz Hildesheim am 22. März 2015

Mitwirkende
OB Dr. Ingo Meyer, ökumenische Vorbereitungsgruppe, Bläserensemble der Landeskirche, Leitung KMD Helmut Langenbruch, Hauptchor des Gymnasiums Andreanum (musikalische Leitung: Gesine Frank).
Superintendent Helmut Aßmann (ev.-luth.); Stadtdechant Wolfgang Voges (röm.-kath.)

Am 22. März 1945 wurde die mittelalterlich geprägte Stadt Hildesheim durch einen alliierten Bomberangriff zu über 95 % zerstört. Dieses Datum stellt seither einen der zentralen historischen Marker für die Stadt dar. Die Bombardierung einer Stadt, die mit gewissem Stolz den etwas anmaßenden Namen »Nürnberg des Nordens« trug, stellt seither eine schmerzliche Wunde in ihrer Geschichte dar. Der Wiederaufbau vollzog sich zwar rasch, insbesondere nachdem der legendäre »1000-jährige Rosenstock« am Mariendom im Frühsommer 1945 wieder ausschlug, aber das urbane Ergebnis blieb und bleibt hinter der sorgsam aufbewahrten Erinnerung zurück. Im Jahr 2015 wurde das Jubiläum zum 1200-jährigen Bestehen der Stadt und des Bistums gefeiert. 815 war Hildesheim durch Ludwig den Frommen gegründet worden und hatte eine seither ununterbrochene Folge von Bischöfen bis in die Gegenwart. Zugleich jährte sich aber die Zerstörung zum 70. mal. Der frühe Termin 22. März brachte es mit sich, dass sich das offizielle Stadtjubiläum ausgerechnet mit einer Erinnerung an die Katastrophe von 1945 zu beschäftigen hatte. Ein aufwändiger Beratungs- und Abstimmungsprozess zwischen Stadt und den beiden großen Kirchen brachte das Ergebnis, dass die Erinnerung an den 22. März zwar an den Beginn der Feierlichkeiten zum Stadt- und Bistumsjubiläum gestellt wurde, der eigentliche Festakt zur Eröffnung des Jubeljahres aber eine Woche später begangen wurde. Dem Gottesdienst kam daher die Aufgabe zu, nicht nur die Erinnerung an das 70 Jahre zurückliegende Ereignis zu thematisieren, sondern eine weitaus größere und weiter reichende Geschichte in den Blick zu nehmen, in der das Jahr 1945 mit seiner Düsternis nur eines unter vielen Vorkommnissen darstellt und – was noch wichtiger war – als Ausgangspunkt einer zukunftsfrohen und ehrlichen Perspektive zu stehen kommt.
Dass der Gottesdienst auf dem Marktplatz gefeiert wurde, war ebenfalls ein wichtiger Umstand. Die Gedenkfeiern zum 22. März fanden traditionell auf dem Nordfriedhof statt, an einem eher abgelegenen Platz, zu dem sich zuse-

hends weniger Menschen einfanden, die abnehmende Zahl der Zeitzeugen, die amtlich mit dem Gedenken befassten und einige zusätzliche Personen, die als Chor, Orchester und Partnerschaftsdelegation den Anschluss zur Gegenwart dokumentierten. Tatsächlich aber stand das Gedenken in der Gefahr, eine sich auflösende Erinnerung abzubilden – ein Sachverhalt, der gegen die tatsächliche Bedeutung des 22. März für die Gestalt und das Bewusstsein der Stadt stand. Die Umsiedlung des Gedenkens in die Stadtmitte und den alltäglichen Lebensraum war insofern auch eine Kehrtwende der Erinnerungsrichtung: nicht mehr die Beschwörung, dass sich Krieg und Gewalt nicht wiederholen möchten, sondern die Einbettung in das Leben der Stadt mit dem Entschluss, inskünftig das zu verfolgen und zu würdigen, was den Geist des Friedens und der Versöhnung heute und an dieser Stelle befördert. Seither ist die Erinnerungsfeier auch faktisch in die Stadtmitte zurückgekehrt.

Die Einbeziehung der Glocken der Innenstadtkirchen dokumentiert die kirchliche Grundsignatur der Stadt Hildesheim: Gegründet als ein Bistum, wird die Stadt bis heute geprägt von den großen Baukörpern der Kirchen und lebt nicht zuletzt von der kulturellen und spirituellen Substanz, die in den Gebäuden nicht nur aufgespeichert ist, sondern von ihnen in die öffentlichen Prozesse hineinwirkt.

Ablauf

Bläserintrade J. S. Bach, *Präludium d-Moll* | *Helmut Langenbruch, Bläserensemble*

Begrüßung | *Ingo Meyer*

Eröffnung | *Wolfgang Voges*

Gemeinsames Lied *Befiehl du deine Wege* (EG 361,1.2.8)

Chormusik Johann Hermann Schein, *Auf meinen lieben Gott* (Psalm 116)

Gebet mit Friedenswunsch

> Jetzt sollen im Namen des Friedens, der von Gott kommt,
> gesegnet sein die Völker aller Rassen, die Menschen aller Länder.
> Es sollen gesegnet sein Himmel und Erde,
> Wolf und Lamm, Falke und Taube, die ganze Schöpfung.
> Es sollen gesegnet sein Freund und Feind,
> damit sie Brüder werden und Schwestern.
> Es sollen gesegnet sein Schwarze und Weiße,
> Menschen aus Ost und West,
> aus dem reichen Norden und dem armen Süden,
> damit sie Frieden schließen und Freundschaft, ein für allemal.

Es sollen gesegnet sein Christen und Atheisten, Moslems und Hindus,
Heiden und Sektierer, damit sie eins werden in Gott.
Es sollen gesegnet sein die Unwissenden und die Weisen
und alle, die die Weisheit Gottes rühmen.
Gott segne auch uns.
Wir sollen ein Segen sein für die bedrohte Welt
und für die Menschen dieser Erde.
Der Friede sei mit uns und mit allen Menschen.
So möge es sein. Amen.[1]

Lesung Ezechiel 37,1–2

Lesung aus den Kirchenbüchern 1945

Lesung aus Ezechiel 37,3

Stille

Totenglocken aller Kirchen Hildesheims

Gedenken an die Zerstörung der Stadt | *Ingo Meyer*

Musik F. Mendelssohn Bartholdy und J. S. Bach *Verleih uns Frieden* | *Bläserensemble, Leitung Helmut Langenbruch*

Ansprache zum Gedenken an die Zerstörung der Stadt | *Helmut Aßmann*

Es ist jetzt 70 Jahre her. Viele Wunden sind, so tief sie auch waren, inzwischen verheilt. Die Stadt ist seit langem wiederaufgebaut, weiterentwickelt, größer geworden. Die letzten Zeitzeugen werden uns in den kommenden 10, 15 Jahren verlassen. Dann liegt der 22. März 1945 noch weiter zurück. Dann gehört er endgültig zu den Ereignissen, über die wir nur noch in Geschichtsbüchern lesen. Wir verlassen in diesen Jahren den Raum einer irgendwie direkten Betroffenheit und treten ein in ein Erbe, das uns überantwortet wird. Uns als denen, die daran nicht teilgenommen haben. Aber die damit leben, dass es einmal geschehen ist und uns bis heute prägt.

Vielleicht ist das die entscheidende Veränderung in den letzten Jahren: Die Klage über das, was geschehen ist, und die Anklage, dass in Deutschland Staatsterror und Menschenverachtung einmal 12 Jahre ihr Unwesen getrieben haben, stehen nicht mehr dominant im Raum. Sie sind nicht mehr die einzigen Stimmen, die aus dem Damals herüberklingen. Das gilt auch für die Appelle, die damit so schnell verbunden sind: dass so etwas nicht wieder passieren dürfte, dass es uns eine Mahnung sein solle, dass die Opfer nicht dem Vergessen anheimgegeben sein dürfen.

---

[1] *Vgl. Roland Breitenbach, in: Gesegnet sollst du sein. Segensgebete für Seelsorge und Gottesdienst, Georg Schwikart (Hrsg.), Freiburg/Basel/Wien 2008, 47.*

Über das hinaus gibt es einen neuen Ton, der zusehends die Erinnerung tragen kann: Dieses dunkle Erbe unserer Stadtgeschichte will nicht nur akzeptiert, sondern verwandelt werden. Es lässt sich nicht nur als eine moralische Verpflichtung verwerten, sondern kann sich auch als Antrieb zu erkennen geben. Es will, soll und kann mehr sein als ein dunkler Fleck, der in den Jahrzehnten verblasst und uns am Ende nur als ästhetische Störung behelligt.

Denn die zerstörte Stadt ist die wieder aufgebaute Stadt. Das ist ein Urbild unseres jüdisch-christlichen Glaubens. Die zerstörte Stadt ist das Resultat eines verfehlten Handelns und einer Vernachlässigung der wichtigsten Orientierung menschlichen Lebens: nämlich dass wir Menschen und nicht Götter sind. Die Ruinen waren nicht die Folge von Bomben und feindlichen Angriffen, sondern die Konsequenz einer geistigen Verirrung. Die zerstörte Stadt ist aber auch genau der Ort, an dem wieder nach dieser Orientierung gesucht werden soll, nach dem Sinn des menschlichen Daseins. Man muss wieder dort nach Gott suchen, wo sich die Abwendung von ihm so bitter gerächt hat. Deswegen wird die Stadt wiederaufgebaut. Von den Mauern bis zum Tempel. Von den Straßen bis zu den Kirchen. Die wieder aufgebaute Stadt ist das Zeichen der Hoffnung, dass die Vergangenheit nicht unser Schicksal ist.

All das trifft auch auf unsere Stadt Hildesheim zu. Sie ist so, wie wir in ihr wohnen, die Ansage, dass wir frei sind nach vorn, nicht als restauriertes, sondern als lebendiges Hildesheim, dem eine Zukunft bevorsteht. Gestern haben wir noch einmal erlebt, wie es aussieht, wenn diese Wendung nicht vollzogen wird. Wenn die Verirrung nicht angenommen, sondern bestritten wird. Dann wird es dunkel. In uns und um uns. Dann wäre der Aufbau nicht gelungen.

Die zerstörte Stadt, die wiederaufgebaut ist: Das ist das Zeichen, dass das Leben größer ist als der Tod. Dass die Vergebung weiter reicht als die Schuld. Auch, dass die Liebe stärker ist als der Hass. Und: dass Gott sich zeigt, wenn man ihn sucht. Nach den sieben Jahrzehnten, in denen die Erinnerung von Scham umgeben und das Gedächtnis mit Schuld belastet war, kommt eine neue Zeit herauf. Die Zerstörung werden wir weniger beklagen als vielmehr erinnern, die Schuld wird uns nicht mehr lähmen, wohl aber verpflichten, der Aufbau ist uns nicht mehr abgenötigt, sondern ermutigt uns, in Freiheit unser gemeinsames Leben zu gestalten.

Nicht als Götter, sondern als Menschen. Nicht vor dem Tribunal der Geschichte, sondern vor dem barmherzigen Gott. Amen.

Gemeinsames Lied *Komm, Herr, segne uns* (EG 170)

Kleines Geläut aller Kirchen Hildesheims

Chormusik Joseph M. Martin, *Lord, lead us on*

Friedensgebet

L: Alle haben gesündigt und ermangeln des Ruhms, den sie bei Gott haben sollten (Römer 3,23).

Den Hass, der Rasse von Rasse trennt, Volk von Volk, Klasse von Klasse.
Alle: Vater vergib.

Das Streben der Menschen und Völker, zu besitzen, was nicht ihr eigen ist.
Alle: Vater vergib.

Die Besitzgier, die die Arbeit der Menschen ausnutzt und die Erde verwüstet.
Alle: Vater, vergib.

Unseren Neid auf das Wohlergehen und Glück der Anderen.
Alle: Vater, vergib.

Unsere mangelnde Teilnahme an der Not der Gefangenen, Heimatlosen und Flüchtlinge.
Alle: Vater vergib.

Die Entwürdigung von Frauen, Männern und Kindern durch sexuellen Missbrauch.
Alle: Vater, vergib.

Den Hochmut, der uns verleitet, auf uns selbst zu vertrauen und nicht auf Gott.
Alle: Vater, vergib.

Vaterunser

Ansagen zum weiteren Verlauf

Sendung | *Wolfgang Voges*

Seid untereinander freundlich, herzlich und vergebt einer dem anderen, wie Gott euch vergeben hat in Jesus Christus. (Epheser 4,32)

Segen | *Helmut Aßmann*

Gemeinsames Lied *Großer Gott, wir loben dich* (EG 331,9–11)

Volles Geläut aller Kirchen Hildesheims

Verzeichnis der Beiträgerinnen und Beiträger

Sabine Arend
Jochen Arnold
Helmut Aßmann
Renke Brahms
Markus Dröge
Stefan Fritz
Gebhard Fürst
Stephan Goldschmidt
Eckhard Gorka
Friederike Grote
Matthias Heinrich
Wilhelm Helmers
Eckhard Herrmann
Wolfgang Huber
Frank Otfried July
Margot Käßmann
Michael Kösling
Heiner Koch
Annette Kurschus
Christian Krieger
Ralf Meister
Björn Mensing
Ingo Meyer
Michael Meyer-Blanck
Peter Noß-Kolbe
Philipp Meyer
Thomas Mogge
Frank Peters
Gunnar Petrich

Oliver Ploch
Heinrich Plochg
Elisabeth Rabe-Winnen
Wolfgang Reinbold
Dieter Rathing
Sigurd Rink
Per-Detlev Schladebusch
Christine Schmid
Ludwig Schmidinger
Silvia Schmidt-Kahlert
Petra Schulze
Ingrid Spieckermann
Christian Stäblein
Daniel Stickan
Norbert Trelle
Ulrike Trautwein
Wolfgang Voges
Friedrich Weber
Wolfgang Weider
Rainer Maria Woelki

Jochen Arnold
Anne Gidion
Kathrin Oxen
Helmut Schwier (Hrsg.)

Mit Bach predigen, beten und feiern

Kantaten-Gottesdienste durch das Kirchenjahr

gemeinsam gottesdienst gestalten (ggg) | 29

448 Seiten | 12,5 x 20,5 cm
Hardcover
ISBN 978-3-374-05337-7
EUR 30,00 [D]

Bachs Kantaten sind gottesdienstliche Musik. Sie wurden für den lutherischen Gottesdienst in Mitteldeutschland im frühen 18. Jahrhundert geschaffen. Sie antworten auf die Lesung des Evangeliums und geben Resonanzen auf Gottes Wort durch Klänge der Meditation, des Bekenntnisses und des Lobs.
Wie können Bachs Kantaten heute im Gottesdienst aufgeführt werden? Wie können liturgische Formen von Klage und Bitte, Bekenntnis und Lobpreis mit einzelnen Sätzen der Kantate verbunden werden, die dasselbe ausdrücken? Wie können wir heute mit Bach predigen?
Die Autorinnen und Autoren dieses Buches stellen die große Bandbreite gegenwärtiger Kantatengottesdienste vor. Die einzelnen gottesdienstlichen Formen treten damit in einen lebendigen Dialog mit der Musik Johann Sebastian Bachs.

EVANGELISCHE VERLAGSANSTALT
Leipzig www.eva-leipzig.de

Tel +49 (0) 341/ 7 11 41 -44   shop@eva-leipzig.de

Jochen Arnold
Fritz Baltruweit
Mechthild Werner
**Fürbitten für die
Gottesdienste im
Kirchenjahr**
mit Kasualien

*gemeinsam gottesdienst
gestalten (ggg) | 5*

232 Seiten | 12,5 x 20,5 cm
Hardcover
ISBN 978-3-374-05537-1
EUR 16,90 [D]

Das Fürbittengebet ist im besten Sinne »Antwort« im Gottesdienst. Wir dürfen in der Fürbitte all das bei Gott abgeben, was uns bedrängt, und ihm unsere Hoffnungen und unseren Dank sagen. Die Fürbitten in diesem Buch beziehen die Gemeinde mit ein, durch Gesten oder Symbole, Liedstrophen oder verteilte Rollen. Die Vorschläge sind mit einfachen Mitteln und ohne großen Aufwand nachzuvollziehen und für alle Altersgruppen geeignet. Das Praxisbuch für alle, die sich aktiv am Gottesdienst und seiner Vorbereitung beteiligen.

EVANGELISCHE VERLAGSANSTALT
Leipzig   www.eva-leipzig.de

Uwe Steinmetz
Alexander Deeg (Hrsg.)
Blue Church
Improvisation als Klangfarbe des Evangelischen Gottesdienstes

Beiträge zu Liturgie und Spiritualität | 31

320 Seiten | 14,5 x 21,5 cm
Paperback
ISBN 978-3-374-05441-1
EUR 40,00 [D]

Improvisation, ein wichtiges Element in den Liturgien der Alten Kirche bis in die Barockzeit, kann Atmosphären verdichten, Texte und Worte vertiefen und so entscheidend zur gottesdienstlichen Verkündigung beitragen. Im 20. Jahrhundert ließen die aus den USA stammenden Jazzgottesdienste eine neue kirchliche Improvisationskultur aufblühen, die heute zu einer eigenständigen Klangfarbe in evangelischen Gottesdiensten geworden ist.
Anknüpfend an »Jazz und Kirche« (Beiträge zu Liturgie und Spiritualität 29) untersuchen jazzbegeisterte Theologen und religiös inspirierte Musiker das gestalterische Potenzial des Jazz für die Klangfarben und Stimmungen von Liturgien aus musiktheologischen, soziokulturellen und musikpsychologischen Perspektiven.

EVANGELISCHE VERLAGSANSTALT
Leipzig www.eva-leipzig.de

Tel +49 (0) 341/ 7 11 41 -44   shop@eva-leipzig.de

Alexander Deeg
Christian Lehnert (Hrsg.)
Nach der Volkskirche
Gottesdienste feiern im
konfessionslosen Raum

*Beiträge zu Liturgie und
Spiritualität | 30*

184 Seiten | 14,5 x 21,5 cm
Paperback
ISBN 978-3-374-05144-1
EUR 24,00 [D]

Die kirchliche Situation in den östlichen Bundesländern stellt die gottesdienstliche Feier vor ganz neue Herausforderungen. Zentrale Begriffe liturgiewissenschaftlicher Reflexion geraten in Schräglage: Was heißt Tradition, wenn deren Weitergabe abbricht? Wie kann Liturgie »wirken« ohne oder nur mit erodierten religiösen Bildungsgrundlagen? Was für eine liturgische Sprache ist gefordert?
In Leipzig, einer Stadt, deren überwiegende Mehrheit keiner Kirche angehört, wurden zwei Kirchen neu gebaut: die katholische Propsteikirche St. Trinitatis (der größte katholische Kirchenneubau im Osten Deutschlands seit der Friedlichen Revolution) und die Universitätskirche. Der Band untersucht, ausgehend von den architektonischen, liturgischen und gemeindepraktischen Vorgaben dieser beiden Sakralräume, die Möglichkeiten gottesdienstlicher Gestaltungen in konfessionslosem Kontext.

EVANGELISCHE VERLAGSANSTALT
Leipzig   www.eva-leipzig.de

Tel +49 (0) 341/ 7 11 41 -44   shop@eva-leipzig.de

Christian Lehnert
Manfred Schnelle

**Die heilende Kraft
der reinen Gebärde**

Gespräche über
liturgische Präsenz

*Impulse für Liturgie und
Gottesdienst | 2*

96 Seiten | 13,5 x 19 cm
Paperback
ISBN 978-3-374-04428-3
EUR 14,80 [D]

Das Buch versammelt Gespräche mit dem im Frühjahr verstorbenen Dresdner Tänzer und Choreographen Manfred Schnelle über liturgisches Handeln, über die Gebärden und Gesten im Gottesdienst und über eine Spiritualität der Bewegung. Schnelle (1935–2016) kam aus der Schule des Ausdruckstanzes in Deutschland, dessen bedeutendste Vertreterinnen Mary Wigman und Gret Palucca waren. Seine Erfahrungen mit dem Tanz in Kirchen und seine tiefe Frömmigkeit haben ihn zu einem genauen und sensiblen Beobachter liturgischer Vollzüge gemacht. Die Gespräche beleuchten, wie eine starke und glaubhafte liturgische Präsenz entstehen, wie man sie üben und erlernen kann. Neben elementarem Grundwissen für den Pfarrberuf geht es vor allem um Weisen der Aufmerksamkeit und einen eigenen spirituellen Weg.

EVANGELISCHE VERLAGSANSTALT
Leipzig www.eva-leipzig.de

Tel +49 (0) 341/ 7 11 41 -44   shop@eva-leipzig.de

Thomas Klie
Markus J. Langer
Evangelische Liturgie
Ein Leitfaden für
Singen und Sprechen
im Gottesdienst

128 Seiten | 12 x 19 cm
Paperback
ISBN 978-3-374-04068-1
EUR 14,80 [D]

Das Buch richtet sich an Studierende der Theologie, an Vikare, an Prädikanten und Lektoren, aber im weitesten Sinn auch an Kirchenmusiker im Nebenamt. Es soll die notwendigen praktischen Singeübungen als Leitfaden begleiten und ergänzen. Zugleich erhellt es durch knappe liturgietheoretische Einführungen den Sinn und die Abfolge der einzelnen gottesdienstlichen Stücke. Damit schließt der Leitfaden eine Lücke, denn bislang musste man sich das Nötige aus sehr unterschiedlichen Büchern und Handreichungen zusammensuchen. Den Autoren liegt viel daran, die praktischen Übungen in ihrem liturgischen Kontext zu verorten, damit das Zusammenspiel von liturgischen Inhalten und liturgischer Form gewährleistet ist.

EVANGELISCHE VERLAGSANSTALT
Leipzig www.eva-leipzig.de

Tel +49 (0) 341/ 7 11 41 -44   shop@eva-leipzig.de